Herbert Kremp

Am Ufer des Rubikon

Herbert Kremp

Am Ufer des Rubikon

Eine politische Anthropologie

Seewald Verlag
Stuttgart

Im Gedenken an
Max Scheler

 Schutzumschlag und Einband von Hela Seewald. Gesetzt in der Linotype Aldus-Antiqua. Gesamtherstellung: Buchdruckerei Wilhelm Röck, Weinsberg. ISBN 3 512 00313 3. Printed in Germany.

Inhalt

Vorwort: Die Entscheidung

Dieses Buch ist in politischer Absicht geschrieben, so sehr Geistesgeschichte und politische Ideengeschichte die Betrachtung bis ins Wort hinein bestimmen. Der politische Prozeß ist aus sich heraus weder sinnhaft zu verstehen noch ist er kreativ. Was an Wesentlichem geschieht, stammt von anderen Instanzen. Individualistische und kollektivistische Ideologien wollen glauben machen, daß der Drang nach Freiheit oder der Drang nach Gleichheit und Gerechtigkeit den Menschen vollständig bestimme. Tatsächlich aber motiviert ihn im Innersten die Frage nach dem Sinn seines Lebens, nach Bestimmung, Auftrag und Ziel der Existenz. Der Mensch ist nicht nur ein gesellschaftspolitisches oder vitales Wesen.

Die Ungewißheit über Ziel und Sinn, ein subjektiv in unterschiedlicher Stärke empfundenes Sinndefizit treibt ihn um, macht ihn nomadenhaft. Wir beobachten im 20. Jahrhundert eine Kumulation und Akzeleration des Entfremdungsprozesses, nämlich des Empfindens oder gar des Bewußtseins, der Geschichte, der Gegenwart, der Umwelt und auch der Zukunft als ein Fremder gegenüberzustehen, abgenabelt von Sein und Sinn. Daß dieses Bewußtsein aus einer Heils- und Erlösungssehnsucht stammt und eine rastlose Suche nach der verlorenen Sinn-Antwort in Gang setzt, zeigt sich nicht zuletzt in der Wahllosigkeit und Leidenschaft, mit der Ersatzreligionen, Ideologien, Heilslehren akzeptiert, geglaubt, verbreitet, gelebt und – exekutiert werden.

Unser Jahrhundert gehört dem politischen Glauben, der gar nicht einseitig und ausschließlich, militant und unduldsam, materialistisch oder vitalistisch genug sein kann, damit sich ihm die Bürger der europäischen Geschichte ganz hingeben, ja religiös weihen. Sozialreligionen und Lebensphilosophien bieten der Liebe anbetungswürdige Schönheiten und Heiligtümer. Daß sich darin die Prädominanz des Geistes über die Interessen zum Ausdruck bringt, gehört zu den Verdächten, die der Marxismus und seine Priesterschaften mit äußerster Energie bekämpfen müssen. Denn für sie liegt das Heil, das Hegel noch in den Geist kleidete, der sich in der Geschichte zum Bewußtsein seiner selbst bringt, im Gesellschaftsprozeß und, um Gottes willen, nicht außerhalb von ihm und seinen relevanten Kräften.

Manches spricht im Augenblick dafür, daß die Identifikation des Gesellschaftsprozesses mit dem Heil gelingen könnte, daß der grenzenlos sich regenden und gruppierenden Macht des sozialistischen Staates, der sozialistischen Kommunen, der Parteien, Gewerkschaften, Medien und Pädagogik die Indoktrination gelingt, daß sie den allenthalben erkennbaren Neid, das Ressentiment der Gleichheit[1], mit einer diesseitsreligiösen Sinnkonstruktion zu überwölben vermag. Nach dem Bolschewismus und dem Nationalsozialismus wäre dies die dritte machtvolle Ersatzreligion des Jahrhunderts. Dagegen ist schwer anzukämpfen, weil das Sinndefizit, als quälend empfunden und durch die zivilisatorische und mediale Reproduktion geradezu körperlich zum Bewußtsein gelangt, eine aggressive Disposition fördert, die an Hungerrevolten gemahnt.

Die Überlebenden der Wirren des Jahrhunderts wissen, wie aussichtslos es wäre, die Raserei nach dem Sinn mit dem Mittel der Vernunft bändigen zu wollen. Nur Untergänge konnten die Tobsüchtigen bislang befreien. Umso wichtiger ist es daher, dem Menschen einen besseren Glauben zu bieten, bevor er dem falschen verfällt. Aber bleibt diese Idee nicht künstlich und widerlegt durch die Geschichte, die den Konservativen immer erst dann den Porzellanladen betreten ließ, wenn der Elefant schon durch war? Allerdings – diese Erfahrung unterliegt der Denkgewohnheit, es müsse die Masse der Menschen gewonnen werden, um das Geschick zu wenden. Und eben dies stimmt nicht, wie es nie gestimmt hat.

Denn nicht die Masse, sondern die entschlossene Minderheit ist der Initiator in der Geschichte[2]. Und ihre Einheit und ihr Handeln beruhen nicht auf flüchtigen und ablenkenden Interessen irgendwelcher Art, sondern auf dem Geiste und dem Glauben, den die Leidenschaft der Menschen eigentlich sucht, weil sie dieser höheren Ordnung entstammt und nicht dem Gesellschaftsprozeß oder der Blutgemeinschaft, die man zur Verführung und Vergötzung absolut gesetzt hat. Wenn den Menschen aber nach Sinn dürstet und letztlich nach nichts anderem, dann bietet sich der ganze Mensch und nicht ein zum Ganzen gemachter Teil von ihm als Sinnbild, als Findling der Transzendenz, als Spiegelung und Ebenbild am überzeugendsten an. Dies ist nicht praktische Politik. Aber es gibt, wie das sozialistische Beispiel in der Ideologie-Kritik zeigt, ohne anthropologischen Grund, ohne tragendes Motiv keine Politik, die über der Taktik und ihrer Hinfälligkeit stünde.

Es hätte keinen Sinn, dem Sozialismus, der sich zum Ziel mancher Glaubenssehnsucht zu machen versteht, mit pragmatischen Mitteln, mit politischem Alltag, mit einem besseren Programm, das meistens ein angepaßtes Programm ist, entgegentreten zu wollen. Wer das tut, verliert mit Sicherheit. Wer Geist und Glauben dagegensetzt, gewinnt deswegen nicht mit Sicherheit. Er verbessert auch nicht einfach seine Chancen. Nein, er ist der Wahrheit näher. Ihr zu leben, lohnt sich. Sie zu verwirklichen, verleiht der Politik Sinn und gibt auch dem Gesellschaftsprozeß, der Gleichheit und Gerechtigkeit angemessene Bedeutung und einen Zweck.

Den Ideen leben, verlangt – neben und nach der Sensibilität für Werte, für die Ordnung der Wissensformen und der Lebensmächte, für die Geschichte und ihre respektvolle Sonderung in Bleibendes und Vorübergehendes – die Kraft der Entscheidung. Gefragt sind die elitären Tugenden. Man erinnert sich nicht an jeden, der den Rubikon je überschritt.

Entfremdung, eine Existenzfrage

Von allen Wörtern, die für das Verständnis der Gegenwart von Belang sind, will uns das Wort fremd als eines der wichtigsten erscheinen. Ein Schlüsselwort, eine komplizierte Chiffre. Es kann feindlich bedeuten und es kann etwas meinen, das neugierig macht. Von dem einen möchte man sich abwenden, dem anderen sich zuwenden. Neugier kann bestraft oder wenigstens enttäuscht werden; denn sie gilt einem Etwas, das man nicht kennt, das in dieser Distanz aber einen Reiz ausübt. Der Gegenstand der Neugierde kann sich als etwas Feindliches erweisen. Seinem Wesen nach ist das Fremde jedoch dem Unheimlichen verwandt. Wenn es gegenständlich erscheint, mischt sich in die Neugier Furcht. Wenn es nicht faßbar ist, Angst.

Xenophobia, Fremdenfurcht, galt im historischen Griechenland als schwere Untugend. Denn man hatte sich vom Fremden nicht abzuwenden, sondern ihn gastfreundlich zu begrüßen. Daß der Fremde von weither kommt, andersartig lebt, denkt, ja vielleicht ein anderes Wesen besitzt, zeichnet ihn zunächst aus. Gastfreundschaft ist eine Kulturhaltung, die den primitiven Abwehrreflex einstmals bewußt, dann als Gewohnheit oder Sitte überformt hat. Die Geschichte von Baucis und Philemon vermittelt uns davon ein animierendes Bild. Aber der Fremde ist kaum jemals ein Gott. In kommunikationsarmer Zeit war er jedoch fast immer Träger wichtiger oder interessanter Informationen.

Heute trifft den Fremden ein anderer Blick. Ihm eignet weder exotischer Reiz noch Seltenheitswert. Bei der allgemeinen Mobilität erscheint der Fremde nicht als Fremdling, nicht als eine zu erforschende Individualität, sondern als bekannter Typ. Wenn man sich zu ihm an den Tisch setzt ohne ihn zu begrüßen, heißt das nicht, daß man ihm näher gekommen, ihm vertraut wäre. In Krähwinkeln der Land- und Seelenregionen gibt es Fremdenhaß und Fremdenfurcht wie eh und je. Aber sie sind ein Relikt, das nicht in eine Atmosphäre regelhafter Vertrautheit, sondern in eine Gleichgültigkeit hineinragt, in die mittlerweile auch der Nächste, nicht nur der Fremde, gerückt ist. Nur ganz selten erregt der Fremde noch unsere Furcht oder unsere Neugier. Gleichzeitig sind uns aber auch die Gruppen und Bezüge, in denen frühere Generationen das Gefühl des Heimisch-Vertrauten, des Häuslichen empfanden, fremd geworden. Was wir einst schätzten, schätzen wir ab.

Wer den Ort oder das Land seiner Geburt verläßt, geht nicht mehr in die Fremde. Er mag Ungewohntes erleben, dem Unheimlichen begegnet er kaum jemals. Man kennt und weiß alles. Richtig ist daran, daß man auf vervielfältigten Bildern oder in Schriften fast alles schon einmal gesehen oder gelesen hat, sofern es auf diese Weise mitgeteilt werden kann. Das heißt nicht, daß man die eigenartige Sprache einer Landschaft oder einer Stadt, daß man die Zeichen und Töne ihres Lebens, daß man das Wesen verstanden hätte. Sie versteht man in der Regel nicht. Hilton London ist nicht London, sondern Hilton. Das Nicht-Verstandene aber bleibt fremd, auch wenn man es nicht weiß, nicht einmal ahnt.

Das Fremde also ist da, es ist nur unter die Oberfläche gedrückt, den Blicken entzogen. An der Oberfläche begegnet uns das Bekannte. Die Oberflächen gleichen sich; sie sind zivilisatorisch angeglichen. Die künstliche Behausung, die Umwelt-Gestaltung, die Umwelt-Organisation gehören zu den großen menschlichen Leistungen. Eine »zweite Natur« überlagert die erste Natur. Das Fremde war ein Charakteristikum der ersten Natur. Wir suchen sie in der Romantik, in der Sehnsucht, in den Illusionsspielen, in der Freizeit auf. Das Fremde wird dann als Abenteuer erlebt. Die Abwendung von der Oberfläche nimmt heute aber auch den Charakter einer ernsten, nicht nur einer spielerischen Flucht an: Zivilisationsflucht, Realitätsflucht, Leistungsverweigerung, Gegenaufklärung.

Ist es eine Heimkehr zur ersten Natur, zum Fremden – eine paradoxe Laune?

Wir können nicht leugnen, daß zahlreiche Menschen vor allem in den hochindustrialisierten Staaten, vor allem unter der Bedingung der Bewegungsfreiheit, vor allem in der jungen Generation das Kunstgebäude an der Oberfläche hassen, es zu fliehen oder gar zu zerstören trachten. Sie empfinden das Domestizierte, Organisierte, Reglementierte als das eigentliche Fremde im Sinne des Feindlichen und äußern ihm gegenüber die alte, vor-kulturelle Xenophobie. Wenn ihnen aber die zivilisatorische Leistung das Fremde ist, dann müßte ihnen, so könnte man meinen, das Fremde der »ersten Natur«, das in Jahrhunderten Besiegte und unter die Oberfläche Gedrückte, etwas sein, was sie suchen oder wenigstens gerne finden.

Sie suchen es, aber das geheimnisvolle Fremde der alten Natur ist nicht der Grund ihrer Flucht. Die meist kostspielige Mode des Archaischen, Stadtflüchtigen, die Mode der Landkommunen und rustikalen Antiquitäten ist Erholung, nicht Abkehr. Sie ist die Kultivierung eines Unbehagens, einem goldenen Pfeil vergleichbar, mit dem man die Höhlenzeichnung durchbohrt. Die Problematik findet ihre echte Darstellung erst in der rattenhaften Wut, die sich in den Formen der aktiven Verweigerung, des Rauschgifts und der Revolten gegen die Festländer und Inseln des Wohlstands wendet. Die Revolten toben unter dem Hut des Bakkalaureats, im Anorak des Generationenkonflikts und in den Leihkostümen des Vietkong oder der südamerikanischen Lumpenproletariate. Sie meinen aber etwas anderes: Die Suche nach dem verlorenen Sinn.

Sie ist eine Reaktion auf das Fremde, das neue Fremde der schönen neuen Welt, das Fremde der Glasstädte an der Oberfläche, die als die zweite Natur den eigentlichen Problemkern schon der ersten Natur, den Menschen, in den verschiedensten Symbolen der selbstgeschaffenen Umwelt reproduziert. Es ist doch selbstverständlich: An der Oberfläche der fortschrittlichen Sozialapparaturen, in den Baustilen, Organisations- und Strukturformen des modernen Lebens, dessen Geflecht immer dichter und fester wird, begegnet der Mensch in wachsendem Maße, in unumgänglicher Weise, in auswegloser Form nur noch sich selbst. Die ungelösten Fragen seines Wesens, seiner Bestimmung, seines Sinns sind zu Anschauungsobjekten geronnen, von denen er den Blick nicht mehr zu lösen vermag. Plurale

Antworten umstellen ihn, monistische Antworten bedrohen ihn. Die Medien, die »dritte Natur« der Information und Vorstellung, machen die Sinn-Probleme allgemein bewußt.

Gegen das Fremde, das als nicht verbindlich und glaubhaft beantwortbare Sinnfrage in den zivilisatorischen Selbstdarstellungen des Menschen eine quälende Objektivierung gefunden hat, wendet sich die Revolte. Die erste Natur und ihr spezifisch Fremdes in die Gleichung einer Deutung zu fassen, war noch verhältnismäßig leicht. Denn nicht die irritierende Anthropologie, sondern Metaphysik und Theologie standen im Mittelpunkt. Solange der Mensch nicht gezwungen schien, sich individualistisch zu denken, konnte das Ganze der Welt, in der er eine würdevolle Rolle spielte – ein Ebenbild, ein Gleichnis, als solches durchaus verantwortlich, wenn auch nicht souverän – in ein kunstvolles, gelegentlich schönes System gebracht werden. Nicht alle, nicht die ganze Leidenschaft mußte dem Menschen gelten.

Heute begegnet er in der zweiten und dritten Natur, in der selbstgeschaffenen Realität der Umwelt und der vorgestellten Welt der Medien fast ausschließlich sich selbst. Das erklärt aber die eigenartige Larmoyanz der Selbstreflexion nicht, die wir in den Revolten und den Positionsanalysen zu bestaunen haben. Nicht das Künstliche der Umwelt, die Zivilisation, das industrielle System selbst ist der Stein des Anstoßes, denn »künstlich« war die Umwelt des Menschen seit eh und je. Es ist auch nicht die Quantität des Künstlichen allein, die ihn bedrängt, bedrückt, befremdet, sondern ihre Symbolik, ihre Zeichenhaftigkeit, ihre Ebenbildlichkeit, die zweite und dritte Ebenbildlichkeit, die die Frage nach dem Sinn des Ganzen und nach der Bestimmung des ersten Ebenbildes nicht beantwortet, sondern in ihrer Unbeantwortetheit, ihrer Grundlosigkeit provokant manifestiert. Die Verzweiflung darüber kann sich und wird sich in theoretischer und praktisch-zerstörerischer Zivilisationsfeindlichkeit äußern. Aber das löst und ändert nichts. Es kann höchstens Konservative dazu bringen, die Front zu wechseln und Technokraten zu werden. Nur wem hülfe das, was änderte es?

Wir blicken auf das bewußt gewordene Phänomen der Entfremdung; es geht wie ein Gespenst um die Welt. Die reaktionäre Linke weicht in die Verweigerung aus. Eine fortschrittliche Rechte betrinkt sich an der endlich akzeptierten Technokratie und macht daraus sofort eine »Konstruktion« [1]. Die halbe Linke, die Establishment-Linke in und außerhalb Europas redet von »Compassion«, und es klingt wie Camus in einer Interpretation von Courths-Mahler. Die Theologen verpflichten den Rest der Gläubigen, die noch zu ihnen kommen, mit der Geste caesaropapistischer Epigonen auf Sozialideologie. Die halben Rechten reden wie einst die Konservativen überhaupt nicht über den Menschen, obwohl in der Politik, die vom Berufsbild ihrer Vertreter her ja immer journalistischer wird, den Menschen nichts mehr interessiert als die Versuche, sein Rätsel zu lösen. Die Soziologen und Psychologen, die Neomarxisten, Sozialisten, Pazifisten und Reformer geben viele Antworten. Aber keine auf das Phänomen der Entfremdung.

Denn die Entfremdung ist kein sozial-ökonomisches Problem, keine Frage der Gerechtigkeit und Gleichheit, keine Frage des Sozialplans, überhaupt keine Frage der Politik im engeren Sinne. Die Sache, die damit gemeint ist, ist nicht »machbar«, kein Gegenstand von Arrangementkünsten, keines der mit Hingabe besorgten ornamentalen Probleme. Die Entfremdung ist eine Existenzfrage, eine, mit Verlaub, metaphysische Angelegenheit. Sie ist mit dem Menschen als Frage geboren worden und heute, nach einer dramatischen Geschichte des Bewußtseins durch die umwelthafte, zivilisatorische Projektion in Werken und medialer Vorstellung konkretisiert, dargestellt, aufgebaut vor den schreckensgeweiteten Augen des modernen Bürgers, der wirklich mündig genug ist, um in der von ihm geschaffenen Welt die ungelöste Frage nach seinem eigenen Sinn wiederzuerkennen, seine Geworfenheit abzulesen und im Gefühl der Isolation zu verzweifeln.

Darin liegt sicher ein intellektueller Fortschritt, denn das Staunen steht am Anfang jeder Philosophie, und die Selbsterkenntnis gehört zu ihren Zielen. Aber dem Menschen, der sich und seine Sinnfrage nun wie zwei Spiegel einander konfrontiert sieht, die sich anstarren, nackt und blank, dem Menschen geht es ja nicht allein und zuletzt um Erkenntnis – den Obstbaum, von dem diese Frucht stammt, verflucht er –, sondern, wenn nicht alles täuscht, um Erlösung. Der Sinnfrage entspricht die

Erlösungsantwort, die mehr ist als Theorie, nämlich Einheit von Theorie und Praxis. Die Frage ist so drängend, weil die zweite und dritte Natur, das Industrie- und Dienstleistungssystem sowie das Informations- und Interpretationssystem der Medien, sich linear, unaufhaltsam und sich akzelerierend entwickelt – das ist ihre Gesetzlichkeit – und weil mit dem zunehmenden Tempo der Symbol-Produktion natürlich auch das Fremde, die ungelöste Sinnfrage, das für die zweite und dritte Natur spezifische Entfremdungsempfinden akzeleriert, anschwillt, kumuliert.

Die Entfremdung ist in den zivilisatorischen Prozeß eingebaut wie der Verschleiß in die industriell gefertigten Produkte. Sie kann sich deshalb so gut zur Geltung bringen, weil der Prozeß linear verläuft, stets gleich streng ausgerichtet, also nicht wellenmäßig, in einem manisch-depressiven Auf und Ab, nicht zirkular, in den Formen der Wiederholung, der Wiederkehr und schließlich auch nicht nach rückwärts sich bewegend. Auch mit der Entfremdung geht es also immer vorwärts. In dem Prozeß selbst unterscheiden wir verschiedene Stränge, von denen wir hier nur einige aufzählen wollen: den technisch-wissenschaftlichen Prozeß, der sich heute zum zivilisatorisch-informatorischen Prozeß der einen Welt ausgeweitet hat; die Vergrößerung der Menschenzahl, den national-emanzipatorischen Prozeß einschließlich der Entmachtung des alten Europa und die Entfernung vom christlichen Ursprung.

Der Prozeß ist nicht umkehrbar. Von Anfang an war er von Versuchen theoretischer und praktischer Sinngebung begleitet, die teils glückten, teils scheiterten und im letzteren Fall gern als Irrtum oder Verbrechen verurteilt wurden. Alle Sinnstiftungen waren und sind Heilslehren, Einkehr in den sogenannten Urgrund, Vorstöße zum ersten Beweger, wie Aristoteles sagte[2], ob man ihn sich nun als Person oder als Prinzip vorstellt. Stets ging es darum, die Entfremdung zu überwinden, die das Bewußtsein nicht erschafft, wie die Lebensphilosophie meinte, sondern merkbar macht. Der Geist ist kein Widersacher, sondern ein Spiegel, und wer sich nicht mehr sehen kann, schlägt eben hinein. Um die Identität mit dem Urgrund ging es bei allen Revolten, die stets mehr erahnen lassen als die dem sozialen Bereich zugeordneten Revolutionen[3]. Heute ist die Entfremdung, in einer dritten, medialen Welt reproduziert, lautverstärkt und ausgeleuchtet, unerträglich geworden.

Man könnte sagen, die aufsteigende, die Kavalierslinie des zivilisatorischen Prozesses habe sie zu prachtvoll-schrecklicher Größe anwachsen lassen. Der Anthropomorphismus, die artspezifische Betrachtungsweise des Menschen – die biologische Forschung hat für diese Erkenntnis Pionierdienste geleistet[4] – taucht die ungelöste Sinnfrage in gleißendes Licht. Daß alles Irdische ein Gleichnis sei, erhält so seine säkularisierte Bedeutung. Ein entsetzliches Verlorenheitsgefühl verwandelt Leibnizens beste aller Welten in das schönste aller Gefängnisse. Intelligente Astronauten könnten Eindrückliches beisteuern. Die Entfremdung kennt zwei Versionen; mit der banaleren beschäftigte sich Marx. Man kann sich einer Sache oder Person entfremden: das ist die Entfremdung von etwas. Und man kann sich einer Sache oder einer Person überantworten oder an sie hingegeben werden: Entfremdung an etwas.

Das Spiegelkabinett der artspezifischen Umwelt läßt uns leicht erkennen, sozusagen am eigenen Bilde, daß Entfremdung von und Entfremdung an etwas gleichermaßen Formen des Verlustes sind, des Sinn- und des Sozialverlustes im ersten, des Identitäts- und Selbstverlustes im zweiten Fall. Bei allen Verlusten handelt es sich um Schließung von Zugängen zu Sinnerkenntnissen. Daher ist Entfremdung nie eine Befreiung. Wenn Gehlen meint, die Entfremdung des Menschen an Institutionen sei notwendig, um ihn von unerträglichen Entscheidungs-Zumutungen zu entlasten, so verwendet er den Begriff ironisch[5]. Es ist eben Entlastung, was er meint, nicht Entfremdung. Institutionen werden nur akzeptiert, wenn man sich mit ihnen identifizieren, wenn man sie als für sich und an sich sinnvoll empfinden kann. Als Zwangsgebäude überleben sie nicht.

Was die Empfindungen betrifft, von denen Entfremdung begleitet wird, so eignet ihnen kein triumphales Gefühl, sondern Trauer, Bedrückung, Angst, Verzweiflung, wie die Existentialisten richtig erkannten. Es handelt sich also um einen Verlust, der nicht leicht verschmerzt wird, sondern arm, ja sogar elend macht. Wer sich vom Glauben entfremdet oder dem Freund, wird sich über den konkreten Verlust hinaus verloren fühlen. Der Verlust wird als Quantum oder als Totum an Sinnverlust erscheinen. Entfremdung ist Ganzheitsminderung und verschärft das Bewußtsein des Geworfenseins.

Dazu kann beitragen die Felsenhaftigkeit einer großen Verwaltung, in der über den einzelnen Entscheidungen fallen nach Kriterien, die er weder kennt noch versteht, über die nur Mandarine verfügen. Dazu kann beitragen eine festungsartige Montagehalle, in der ich gegen Entgelt die Energie und Kreativität des Arbeitslebens in Gegenstände investiere, die mich nicht interessieren und über die ich nicht verfüge. Dazu kann schließlich beitragen die Herrschsucht einer Partei, die Bekenntnisse erzwingt, obwohl man ihre Ziele nicht durchschaut: Das sind moderne Formen des Selbst-Verlustes.

Muß der Mensch hier bei Bewußtsein, während sich sein Bewußtsein sogar weiter schärft, Substanz abgeben, nicht einfach nur regenerierbare Arbeitskraft, sondern Individualität und Kreativität, unwiderbringliche Zeit aus dem Leben und oft auch Würde – wird er also zur Ader gelassen, so gleicht die Entfremdung von etwas, von Institutionen, Werten, Glaubensinhalten, Traditionen und Gewohnheiten einer Abnabelung. Der Strang, durch den ich ernährt wurde, reißt oder verdorrt. Es gibt entwicklungspsychologische und historische Normalformen dieses Vorgangs. Alles Werden ist Lösen und Binden, alles Vergehen ein Abschied und sich Verlieren. Doch meint Entfremdung etwas qualitativ anderes als die Lösung von der embryonalen Phase oder die Anerkennung einer neuen Herrschaft. Nicht nur etwas Massiveres und Folgenschwereres, sondern etwas Katastrophales, die Kategorie der Entwicklung Sprengendes: Bruch und Leere.

Die strengste Qualität der Entfremdung ist erreicht, wenn die ersatzlose Entfremdung von Sinn-Bezügen mit dem Zwang zusammenfällt, sich an Sinnlosigkeiten zu entfremden; wenn der Mensch sich selbst als fremd empfindet, als etwas Feindliches, von dem man sich abwendet, dem man sich aber doch wieder zuwendet, neugierig und mehr als neugierig, seit ihm Kierkegaard ein »unendliches Interesse« am Seelenheil unterstellt. In dieser Addition der Leere befinden sich die zum christlichen Kulturkreis zählenden Menschen seit einer schwer zu bestimmenden Zahl von Jahren.

Wenn wir sagen, die Entfremdung sei die Geisel der Zeit,

nicht der Krieg oder der Krebs oder der Kapitalismus oder die Armut in der dritten Welt oder die Bildungslücken in der ersten und der zweiten, so begeben wir uns in den Augen vieler Beobachter in die lichtvolle, aber beziehungslose Höhe geschichtsphilosophischer Theorie.

Für Gesellschaftspolitiker und Gesellschaftstheoretiker modischer Prägung stellen wir uns sogar außerhalb des Menschengeschlechtes, weil unsere Einschätzung des Gesellschaftsprozesses als einer gleichnishaften, keineswegs sinnspendenden, sondern bedingten Realität zweiter Ordnung als Affront empfunden werden muß.

In Zeiten einer larmoyanten Sozialfrömmigkeit kann ein Betrachter, der die Wunderdoktoren darauf aufmerksam macht, daß es sinnlos sei, am Spiegelbild des Patienten herumzukurieren, in den Ruf des Zynikers geraten. – Der Anlaß macht es erträglich.

Das Ziel liegt jenseits des Gesellschaftsprozesses - Stationen des Gedankenganges

Das Vorwort enthält eine Reihe von Thesen, die im folgenden beschrieben und begründet werden sollen, damit sie im richtigen Verständnis diskutiert werden können. Es ist zwar nicht der erste und einzige Zweck dieses Buches, eine Streitschrift zu sein. Doch ist jeder anthropologische Gedanke, unter den historische Abläufe und gegenwärtige Gegebenheiten gestellt werden, von Natur aus kontrovers. Er trifft in ein Gewirr von Menschenbildern, Weltanschauungen, Ideologien und ihre Kritik. Jede Äußerung dieser Art bezieht Position, und jede Position bedeutet unwillkürlich eine Provokation. Die Auseinandersetzungen darüber haben sich wesentlich verschärft. Ein Rückzug in den Relativismus und Historismus, in die heitere Unverbindlichkeit wechselnder Blickwinkel, ist heute ausgeschlossen.

Umstritten ist daher nicht so sehr die These der Entfremdung, als der Versuch einer Lösung des Problems, der allerdings nicht den Anspruch einer Reintegration des Menschen erheben kann. Diese Einschränkung wird sofort verständlich, wenn man sich die Begriffe vergegenwärtigt, denen jede wirkliche Lösung entsprechen müßte. Sie deutet sich in Worten wie Erlösung, Identität, Sinn und Ganzheit an. Ihr Anspruch ist so hoch, daß er mit gesellschaftstheoretischen, politischen und psychologischen Kategorien nicht annähernd erfüllt werden kann. Bestenfalls philosophische und religiöse würden genügen. Damit wäre der Konflikt jedoch vertieft, ja eigentlich erst richtig begründet. Denn die Erkenntnisse aus den höheren Kategorien wirken imperativ auf die unter ihnen liegenden, also auch auf die politischen ein.

Die Analyse des Phänomens der Entfremdung kann davon

nicht unberührt bleiben. Denn jede Einschätzung geschieht zwangsläufig aus der Position der Befangenheit. Die Relativität der Betrachtung ist eine Sache der Netzhaut. Das begründet nicht, wie wir schon sagten, den Relativismus als System, aber es erschwert die Wahrheitsfindung. Verwirrend ist zudem die Leidenschaft, die den Blick des Selbstbetrachters mehr und mehr kennzeichnet. Es geht bei der Entfremdung ja nicht um irgendein Disputationsthema eines Philosophenklubs, sondern um ein existentielles Problem. Nicht Peripatetiker deuteln, sondern Leidende suchen. Es sind nicht die Philosophen und Soziologen, die den Menschen zur Verzweiflung bringen, sondern er selbst. Er selbst ist in das Zentrum aller Welt-Problematik gerückt. Wir leben in einem anthropologischen Zeitalter, das sich zivilisatorisch und medial unausgesetzt reproduziert. Dem Menschen wird das bewußt, er betrachtet in immer größerer Zahl den Menschen. So verbreitet sich das Bewußtsein von der Fraglichkeit des Fragenden. Seine subjektive Befindlichkeit ist jetzt das entscheidende Objekt. Er ist sich selbst Konflikt.

Um Eigenart und Ausmaß der Kontroverse, die wir als unausweichlich betrachten, zu beschreiben, seien im Rahmen dieser methodischen und definitorischen Bemerkungen einige Beispiele aus dem »Konfliktpotential« des Vorworts angeführt. Wir haben im Zusammenhang mit der Entfremdung, die der Mensch als Verlust erleidet, dem Gesellschaftsprozeß die mindere Rolle eines Gleichnisses zugesprochen, ihn eine Realität zweiter Ordnung genannt. Diese Behauptung spielt eine große Rolle und muß daher noch genau belegt werden[1]. Hier genügt es zu sagen, daß diese Behauptung in denkbar schärfstem Widerspruch zum dialektischen Materialismus, zu jeder Art des Marxismus und seiner sozialistischen Ableitungen steht. Für den historischen Materialismus, aber auch für den bürgerlichen Ökonomismus nimmt der Gesellschaftsprozeß unter allen Lebensmächten den Primat ein. Die Produktionsverhältnisse sind dort Beweger und schöpferisches Prinzip in einem[2].

Das bezeichnet einen ganzen Frontverlauf, an dem anthropologisch und politisch gekämpft wird, wo die Politik nicht nur die Verhältnisse und ihr Arrangement im Auge hat, sondern tatsächlich den Menschen und seine Veränderung – wenn nicht in Geist und Seele, so doch im Denken und Verhalten. Hier bietet sich die Gelegenheit zu zeigen, daß eine anthropologisch initiierte Politik die Gefahr eines Totalitarismus staatlicher oder gesellschaftlicher Art heraufbeschwört, sofern sie eine einzige Lebensmacht, wie in diesem Falle den Gesellschaftsprozeß, absolut setzt und als eine materiale Wertethik und Glaubensmeinung mit politischer Gewalt durchsetzt. Die Abwertung des Gesellschaftsprozesses in seiner Bedeutung für den Menschen, die wir grundsätzlich vornehmen, muß auf den äußersten Widerstand der einseitigen Weltanschauung, ihrer Ideologen und Interessenten stoßen. Der Interessenten deshalb, weil die Entthronung des Gesellschaftsprozesses als erster Lebensmacht zum Beispiel den Berufsstand der Politologen und Soziologen in seiner priesterlichen Anmaßung trifft.

Die Argumentation gegen den Primat des Gesellschaftsprozesses setzt allerdings eine Logik in Bewegung, die vor dem Primatanspruch anderer Lebensmächte nicht halt machen kann. Wir werden uns im Laufe unserer Überlegungen gegen jeden Weltanschauungs-Monismus wenden, weil er den Menschen zwingt oder ihm zumindest zumutet, sich von der Fülle und Verschiedenartigkeit aller anderen Deutungs- und Erklärungsgründe, von den ihnen zugrundeliegenden Bedürfnissen und den ihnen entsprechenden Werten, Lebensformen und konkreten politischen Ausgestaltungen zu trennen, sich also in diesem Sinne zu entfremden, und die Entfremdung mit der Annahme eines oktroyierten einseitigen Weltgesetzes zu vollenden. Damit ist die Auseinandersetzung auf alle Monismen und ihre Ideologen ausgeweitet, seien sie in ihrem Weltverständnis mechanistisch-korporistisch, naturistisch, animistisch oder spiritualistisch[3].

Der Konflikt an allen Fronten – es sind schon vier – wird noch dadurch verschärft, daß die Skepsis, die zu den Ingredienzien jeder Weltanschauungs- und Ideologiekritik zählt, sich mit unleugbarer Lust über den immer noch gängigen, den Chiliasmus aller Monismen begründenden Fortschrittsglauben hermacht. Im Vorwort haben wir den weit verbreiteten Fortschrittsglauben, der ja auch in der kleinen Politik ein großes Wesen treibt, mit dem Hinweis nachgerade ironisiert, die Entfremdung werde im Spiegel der hochmodernen zivilisatorischen Umwelt und in der medialen Reproduktion der unbeantworteten Sinnfrage des Menschen zur allgemeinen und bewußten Erkenntnis. Auf dem Höhepunkt der darwinistischen Entwicklung begegnet der Mensch also nichts anderem als seiner Fragwürdigkeit. Er stößt, wohin er sich auch wendet, an die Innenwand der Monade, die von ihrem Autor fensterlos gedacht wurde. Diese Meinung wird nicht nur angezweifelt werden, sie wird bekämpft werden als eine Schmähung und Verhöhnung des mündig sich wähnenden Menschen, der nicht nur Ideologien verabsolutieren, sondern auch sein Subjekt gleichsetzen will mit dem Ganzen.

Der Begriff Erlösung, der, wir sagten es, hier nicht perfektionistisch angeboten werden kann, auf den aber hingewiesen werden darf, weil Nicht-Erreichbares ja nicht etwas Ungültiges oder Unwahres sein muß, ist der Geistesfeind der Mündigkeit, sofern in ihr die Legitimation für den Anspruch zur Geltung kommen soll, die subjektive Meinung frei nach Kant zur Grundlage für eine allgemeine Gesetzgebung zu machen. Daß in dem Bemühen, die ganze Welt zu »meiner Welt« zu machen, ein Versuch steckt, die Entfremdung in eine neue Identität umschlagen zu lassen, sei anerkannt. Nur bietet dieser extreme Liberalismus keine Möglichkeit, das Entfremdungsproblem für mehr als ein Subjekt wirklich zu lösen. In der Konsequenz führt er nicht zur Reintegration, sondern zur Kollektivierung des Menschen. Zwischen Sandkorn und Sandhaufen besteht bekanntlich ein wesentlicher Zusammenhang [4].

Das beispielhafte Abstecken einiger Konfliktfelder gibt uns Hinweise für die weitere Orientierung. Wichtig ist zunächst eine Definition und Wesensanalyse der Entfremdung in ihrer Doppelbedeutung als Abnabelung von sinngebenden Weltinterpretationen und Institutionen und des Selbst-Verlustes an sinnverweigernde oder sinn-neutrale Ordnungen und Mächte. Dabei muß die Behauptung geprüft werden, ob die Entfremdung tatsächlich ein fester Bestandteil der linear verlaufenden Fortschrittsprozesse ist, zu dessen markantesten Elementen der technisch-wissenschaftliche Progreß zählt. Wenn dies zutrifft, bedeutet die zunehmende Änderungsgeschwindigkeit des zivilisatorischen Ablaufs eine Akzeleration auch des Sinnverlustes. Er wird einer immer größeren Zahl von Menschen bewußt in dem Maße, in dem die geschaffene Umwelt der »zweiten Natur« sich als ein Anthropomorphismus herausstellt und als solcher die immer brennender werdende Frage nach dem Sinn in Objekten, Handlungsweisen und medialen Vorstellungen immer nur wiederholt.

Man müßte die sich selbst bespiegelnde Entfremdung nicht unerträglich finden, würden sich leicht begehbare Wege der Reintegration in Sinnzusammenhänge oder die Gnade progressiver Bewußtseinsabstumpfung anbieten. Wir erfahren jedoch immer wieder, daß dies nicht der Fall ist, daß den Menschen vielmehr eine spezifische Strebung des Über-sich-Hinaus-Seins, wie der Psychologe Philip Lersch sagte[5], ein gleichsam unsterblicher Drang nach Sinnerkenntnis und Sinnerlebnis auszeichnet. Er ist ein fester, ein bleibender Teil der menschlichen Bedürfnisstruktur. Das Bedürfnis, das sich wie ein Universal durch die Geschichte hindurchzieht, akzeptiert Antworten auf die Sinnfrage, wo immer sie zu finden sind und vergißt dabei durchaus, wählerisch zu sein. In dem »unendlichen Interesse« des Menschen an seinem Seelenheil, das Kierkegaard so leidenschaftlich erlebte, kommt die Weigerung zum Ausdruck, sich auf die eigene subjektive Existenz zurückwerfen zu lassen. Es scheint ein geistiger Instinkt zu sein, der dem Menschen die Ahnung vermittelt, daß die Hingabe an die Erhaltung der subjektiven Existenz zu nichts anderem führen würde als zu der »Aporie der Sinnlosigkeit«, von der Gehlen spricht.

Darin liegt Verzweiflung und Hoffnung zugleich, der Grund für die schönsten und die schwärzesten Träume. Der Mensch, eingefangen in die Spiegelkabinette seiner zivilisatorischen und medialen Umwelt, ständig die Echos seiner eigenen Sinnfrage auffangend, die dumpf oder hell, entstellt oder verführerisch zu ihm zurückkommen, dieser Mensch neigt, sofern er sich nicht zerstreut, sondern konzentriert, zum Ausbruch, auch zum gewaltsamen, zur Revolte, zur Sprengung von Spiegelglas und Felsen. An dieser Stelle unserer Ausführungen muß die Revolte auf ihren Grund und ihren Unterschied zur Revolution hin untersucht werden. Die Entfremdung als eine der Möglichkeiten des kreatürlichen Falls hat eine dramatische Geschichte geboren. Sie brachte reine Steine und Talmimaterie der Erlösung an den Tag, rücksichtslose, lebensverachtende Ideologien und Glaubensformen, in denen das Heil angeblich liegen sollte oder tatsächlich lag. Sinngebung, so stellte sich heraus, war dem Menschen meist wichtiger als Freiheit, es sei denn, diese hätte als dynamisches Prinzip gedient, um sich von etwas loszureißen und etwas anderes erreichen zu können.

Das Kapitel, das die Geschichte des Entfremdungs-Begriffs behandelt, wird darüber Aufschlüsse geben. Obwohl wir die Entfremdung und das Bewußtsein des Sinnverlustes an den nicht umkehrbaren zivilisatorischen Fortschritt gebunden wähnen, muß die pessimistische Weltsicht nicht die Oberhand gewinnen. Denn gerade in der Entfremdung erweist sich der Mensch als ein offenes, chancenhaftes Wesen. Wenn er das Sinndefizit wirklich als einen Mangel empfindet, als ungestillte Sehnsucht, als Unvollkommenheit, so kommt darin wenigstens die Entelechie seines Wesens zum Ausdruck: Er trägt das Ziel, die Vollendung in sich wie einen unausgefüllten, aber festumrissenen Lebensplan. Die eigentliche Gefährdung des zur Vollendung werdenden Menschen ist also nicht der Plan- und Zielverlust, der den Sinnverlust endgültig machen würde, sondern eine mangelhafte Sehschärfe oder eine mangelnde Urteilsfähigkeit oder eine gewisse Wahllosigkeit und Beeinflußbarkeit bei der Entscheidung für oder gegen bestimmte Sinndeutungen, ihre Theorie und ihre bis in die Politik hineinreichende Praxis. So wurden nebeneinander und nacheinander faschistische und bolschewistische, sozialistische und ökonomistische Erlösungslehren akzeptiert.

Diese Geschichtskatastrophen zeigten in erster Linie aber nicht das Böse, sondern die Not des Menschen, den es so sehr nach Sinn dürstet, daß er blind nach allem greift, was sich ihm anbietet. Von dieser Warte aus betrachtet mag es uns gelingen, den Menschen, die totalitären Ideologien verfielen, die Gerechtigkeit zuteil werden zu lassen, die sie verdienen, die ihnen aber die Leidenschaft bislang vorenthielt. Wenn wir nach dem Kriege besonders in den westlichen Industriestaaten den Individualismus, den Egoismus und die Flucht ins Private, den Mangel an öffentlichen Tugenden, die Schlaffheit und die Libertinage zu beklagen gelernt haben, so muß die Ursache auch dafür nicht in bösem Willen, sondern in der ruinösen Konzentration und Verschwendung von sittlichen Kräften in den beiden totalitären Bewegungen der ersten Jahrhunderthälfte, dem Faschismus und

Bolschewismus und ihrem Expansionsstreben gesehen werden. Ja, es gab wohl kaum einmal einen gewaltigeren Aufbruch sittlicher Energien zum Guten und zum Bösen als zu jener Zeit.

Wenn man aus der Geschichte überhaupt zu lernen vermag, so gibt uns die Erkenntnis der Motive, die Faschismus und Bolschewismus zu Leben und Macht beförderten, die Instrumente für eine Deutung auch der Gegenwart zur Hand. Verständlich wird dann der individualistische Ökonomismus[6], die zu starke, einseitige Konzentration auf die persönlichen wirtschaftlichen Interessen in den westlichen Ländern nach dem Kriege und das Erstarren aller schöpferischen Energien in der bürokratischen Verwaltung des Mangels in den Staaten des sowjetrussischen Ostens. In beiden Fällen erheben sich die Realfaktoren weit über die Idealfaktoren, wie Max Scheler[7] gesagt hätte: eine Reaktion auf eben die Überbeanspruchung der sittlichen Kräfte, die unter den liberalen Verhältnissen des Westens freilich individualistischer und subjektivistischer ausfallen konnte als in den kommunistischen Zwangssystemen. Der praktische Materialismus provozierte die Gefühle der Entfremdung, auf die ein mit höchsten Werten identifizierter Produktionsprozeß überhaupt keine Rücksicht nimmt. Der Ökonomismus und seine Resultate beantworten die Sinnfrage nicht, sondern verschärfen sie noch, indem sie dem Menschen ein gesteigertes Empfinden irdischer Verlorenheit vermitteln und die zivilisatorische und mediale Reproduktion des »Geworfenseins« zu einer bisher unbekannten Perfektion befördern.

Die Revolte, die wir im 6. Kapitel darstellen, ist nicht einheitlich. Ihre Ausdrucksformen unterscheiden sich nicht nur nach Ost und West, was nicht verwunderlich ist. Während im Osten ein Liberalismus des Geistes zum Zuge kommt und die bei uns nicht mehr aktuell empfundene Freiheit als Sinnziel propagiert, scheinen die Gesellschaften des Westens in heller Flucht aus dem System begriffen, das Max Weber ahnungsvoll das »Stahlgebäude der industrialisierten Wirtschaft« genannt hat. Mit der Abkehr in die Vergangenheit und Zukunft, die teils larmoyante, teils gegenaufklärerische, teils aggressive Züge trägt, geht ein gefährlicher Realitätsverlust einher. Er kommt im medialpädagogischen Bereich oft bösartig-belehrend zum Ausdruck. Die Entfremdung, in den Medien unaufhörlich reproduziert, nimmt bewußt und unbewußt, theoretisch und praktisch, in den Versionen der Gleichgültigkeit und des Engagements die Form eines regelrechten Verfallenseins mit Gott und der Welt, vor allem aber mit den gegenwärtigen »Verhältnissen« an.

Wir werden versuchen, die Schilderung des weit fortgeschrittenen Sinn-Verfalls von den kreischenden Tönen des Kulturpessimismus und vor allem der Zivilisationskritik freizuhalten. Doch hat die Sinnfrage heute im persönlichen Erleben, in der künstlerischen, architektonischen, sozialen und politischen Reproduktion, in der bewußt gewordenen Lebensumwelt des Menschen insgesamt eine Nachdrücklichkeit und Tiefenschärfe erreicht, die es uns nicht erlaubt, das Zeitwendebewußtsein weiterhin nur als einen Gegenstand der Ideologiekritik des Konservatismus zu betrachten [8]. Denn die Flucht aus dem individualistischen Ökonomismus im Westen wird unter der Voraussetzung gleichbleibender Mentalität und unverminderter zivilisatorischer Sachzwänge weder im endzeitlichen staatsfreien Paradies einer potenzierten individualistischen Libertinage enden, noch in einer »humanistischen Leistungsgesellschaft« oder in einer »besseren Lebensqualität«, wie Parteipolitiker meinen. Die Flucht wird vielmehr im kollektivistischen Sozialismus enden.

Die Mutmaßung, daß Individualismus in Kollektivismus umschlägt, ist nicht neu, aber jetzt besonders aktuell: Die Denkweise des Ökonomismus müßte nicht aufgegeben, am Primat des Leistungswissens würde festgehalten werden, nicht liberalistisch wie vordem, sondern etatistisch. An dieser Stelle müssen die Minderheiten richtig bewertet werden, die in der immanenten Transzendenz des Sozialismus, in der Radikalisierung der Gleichheit und Gerechtigkeit das Heil, die Erlösung von der Entfremdung, den neuen Sinn des Lebens erblicken. Daß es sich dabei um einen Monismus handelt, wird weithin erkannt, und daß einseitige Deutung der Menschennatur die Quelle auch dieses Monismus ist, ebenfalls. Doch erkennen die vielen liberalen Befürworter des demokratischen Mehrheitsprinzips nicht, daß Mehrheiten noch immer hergestellt oder überrumpelt wurden, wenn es nötig war, und daß die zivilisatorische und mediale Entwicklung heute Herrschaftsinstimente bereitstellt, die einem gläubigen Sozialismus, der sich in Anlehnung an den Hegelschen Verstand als Endzustand empfindet, nicht mehr entwunden werden können.

Nach den Maßstäben der politischen Ideengeschichte bedeutet ein kollektivistischer Sozialismus das Ende und die Überwindung des Liberalismus als Verfassungsprinzip. Die Prophezeiung Karl Jaspers', daß totale Systeme von innen nicht gestürzt werden können, erhielte damit auch ein legitimistisches Argument. Völlig aussichtslos wäre es, den kollektivistischen Sozialismus mit dem »adäquaten« Mittel des Individualismus, mithin der alten Freiheitspropaganda bekämpfen zu wollen. Unter dieser Bedingung wäre ein jedes Zeitwendebewußtsein tatsächlich nichts anderes als ein Ausdruck reaktionärer Hysterie. Wir werden unsere These zu begründen haben, daß der Individualismus überhaupt ungeeignet ist, die Konsequenz der äußersten Entfremdung, die der Kollektivismus unter jedem Systemnamen bedeutet, zu umgehen. Die Lösung kann nur in der weltanschauungs- und ideologiekritischen Entlarvung der falschen, einseitigen Menschenlehren und ihrer Schreckensfolgen sowie in der Darstellung des vollständigen, in den Sinn transzendierenden Menschenbildes liegen.

Darum müssen wir uns bemühen, obwohl wir nur den Wegen nachschreiten können, die Max Scheler und Max Weber beispielhaft vorangegangen sind – bis zu der Stelle, wo das theoretische Denken endet und zu einem Postulat oder Angebot wird, das der einzelne annehmen oder ablehnen kann. Es ist sehr wichtig, den mehrdimensional angelegten Menschen zu beschreiben und an seiner ragenden Gestalt den Torso eines jeden individualistischen oder kollektivistischen Denkens an sich zu messen, sofern es mehr beansprucht als Funktion zu sein. Das Primatstreben der Lebensmächte, ihr Herrschaftsanspruch ist etwas Natürliches, wie sich zeigen wird, aber muß es nicht Aufgabe unserer Kunst, der Kunst des Überzeugens, selbstverständlich aber auch des Führens sein, den Rang und legitimen Anspruch aller Lebensmächte, zumindest der vier hauptsächlichen: der Kirchen, des Staates, der Bildung und der Wirtschaft, zu erkennen? »Die wahre Kulturverfassung wird aber erst durch den solidarischen Verzicht auf die Vorrangstellung irgendeiner Lebensmacht geschaffen«, schreibt der Kultursoziologe Alois Dempf. »Das erst ist der Sieg des Geistes und der Freiheit[9].«

In dieser Weise, so weit wie möglich mit rationalen Mitteln den Weg aus der Entfremdung und zur Sinnhaftigkeit des Lebens zu weisen, gehört zu den Pflichten all derer, die den biologistischen Irrationalismus des Faschismus, den trügerischen Chiliasmus des Kommunismus, die regellose Realitätsflucht in unseren Tagen und den heiligen Sozialismus als endzeitliche Ersatzreligion weltanschauungskritisch durchschaut haben. Aber das Rationale ist etwas sehr Anstrengendes, und die beste Argumentation ersetzt die Entscheidung nicht, die der einzelne für sich oder in der Gruppe, als Mitglied eines Berufes, einer Partei oder eines Vereins, als Staatsbürger, Wähler oder Person in einer Glaubensgemeinschaft zu fällen hat. Am Ende unserer Betrachtung steht deshalb die Dezision. Wir alle stehen an der Front, rief Charles Peguy aus[10]. Wir alle stehen am Ufer des Rubikon, müssen wir heute sagen. Das letzte Wort muß ein politisches sein (s. das Kapitel »Über die Natur des Menschen«).

Wort und Wesen der Entfremdung

Nach Wortbildung und Wortklang ist das Wort Entfremdung nicht alt. Die Vorsilbe läßt auf Abschied, auf Lostrennung oder Abspalten von etwas schließen, das einen begleitete, mehr noch, einem verbunden war. Nur historische Erfahrungen schwerwiegender Art bilden dergestalt die Sprache. Nachdrückliches mußte geschehen sein, wie etwa die Lösung von etwas Vertrautem, Wertvollem, Wärmendem.

Seit jeher droht Entfremdung zwischen Menschen. Brücken des Verständnisses, und zwar des inneren, brechen ein, Entfremdung wird zur Unnahbarkeit, man zieht sich in sich zurück. Die Gefühle der Traurigkeit und Angst zeigen an, daß in der Reihe möglicher Ursachen die Schuld und auch die Fahrlässigkeit nicht an erster Stelle stehen, sondern eine Wesens- oder Gesinnungsänderung beim einen oder beim anderen. Was wirklich zur Entfremdung geführt hat, bleibt oft im Persönlichen verhüllt. Es werden Mutmaßungen angestellt.

In dem Maße, in dem Schuld fehlt, herrscht Tragik vor. Entfremdung ist also an individuelles Bewußtsein gebunden, der Schmerz und die Leere, als die sie empfunden wird, sind in ihrer Intensität vom allgemeinen Entwicklungsstand, von der individuellen Reife und der jeweiligen Begabung des Bewußtseins abhängig. Eine Veränderung in der sozialen Beziehung mag zum Beispiel auch bei Tieren höherer Art Gefühle der Entfremdung auslösen, doch werden sie dort nicht eine Erlebnisbreite und -tiefe erreichen wie bei einem Wesen, das zu einer Selbstbetrachtung und Beurteilung seiner Entfremdung und deren Ursachen zu gelangen vermag. Entfremdung kann auch für Völker gelten.

Stets setzt sie aber etwas voraus, das man kannte, mehr noch, »erkannt« hatte, etwas, dem man sich einmal nahe wähnte. Jede Entfremdung hat in diesem Sinn eine Geschichte, und diese mag sich auf Personen oder auch auf Sachen beziehen, sofern sie einen immateriellen Wert besitzen, der Bindungen schaffen kann, wie zum Beispiel ein Kunstgegenstand, oder auf Ideen, auf Institutionen und nicht zuletzt auf die eigene Person, die sich von sich selbst entfremden kann und auch an etwas entfremdet werden kann, wie es ja auch möglich ist, einen Gegenstand von seinem Zweck zu entfremden.

Entfremdung ist also auf jeden Fall eine »zweite« Erfahrung, sie ist eine negative und eine existentielle Erfahrung: Seins- und Sinnverlust, Selbst- und Substanzverlust. Darin weist sie sich als Thema der Moderne aus. Entsprechend spät hat ihr Begriff Eingang in die Theorie gefunden.

Oft, besonders in der politischen Diskussion unserer Tage, die sich in der Regel durch ein schlechtes Gedächtnis auszeichnet, wird der Begriff Karl Marx zugeschrieben. In seiner Philosophie spielt er tatsächlich eine hervorragende, allerdings einseitig auf den Gesellschaftsprozeß bezogene Rolle, doch reicht seine Verwendung, jedenfalls aber seine Entstehung viel weiter zurück. Der Reaktionär Rousseau, der sich nach dem Urzustand sehnte, ist das Paradebeispiel. Auch Karl Marx dachte in seinen Frühschriften reaktionär. Durch alle Wandlungen des Denkens hindurch blieb sein Ideal der geschlossene Produktionskreis. Da er alle Lösungen im Gesellschaftsprozeß suchte, konnte er sagen, der Mensch werde erst ganz emanzipiert sein, wenn er »als individueller Mensch in seinem empirischen Leben, in seiner individuellen Arbeit, in seinen individuellen Verhältnissen Gattungswesen geworden ist[1]«.

Die Heimkehr aus der Entfremdung in den Urgrund und in die Einheit ist, wie Hans Freyer richtig sagte, nicht nur das Ziel konservativer Denker. Nach seiner Ansicht enthüllt sich im Begriff der Entfremdung sogar die Affinität von Konservatismus und Sozialismus[2]. Was derselbe Autor den »wahren Geheimbegriff des 19. Jahrhunderts« genannt hat und was lange vor ihm Adam Müller und Friedrich Schiller geahnt und befürchtet haben mochten, brachte sinngemäß, nicht mit dem Wort Entfremdung, Immanuel Kant zum erstenmal auf den Degen des rationalen Begriffs. In seiner Lehre vom falschen Bewußtsein der Vernunft als dem Sitz des transzendentalen Scheins gab er dem geistigen und politischen Prozeß die Richtung auf den heutigen Tag. Was bedeutet die Unmöglichkeit jeder metaphysischen Erkenntnis, die der Königsberger Philosoph behauptete[3]?

Es war, als habe sich der Vorhang vor dem letzten großen Drama des europäischen Bewußtseins gehoben, über das Helmuth Pleßner sagt, der Mensch habe seine bisherige Gläubigkeit an die christliche Lehre, an die Vernunft und alles, was ihr noch folgt, nicht nur als Irrtum, sondern auch »als notwendige Selbsttäuschung durchschaut, als Ideologie oder falsches Bewußtsein. Ein freier Mensch werden heißt also zunächst, gegen sich selber Verdacht bekommen und auf die innere Überzeugungskraft des eigenen Bewußtseins und Gewissens keinen Wert mehr legen; dann aber durch eine Verlagerung der bisherigen Achse der menschlichen Existenz, durch eine kopernikanische Wendung gleichsam, den verdächtigen, bisher gültigen Welt- und Selbstaspekt auf das nun nicht mehr verdeckte bestimmende Wesen in der eigenen Existenz zurückführen und relativieren, d. h. als Ideologie entlarven[4].«

Kopernikanische Wendung, so fährt Pleßner fort, sei keine bloße Metapher, in ihrem Zeichen stehe die ganze moderne Welt. Sie wirke fortwährend als Modell für eine radikale Revolution auf welchem Gebiete immer, weil das Prinzipielle daran, die Aufklärung der wahren Verhältnisse durch Zurückführung auf Fehlerquellen, die mit der eigenen Lage im Dasein unvermeidlich verbunden sind, auf Astronomie nicht beschränkt sei. Vier Jahrhunderte Wissenschaft hätten den Menschen an den Gedanken einer verborgenen diesseitigen Wirklichkeit gewöhnt, die dem Augenschein des unmittelbaren Bewußtseins völlig zuwiderläuft, ihn aber als notwendigen Trug-Aspekt begreiflich mache. »Ist es ein Wunder, daß ihre fraglosen Fortschritte und die zunehmende tatsächliche Beherrschung der Natur die Bildung eines umfassenden Verdachts in ihnen anregen mußten, der sich nicht mehr gegen den bloßen körperlichen Standort, sondern darüber hinaus gegen den gesellschaftlichen, sittlichen, religiösen, mit einem Wort gegen den ganzen geistigen Standort des Menschen richtet[5]?«

Von Immanuel Kant also nahm die Bildung des radikalen

Ideologieverdachts ihren Ausgang und führte von dieser ersten und höchsten Stufe der Bewußtwerdung der Entfremdung immer weiter vom Ursprung der christlichen Glaubenswerte weg. Die Entfremdung war damit über die Seelennebel der dumpfen Trauer- und Mangelgefühle hinausgewachsen in eine Zone des Bewußtseins, in der Gründe für das Nachlassen des Glaubens, des Vertrauens in die Erkenntnis und für das Aufkommen des Sinnzweifels entdeckt und bezeichnet werden konnten, sei es auch in erster Linie in der konspirativen Kategorie des Verdachts.

Daß alles Trug sein könnte, daß die Erkenntnis gar keine objektive, sondern höchstens eine für die besondere Erkenntnis-Organisation des Menschen typische sei, wurde durch die Unmöglichkeit der transzendentalen Apperzeption aus der alten banalen Mutmaßung in den Rang der Philosophie erhoben. Kant wollte mit der Kritik der reinen Vernunft die deterministischen Philosophien des 18. Jahrhunderts bekämpfen, was mit dem Nachweis der Subjektivität der menschlichen Sinnesorganisation auch gelingt. Doch schlug er dabei in die eigene Netzhaut. In dem Gegensatzpaar Subjekt-Objekt, das mit der Erkenntniskritik das entscheidende Motiv erhielt, spiegeln sich jetzt Trennung und Spaltung, der Verlust der Einheit.

Das bedeutet allerdings nicht, daß die Entfremdung schließlich zu einem gleichmütigen Bewußtsein ihrer selbst gekommen wäre oder daß der Mensch es gelernt hätte, sein Schicksal stoisch zu tragen. Nein, Europa kennt keine apollinischen Bilder, keinen Marmorblick im Angesicht des Entsetzens. Die Entfremdung, als entsetzlich empfunden, weil sie sich nicht etwa am Leibe oder in der Seele oder im Geiste, überhaupt nicht in einer Abstraktion oder irgendwo speziell vollzieht, sondern wesentlich, existentiell, im Selbst des Menschen, weil sie ihn in diesem Sinne von sich »wegsetzte«, diese Entfremdung fand sich nicht ab mit sich selbst, sondern manifestierte sich in einem brennenden Bedürfnis, in einer schmerzlichen Sehnsucht, in einem reißenden Hunger nach genau dem, was verlorengegangen war: nach Anschauung des Heils, nach Sinnerkenntnis, nach Versöhnung und Vermittlung.

Was auch immer den Anstoß gegeben haben mag, es kam zu einem »Prozeß der Ersatzbildung«, zum Angebot von Sinn-

Prothesen und perpetuum mobiles, Spielkonstruktionen des ersten Bewegers, deren Anblick einen milde zu stimmen vermag. Gibt es etwas Rührenderes, etwas zarter Besaitetes als den entfremdeten Menschen? Nein, aber welch ein Wandel, wenn die erkaltete Zunge einer Ersatz-Religion in ihn gefahren ist. Wie faustisch tönt es dann, wie aggressiv.

Der Prozeß der Ersatzbildung, den wir im einzelnen schildern werden, trat als historische Erscheinung immerhin auf der Höhe der kantianischen Philosophie an den Tag. Wenn wir ihn beobachten, wie er von Stufe zu Stufe weiterging, gelangen wir zu zwei Feststellungen, die für die Entwicklung des Bewußtseins der Entfremdung von großer Bedeutung sind:

Der Prozeß bewegt sich erstens automatisch und zweitens eigengesetzlich, er springt von Stufe zu Stufe, und zwar abwärts, nicht etwa aufwärts zu höheren Erkenntnissen, sondern downtown, downhill, in die Region der Interessen und der Vitalität der nach einem Schichtaufbau gedachten Menschennatur.

Konkret: Auf die Philosophie als der prägenden Lebensmacht folgte die Universalgeschichte des 19. Jahrhunderts, die mit dem Namen Rankes verbunden ist, und auf sie schließlich Soziologie und Biologie. Noch einmal Pleßner, der die oft geschilderte Stufenfolge am klarsten beschreibt: »In der Frontnahme der Philosophie gegen die Theologie, der Geschichte gegen die Philosophie, der Soziologie gegen die Geschichte und schließlich, zu voller Aktualität heute entfaltet, der Biologie gegen die Soziologie wiederholt sich die immer gleiche Logik der Verdächtigung und Entlarvung einer bisher noch nicht erschütterten Autorität mit den Mitteln einer neuen ungewohnten wissenschaftlichen Betrachtungsweise[6].«

Die Namen Hegel, Marx und Nietzsche stehen als Autoren und Kronzeugen dieses Dramas der Geistesgeschichte, das, wie wir in den nächsten Kapiteln sehen werden, im politischen Schicksal Deutschlands einen exemplarischen Ausdruck finden sollte.

In dieser Ableitung sind schon einige Gründe für unsere Annahme erkennbar, daß die Entfremdung mit der zeitlichen Entfernung vom christlichen Ursprung an Intensität zugenommen hat. Mit der Herrschaft der Lebensmächte des wirtschaftlichen Interesses und der Vitalität, die dem gesellschaftlichen Leben einen stark außengeleiteten, von Marktgesetzen, Produktionsweisen, Umwelt-Organisationen, Konsumzwängen und Erwerbsstreben bestimmten Zug geben, sind Sinnverlust und Selbstverlust in ihrem Janusprofil augenfällig geworden.

Wir dürfen den Zivilisations-Prozeß, der dem Menschen ungeahnte Möglichkeiten bietet, dennoch nicht beklagen. Er steht unter dem Schub der wachsenden Menschenzahl und bietet die einzigen annähernd adäquaten Mittel, mit dieser Gegebenheit würdig leben zu können. Uns bleibt nichts übrig als die technologische Zukunft zu begrüßen und mit den ihr entsprechenden unideologischen technokratischen Mitteln zu fördern. Man kann den Prozeß nicht lieben, er ist aus Stahl. Das peinigende, brennende Problem der Entfremdung entsteht aber erst dann, wenn die gängigen Sinninterpretationen sich regelhaft dem geistigen Niveau des erreichten Zivilisationsprozesses anpassen und nur noch aus dem Wirtschaftswissen, der Naturwissenschaft und dem diffusen Naturempfinden und -streben der Vitalität sich gütlich tun: Linsengerichte für den hungernden Geist.

Aber nicht nur Linsengericht, sondern oft auch verführerische Speise, an der man erkranken kann oder noch hungriger wird, oft auch frank und frei ungelöschter Kalk.

Die gesellschaftspolitischen Antworten beispielsweise, die heute auch von Kirchen auf die Frage nach dem Sinn des Lebens und dem Heil der Seele gegeben werden, lassen nichts anderes erkennen, als daß die Skepsis gegenüber der transzendentalen Erkenntnis wie Luzifer in der Sakristei steht. Was dort noch gelegentlich Heiterkeit auslösen mag, stellt sich im getauften und ungetauften Alltag als Melancholie dar, weil das Fragen und Suchen nach dem Wohin und Woher des menschlichen Lebens, nach seiner Bestimmung und seinem Auftrag, nach dem Verhältnis von Notwendigkeit und Freiheit einer existentiellen Unsicherheit entsteigt. Es wird jedoch mit gesellschaftspolitischen, lebensphilosophischen und ethischen Antworten »bedient«, teils mit vernünftigen, teils mit radikalen aus der Einfalt perfektionistischer Gleichheit und Gerechtigkeit: unzureichenden in jedem Falle.

Solche Antworten können zwar Fragen der Wirtschaft und

Gesellschaft beantworten, nicht aber solche des Sinns und des Heils. Gerade das Erlebnis des mangelhaften Verständnisses, des offenkundigen Aneinandervorbeiredens steigert die Entfremdung zum Gefühl der Verlorenheit. Die Entfremdung schlüpft in die schleichende Gestalt der Angst. Weltangst, Existenzangst steigen wie Lemuren aus dem Grundlosen, ihrer Heimat, auf.

Kant hatte zwar das Erkenntnis-Instrumentarium des Menschen in Zweifel gezogen, aber dann doch aus der sittlichen Vernunft heraus das dreifache Postulat erhoben, daß der Mensch frei und verantwortlich, unsterblich und der ewigen Vergeltung des Gesetzgebers und Richters unterstellt sei[7]. Damit war der Sinn moralisch gerettet. Wer nun fragen wollte, für wen außerhalb eines kleinen gelehrten Kreises die Ansichten Kants überhaupt verbindlich waren, hätte die jedenfalls damals noch ungebrochene Autorität des philosophischen Denkens in Rechnung zu stellen. Doch mußten die einmal in Gang gesetzten Zweifel an der Zuverlässigkeit der Erkenntnis auf die Dauer auch das Postulat unterhöhlen, bis selbst die Realität des Sittengesetzes, die praktische Vernunft, in der Grube des Verdachts versank. Schon die Geschichtsphilosophie Hegels, immer noch auf dem hohen Niveau der philosophischen Lebensmacht, fand auf die Frage nach Herkunft und Ziel des menschlichen Lebens keine über die Flußufer Preußens hinausweisende Antwort mehr.

Die Entfremdung vom Sinn und Glauben an das Heil jenseits dieser Welt müssen wir die Ur-Entfremdung nennen, weil von ihr alle anderen Entfremdungsformen ausgehen – jener Prozeß, der Sinnverlust für Sinnverlust aus der Wiege immer neuer Verdächte entläßt – und weil sie das Ziel der größten und engagiertesten Suche ist: der Sehnsucht nach Erlösung.

Je weiter der Prozeß gedeiht, so haben wir gesehen, desto inkompetenter werden die Antworten. Je mehr sich der Mensch in der neuzeitlichen Geschichte aus den ihn umgebenden und ihm überlieferten, von ihm glaubend oder – vermeintlich – wissend erlebten Sinnstiftungen, ihrem Geist und ihren Institutionen löste, indem er sie aus innerer Kraftlosigkeit verlor, sich von ihnen losriß oder sich ihnen gegenüber verschloß, desto leichter und heftiger warf er sich Mächten in die Arme, die schon von ihrer Theorie her, viel mehr aber in der Praxis die

Würde der Person geringer achteten und zugleich die Zumutungen an sie vergrößerten; handelte es sich um den Staat oder die Wissenschaft und Schulung, um den Produktionsprozeß und sein reglementiertes Leben oder um das Blut.

Daraus ergibt sich eine Typologie der Entfremdung, und sie wiederum formt sich zu einer Deszendenz, einer Dialektik des Abstiegs von Deutungsstufe zu Deutungsstufe, auf der jeweils der Anspruch auf vollständige, umfassende Seinserklärung erhoben wurde. Die theologische Welterklärung umgriff einst alles andere – so war die Universität von Paris zur Zeit des Thomas von Aquin noch organisiert. Die Philosophie war eine Magd. Als sie den Primat des Heilswissens zu bestreiten begann, als sie das wagen konnte, hatte der Nominalismus im Realienstreit der Mönche die Welteinheit schon zerrissen. Der Verlust des Vertrauens in die Realität der Begriffe war ein Hieb gegen den Weltmagneten: nun fielen die Ideen endgültig vom Himmel.

Damit erst kam die Eigenart der absteigenden Dialektik voll ins Bild. Denn während die Philosophie den Primat der Theologie bekämpfte, stützte sie sich zum Zwecke freier und nachweislicher Argumentation auf den Stab der Wissenschaften, die als zugespitzte Artes ihre Hand durchbohrten. Es war die Naturwissenschaft, wie wir am kopernikanischen Beispiel gesehen haben, die den Verdacht gegen die Metaphysik nährte und ihr schließlich den Sonnenplatz der Erkenntnis bestritt.

Die Naturwissenschaften und die Geschichte sind beide ganz dem Diesseits zugewandte Mächte. In der Staatlichkeit als dem Endpunkt der Geschichte, so meinte Hegel, verwirkliche sich Gott, während die Naturwissenschaften ein Geschichtsbild des Fortschritts animierten, das nicht begrenzt war wie das der Staatlichkeit. Hatten Nominalismus und die Kritik der theoretischen Vernunft die Entfremdung des Menschen vom transzendentalen Sinn befördert, so beanspruchte jetzt der Fortschrittsglaube den Primat und blähte und spreizte sich unter dem Druck der Heilssehnsucht der Menschen zu pfauenartiger Gestalt. Das bürgerliche Zeitalter hob an, die größte, die stolzeste, die folgenreichste Zeit Europas, der Siegesmarsch des industriellen Systems. Aus Staatskultur, Rechtskultur, Wissenschaft und technischer Zivilisation entstand eine großartige imperiale Koalition. Eroberung der praktischen Transzendenz nennt Ernst Nolte diese Epoche[8].

Der Beweggrund für die dialektische Spannung, die währenddessen entstand, ergab sich aus dem wütenden Angriff, den Naturwissenschaften und Geschichte gemeinsam gegen die Reste des Ideen-Realismus und der praktischen Vernunft führten, gegen alles also, was nach universaler Verbindlichkeit aussah und dem Subjektivismus der Staaten und Individuen wie ein Baumstamm im Wege zu liegen schien. Dabei ist es unverkennbar, daß eine humane Meisterung der sozialen, politischen und technischen Herausforderungen und Bedrohungen nichts dringender bedurft hätte als eines allgemein verbindlichen Sittengesetzes und eines Menschenbildes, das, in gesicherter Transzendenz unberührbar ruhend, die Maße geliefert hätte, die dem Recht Gültigkeit verleihen würden. Aber das war nicht der Fall, und die Entfremdung, der Sinnverlust und Selbstverlust nahmen extreme Formen an. Die entfesselten ökonomischen und technischen Kräfte kannten kein Gesetz außer dem ihren und beanspruchten infolge des fehlenden Widerspruchs und im Namen des Fortschrittglaubens die Autorität des Weltgesetzes und der Welterklärung.

Endgültig zerfiel jetzt die Einheit des Lebens in die kämpferische Dialektik von Individuum und Gemeinschaft, Arbeit und Produkt, Arbeitskraft und Kapital, Mensch und Rolle, Technik und Leben – es entstanden die düsteren und krümmsten Erscheinungen der sozialen, technischen und ökonomischen Entfremdung, die den Menschen mit der Geschwindigkeit des linear verlaufenden und sich ständig beschleunigenden zivilisatorischen Fortschritts in eine interstellare Distanz zu den Sinngebungen des Lebens brachten.

Der Verdacht schien sich nun gegen alles zu richten, es entstand das ungeheure Aggressionspotential, das in Deutschland, von Aufklärung und Liberalismus kaum gemildert, die Haut über der Muskulatur zerriß. Die Deszendenz der Sinndeutung konnte jetzt nur noch in den Gesellschaftsprozeß als Zweck seiner selbst und in die biologistische Axiomatik der in sich verwachsenen Kraftschnecke flüchten. Hier, auf dem untermenschlichen Grund, im Gigantenkampf des Hades gegen die theoretische und praktische Transzendenz, wie der Faschismus-Forscher

Nolte es formuliert, also auch gegen den Fortschritt, mußte die Deszendenz enden.

Aber es leuchtete der Stern von Bethlehem. In den Konzentrationslagern der Nationalsozialisten, die nicht mehr existieren, und in den Lagern der Kommunisten, die immer noch existieren, hätten die Menschen mit dem geringsten Sinnverlust, so sagte man, den Selbstverlust der äußersten Entfremdung in der Entwürdigung am tapfersten ertragen. Wir wissen aber auch und sehen es heute, daß umgekehrt der Sinnverlust, die Entfremdung vom Heil, sein bohrender und zum Aufruhr treibender Schmerz unter relativ glücklichen und befriedeten Zuständen des Gesellschaftslebens nicht geringer wird. Es gibt nichts, was Ausgleich geben könnte außer dem Logos, zu dem der Glaube vordringt, um die Gewißheit zu erobern. Zeigt sich darin nicht die Existenz einer festen Wertrangordnung, und ist sie nicht Hoffnung?

Mit dieser Frage leben wir – mit dieser Frage, nicht mit einer Antwort. Bleiben wir an dieser Stelle aus methodischen Gründen dabei. Die Dialektik der Deszendenz, die sich verbindet mit der Aszendenz des zivilisatorischen Fortschritts, bietet in der unlösbaren Verschränkung der Gegensätze und Gegenläufigkeiten ein faszinierend schwirrendes Bild, das flackert und glost: Es steht im Zeichen der Flamme.

In der Tiefe des individualistischen und kollektivistischen Ökonomismus schien der Geschichtsprozeß nach dem Kriege zunächst erstarrt, doch gibt es Anzeichen, daß die Entfremdung an die geistlosen Güter des Lebens, an die Vitalgüter und die Konsumgüter und ihre geradezu endlose, aber nie gültige Reflexion und Reproduktion in den Diskussionen und Medien die Stimmung der Revolte wieder nähren könnte. Wir unterscheiden sie von der Revolution, die den Widersprüchen dieser Welt gilt, der geknechteten Freiheit, der geschändeten Gerechtigkeit, dem Zwingvogt, der Festung, dem Ausbeuter. In diesem Sinne gibt es in der westlichen Welt keine tatsächliche, sondern lediglich eine simulierte revolutionäre Situation.

Doch es gibt eine Revolte-Situation. Und diese Revolte, in der wir ja leben, ist eine Hungerrevolte. Denjenigen, die in der Revolte stehen, geht es nicht um soziale Gerechtigkeit, den Theologen sei es noch einmal gesagt, sondern um Sinn und Seelenheil. Sie suchen Erlösung von der Entfremdung, die nichts mit der Selbstentäußerung an die Arbeit, an das Spiel, an den anderen Menschen zu tun hat, wie Helmut Gehrke meint[9], die sich auch nicht in dem Selbstverlust an Mächte der Umwelt erschöpft, auf den Karl Marx den Begriff verengte, sondern im Sinnverlust ihr Agens, ihre Dramatik und ihre Dialektik hat. Die Zeiten dieser Hungerrevolten sind der Freiheit nie günstig. Denn nicht die mondäne Entfremdung des Strand- und Liebeslebens, die gleichzeitig ihre eigene Zerstreuung darstellt, ist das Typische. Was dort blödelt und lächelt, kommt in der Breite und Tiefe der normalen Gesellschaft niedergedrückt einher, pessimistisch, mit dem Bösen rechnend und von Gefühlen der Sinnlosigkeit gepeinigt. Man sieht es vielen disziplinierten Menschen kaum an, wenn sie sich dem Suizid-Punkt nähern: der Entfremdung in der Form der Entfernung vom eigenen Selbst. Sie drängt es nicht nach Freiheit, sondern nach Identität.

Die Angst, nun in der traumatisch schwindenden Dimension der Enge oder der sinnlos expandierenden Weite empfunden, kann sich heute konkret erregen an der nachlassenden Schutzkraft der Institutionen, den Scherben der Tabus, auf denen man den eigenen Namenszug entdeckt, an der Verkümmerung der nachbarlichen Beziehung, an dem Gefühl, unverpflichteten Mächten ausgeliefert zu sein, deren private Verfügungsgewalt nur gegen die Verfügungsgewalt noch mächtigerer kollektiver Mächte eingetauscht, aber nicht beseitigt werden kann. An dieser erregten Umweltangst, an dem erregenden generellen und prinzipiellen Verdacht gegen die gesamte Umwelt entzündet sich wie auf allerengster Reibfläche die Revolte.

Sie hat viele Gestalten, die wir ironisch beschreiben könnten – den gekrümmten Rücken der Flucht zum Beispiel, die den Narkotika, den Farben und der Musik gilt – heute eine ganz andere Macht, als der Tolstoj der Kreutzer-Sonate ahnen mochte. Aus dem Gefühl des unwiederbringlichen Verlustes geboren scheint dagegen der sympathische Kornett der Elegie, dessen den Cineasten vertraute Erscheinung eine wohlgeformte Klage ist, Adel der Sinnlosigkeit. Ihn wiederum nimmt der Zyniker leicht aufs Korn, der so aussieht, als verlebe er jetzt seine schönsten Tage. Er ist verderbt und nützlich, denn er entheiligt die intellektuelle Priesterkaste, die das Geheul der Entfremdung in den cantus sociologicus faßt.

Am Rande des Kessels aber, den Hieronymus Bosch bestückt zu haben scheint, stehen die Herren des Elends, die Gesichter in römischer Kälte erstarrt. Es sind die Offiziere des Nihilismus, bereit, irgendeine Ordnung durchzusetzen, die ihren Zweck in sich besitzt und mithin heiligt. Die Entfremdung von Sinnzusammenhängen transzendenter Art fördert den Dezisionismus, das Handeln und das Kämpfen um des Kämpfens und des Handelns willen. Der Befehl ist dann der Befehl, und der Schwerthieb gleich der Sold. Links, rechts, sozialistisch, faschistisch – hie Ordnung allewege.

Camus hat alles gesehen, Reinhold Schneider unter den Schatten gestöhnt, unter dem Trauma der Möglichkeit, kein Prälat würde im Angesicht aller Toten mehr sagen, Gott werde die Seinen schon erkennen. Denn das Letzte geschieht, wenn die Sehnsucht, die um des Heils willen noch das Unheil schafft, es aber tragisch schafft, weil das Heil ja immer das Ziel ist, wenn die Sehnsucht nachläßt und die Revolte erstirbt. Das wäre die modernste Sünde wider den Heiligen Geist, die Kierkegaard meiden wollte mit der Tat, dem Menschen lieber die brechende Kraft des Nihilismus aufzuhalsen, der in ihm zum Bewußtsein gelangt, als die Gleichgültigkeit zu dulden, dieses Glück des Elends, in dem die Seele versandet.

Wir dürfen die Betrachtung über Wort und Wesen der Entfremdung aber nicht abschließen ohne methodische Selbstkritik des Begriffs. Die letzten Überlegungen haben uns zu einer wichtigen Frage gebracht. Sind Heilssehnsucht und Sinnbedürfnis, die wir in prachtvoller und in abstoßender Gestalt wahrgenommen haben, Existentiale, eigentümliche Strukturcharaktere also des menschlichen Daseins, ist das Heilsbedürfnis ontologisch gegründet oder nur historisch in der Gewohnheit? Ist die Abwendung des Glaubens von den überkommenen transzendentalen Gegenständen oder Personen, die wir als Schwinden der Glaubenskraft empfinden, ein Zeichen für das Nichtvorhandensein eines ewig eingeschriebenen Heilsbedürfnisses oder schwindet die Glaubenskraft nur hinsichtlich der überkommenen Glaubensgegenstände, um sich mit ungeschmälerter, ja von der Sehnsucht und dem Mangelgefühl sogar noch stimulierter

Kraft einem anderen Objekt oder einer Person zuzuwenden, die somit zu Glaubensinhalten sanktioniert oder fetischisiert werden, je nach ihrem tatsächlichen Wert?

Soweit wir unserer Erkenntnis trauen können – sie ist keine Selbstverständlichkeit –, spricht der Abstieg der Sinndeutungen, der Prozeß der Ersatzbildung, dessen ausführlicher Betrachtung wir uns jetzt zuwenden werden, für die ontologische Fundierung des Bedürfnisses, für eine feste Bedürfnisstruktur im Menschen. Auch diese Feststellung wird »verdächtigt« werden: bevor der Skorpion in der Flasche den Stachel gegen sich selbst richtet, präsentiert er seine Waffe. Aber gleicht solch ein Verdacht nicht vielmehr einer Unruhe, einem Agens: ist er nicht negativ verhüllte Heilssehnsucht, die sich am Ende der Vorstellung demaskiert?

Wenn es zutreffen sollte, daß dem Heils- und Sinnbedürfnis nicht nur Nominalität, sondern tatsächlich Realität zukommt, dann wäre mit dieser Qualität ein Stein aus einer anderen Welt gefunden, der vielleicht Aufschlüsse geben könnte über die Transzendenz als Ganzes: ein Findling für die metaphysische Erkenntnis. Aber wir wollen vorsichtig sein mit solchen Bemerkungen, wollen vor Mutmaßungen, die zu ihnen führen, eher warnen: denn die Annahme des Heils- und Sinnbedürfnisses als eines Existentials stützt sich nur auf die Methode der Phänomenologie. Und müßte das Göttliche in uns wirklich auf ein Göttliches auch außerhalb von uns und der Geschichte schließen lassen?

Also kein roll back, keine »Ochsenwende« der Dialektik in die Richtung der Aszendenz, keine Erlösung und Reintegration des Menschen mit den leichten Waffen der Logik, die nicht das erste Mal mit Ontologik, der großen Nuklearwaffe, verwechselt werden könnte?

Lieber noch eine trockene Bemerkung am Schluß zum Begriff der Entfremdung. Wir haben nicht gefragt und geantwortet, ob es eine Topographie der Entfremdung gibt und einen geographischen Weg, einen Zug der schwarzen Vögel; welches Ausmaß der Sinn- und der Selbstverlust unter verschiedenen Bedingungen der Bewußtseins-Entwicklung, des kulturell-geistigen, des politischen und sozialen Klimas annehmen kann und wie sie sich jeweils zueinander verhalten. Gibt es Voraussetzungen, unter denen auf dem einen oder dem anderen ein schwerer Akzent liegt? Und schließlich: Gibt es Menschentypen der Entfremdung, Charaktertypen, soziologische Typen, wie sieht der Idealtypus aus, würde Max Weber jetzt fragen?

Als Antwort auf die meisten der gestellten Fragen könnte eine Karte entstehen, die den Darstellungen der Niederschlagsmengen, der Kohlevorkommen und der Bevölkerungsdichte gliche. Aus ihr könnte, freilich aufgrund sehr unsicherer Kriterien, auch hervorgehen, in welcher Qualität sowohl nach Menschen wie nach Entfremdungsformen gegliedert, Entfremdung auftritt. Auf solchem Wege gedeiht die ernsteste Sache zum Scherz, doch noch der Witz sagt genug für die Feststellung, daß die Entfremdung kein Mengenproblem, sondern ausschließlich ein qualitatives Problem darstellt. Einer, ein einziger Mensch würde genügen, das Problem zu schaffen, und alle, alle anderen würden nicht ausreichen, um es mit dem Nichtvorhandensein bei ihnen zu entkräften. Ist das nicht eine Bestätigung für den Wert der Person, die Individualität, die sich natürlich eine Kritik der Subjektivität gefallen lassen muß?

Im übrigen: Ist Entfremdung unheilbar oder heilbar vielleicht mit Mitteln außerhalb der metaphysischen Sinn-Kategorie, durch Kunst etwa, ästhetische Abschlüsse in der Immanenz – oder wandeln wir mit dieser Frage schon im Spiegelkabinett der Symbole und Projektionen?

Wir haben versucht, den Begriff der Entfremdung nach Umfang und Inhalt zu bestimmen, und haben schließlich methodisch nach seiner Geltung, seiner Plazierung zwischen absolut und relativ zu fragen. Wir wissen, daß er einer tatsächlichen Gegebenheit entspricht, aber die Existenz von Entfremdung ist mit dieser Frage nicht mehr gemeint. Auch Spenglers Begriffe des Apollinischen und Faustischen haben einen tatsächlichen Grund, auch Toynbees Yin und Yang, die gegensätzlichen Prinzipien der Welt-Bewegung. Wir brauchen nicht die Enge der charakterologischen und ideologischen Kategorien zu beleuchten, um auf die Gefahr der Vergewaltigung der Wirklichkeit durch einen Begriff hinzuweisen. Zu diesen kleinen Modeln zählt die Entfremdung allerdings nicht. Sie gehört schon in die Reihe der großen Begriffe, die dem Skalpell ähneln, mit dem man dem corpus delicti einen imponierenden Schnitt zufügen kann.

Mehr noch: die Entfremdung gehört zu den ganz wenigen großen Begriffen, die viel wertvoller sind als das Skalpell und die Kunst der Schnittführung – nämlich Erleuchtung, Erhellung und Verdunkeln der Welt von innen.

Heilsbedürfnis und Sinndefizit

Von dem individuellen und kollektiven Erlebnis der Entfremdung ausgehend, das in zahlreichen Formen Evidenz für sich beanspruchen darf, weil es die Stimmung der Zeit bestimmt wie ein Farbton die Grundierung eines Bildes, wollen wir uns jetzt mit den einzelnen Stufen der Entfremdung und mit den Sinngebungen beschäftigen, die eine Antwort darstellen sollten. Die historische Betrachtung darüber verfolgt keinen Selbstzweck, sondern ist darauf angelegt, den Blick für die Gegenwart zu schärfen. Es ist also nicht unser Ziel, dem Leser einen möglichst vollständigen Überblick über die Sinndeutungen des menschlichen Lebens und der Geschichte zu bieten, sondern die bedeutenden und weiterwirkenden Antworten herauszupräparieren, die der Entwicklung des modernen Bewußtseins Richtung und Maßstab gegeben haben.

Die Eigenart dieser Entwicklung haben wir mit dem Begriff der Deszendenz, der Stufenfolge der Sinndeutungen von der umfassenden Erlösungsreligion bis zu den vitalistischen und materialistischen »Ersatzformen« beschrieben. Sie verläuft nicht kampflos, sondern dialektisch. Mit der Darstellung der Dialektik begannen wir bei Immanuel Kant, dessen Philosophie den Menschen in den Mittelpunkt aller Fragen und Antworten rückt, einen Platz, den er bis heute nicht verlassen hat. Königsthron oder Marterholz, wie einmal gesagt wurde, der Mensch weiß selbst nicht, wie er bezeichnen soll, worauf er sich niederließ [1]. Nach den Antworten zu schließen, die ihm auf die immer gleiche Sinnfrage zuteil werden, weist die Deutung einmal in die Vergangenheit, das andere Mal in die Zukunft. Sie liegt außerhalb der Gegenwart und ist doch immanent, dabei aber in weiter Ferne. Die Frage weist stets über die Antwort hinaus. Deshalb identifiziert sich der Fragende oft so leidenschaftlich mit der Antwort. Liebende und Ertrinkende haben eine vergleichbare Kraft.

Die Frage nach dem Sinn

Bei der Sinn-Frage müssen wir einen Augenblick verweilen. Sie steht im Mittelpunkt unserer Betrachtung über die Entfremdung, sie formuliert als Frage das Ziel, mit dem der Mensch sich zu vereinigen sucht, um von der ihn umtreibenden Qual der Entfremdung und ihrer Kälte erlöst zu werden. In der Sinn-Frage wird bewußt, was dem Menschen mangelt. Das Erleben, aus dem heraus er sie formuliert, macht das Bedürfnis evident, das sich auch in tatsächlicher oder vermeintlicher Sinngewißheit nicht endgültig beruhigt. Sinnfindung ist Prozeß. Die Maschine kreist über dem Landeplatz: das ist die Zeit. Unruhig ist unser Herz, bis es ruht in Dir, sagt Augustinus.

Die Individuation des Bewußtseins hat den Prozeß, so meinten wir, verschärft. Der Mensch tanzt auf der Spitze der Nadel, die man früher für einen Rummelplatz der Engel hielt. Er wünscht zu wissen, woher er stammt und wohin er geht, warum ist, was ist, er fragt nach dem Grund des Seins. Wenn er Heilswissen, das er vorfindet, nicht mehr in derselben Weise wie frühere Generationen oder überhaupt nicht mehr annimmt, so ist das ein Problem der Antworten, ihrer kategorialen Darbietung, der kategorialen Entsprechung von fragendem Geist und Geist der Antwort. Es ist aber kein Problem der Existenz der Frage. Sie ist da – nicht nur als Ausdruck metaphysischer Neugierde, sondern als Suche nach existentieller Gewißheit.

Die Frage nach dem Sinn ist im letzten die Frage nach dem Heil: was geschieht mit mir? Eine Nicht-Beantwortung ist daher denkbar schärfste Entfremdung. Die Intensität der Frage wächst mithin im Maße der Unverbindlichkeit, des »Verklingens« der Antwort. Was ist, wenn die Musik aufhört, fragt Mauriac, um ein Erleben zu beschreiben, das über den Ausklang von Mahlers 9. Sinfonie hinausweist? Deshalb gewinnt mit der Individuation des Bewußtseins das Todesbewußtsein an Schärfe. Die Könige wußten schon, warum sie ihre innerlich nicht engagierten Untertanen auf die Kasernenhöfe schickten und die Gedrillten mit bedeutungsvollen Symbolen umstellten. Es gibt auch Hilfen für das friedliche Sterben, nicht nur solche der leiblichen Erleichterung; denn die genügen nicht. Dem Sterben ist Furcht zugeordnet, die Furcht, in Charons Boot gestoßen zu werden. Es ist noch etwas Gegenständliches, mit dem man zu tun hat. Der Tod jedoch, in den die Fahrt geht, ist es nicht. Ihn erfahren wir als Angst. Seine Notwendigkeit preßt uns in die Enge.

Die Menschen gestehen es sich nicht ein, auch die mündigen nicht. Während die Furcht noch Laute von sich gibt, läßt Angst im Schweigen erstarren. Deshalb umgibt Schweigen auch ihr Thema. Das Thema Tod, so oft provozierender Gegenstand der Künste, ist tabuisiert. Ein Nachtgespräch öffnet vielleicht einmal einen Zugang, aber das Tageslicht löscht die Bilder. Die Vorstellung allein macht schwindeln. In der mönchischen Kultur gibt es die tägliche Übung, das Nichts zu denken. Seine Unbegrenztheit ist der Raum der in Ewigkeit erstarrten Ungewißheit. Wo bleibt am Ende, was denkt, fühlt, will? Wo aber ist der Sinn des Lebens, wenn nichts bleibt – außer Gedenken, Erbe, Nachfahre, der dann ja auch bald nachfährt im Boot? Wozu ist dann Geschichte gut? Ist das Altern nicht fast etwas Böses und einzig die Jugend Erfüllung?

Daraus kann ebenso Todesangst erwachsen wie Todessehnsucht und Todesverachtung, die oft nicht ein Attribut der Tapferkeit, sondern reine Entscheidungssuche ist. Der Dezisionist, der, wie wir sehen werden, die typische Heldenfigur der Sinnlosigkeit ist, hat in Wirklichkeit ja Angst[2].

Der Gedanke, daß in der Geburt Fluch liege, ist Tragödienstoff. Denn auf der Höhe des klassischen Griechentums hat sich der Mensch in Erlebnis und Gefühl, in Gedanke und Theorie zum ersten Male scharf konturiert von der Natur abgehoben. Den Zustand davor nennt Max Scheler treffend eine »große Demokratie des Seienden«, in der sich Pflanze, Tier und Mensch noch additiv und als gleich und gleich gegenübergestanden hätten. Erst in der griechischen Zeit sei die Idee vom Logos, von der Vernunft, vom Geiste geprägt worden, der als spezifisches Agens nur dem Menschen zukomme.

Das Christentum mit seinen Lehren von Gottmenschheit und Gottkindschaft bedeutete eine weitere Steigerung des menschlichen Selbstbewußtseins. Den nächsten Sprung tat das neuzeitliche Denken, in dessen kopernikanischem Spiegel die mittelalterliche Anschauung einer von Gott abhängig existierenden Welt, einer Schöpfung von Welt und Seele sich als Trug zu erweisen schien. Gerade die Vernunftkraft, die solchen Trug zu entlarven vermag, mußte das Selbstbewußtsein fördern. Die Welt in der Vernunft, schreibt Scheler, »der gesamte Pantheismus von Averroes über Spinoza bis Hegel und E. v. Hartmann hat dann die partielle Identität des menschlichen und göttlichen Geistes zu einer seiner Grundlehren gemacht. Auch für Leibniz ist der Mensch ein kleiner Gott[3].«

Und dieser Gott muß sterben.

Dabei geht es nicht um Spinoza, Descartes und Leibniz. In irgendeiner Sammlung letzter Worte wird aufgezeichnet stehen, wie diese Heroen des Geistes die kreatürliche Angst bezwangen. Uns interessiert der Mensch, der zu einem meist unbewußten Träger ihrer großen Gedanken wurde, dessen Bewußtsein zu einem künstlichen Wachstum oft über die Fassenskraft des Kopfes hinaus gebracht wurde und der, damit alleingelassen, ohne die Tröstungen der erhebenden Theorie, nun an einer Sensibilität zu leiden hat, für die er so wenig geschaffen ist wie die Kinder der Kreuzzüge für den Krieg.

Je feiner die Individuation des Menschen sich zum Bewußtsein ausbildete und vor allem zur Beobachtung des eigenen Selbst, desto unruhiger wurde die hochgezüchtete Spezies. Nicht mehr Weisheit und Abgeklärtheit, sondern mehr Hypochondrie, Verdacht und Ideologie wandelten den Helden in der fremden Rolle an. Nicht daß die Erziehbarkeit des Menschen und seine Fähigkeit, sich selbst zu bilden, geleugnet werden sollen – der Zweifel gilt eher dem Pädagogen, den seine Bildungsidee zu sehr begeisterte und der sich daher nicht in der Mitte des Geleitzuges hielt, sondern vorpreschte. Den unsicher gelassenen Menschen nämlich trifft die Frage nach dem Sinn am härtesten.

Einseitig darauf trainiert, die Antworten des alten Heilswissens als Trug oder Sage zu verdächtigen und zu entlarven, traf die Todesgewißheit einen Abgerüsteten. Die Ersatzformen des Heilswissens bekamen Macht über ihn.

Der Begriff des Heilswissens

Bevor wir auf die Beispiele dieses Konfliktes zu sprechen kommen, sollten wir aber noch einen Augenblick bei dem Wort und Begriff des Heilswissens verweilen. Denn es ist schon eine Ironie, daß der Mensch, des alten Gottes ledig, mit seinem Triumpf und sich selbst beschäftigt, in sich selbst auf ein Sinnbedürfnis stößt, das ihn umtreibt. Mag Familienfreude oder Freundestreue, Tarifabschluß und Zieldurchfahrt, ein Blick auf einen Cezanne oder ein spielendes Kind das Empfinden von Sinnhaftem vermitteln – der Sinn, an dem aller Sinn partizipiert und ohne den aller Sinn doch nur ein Schnappschuß des Glücks wäre, ist etwas anderes, mehr: ist Bestimmung, Identität, Heil, Unsterblichkeit. Die entsprechende Wissensform, auf die Ernst Troeltsch und Max Weber hinwiesen und die der Philosoph Max Scheler in seinem Werk »Die Wissensformen und die Gesellschaft« beschrieb: das Heilswissen steht im Zusammenhang von drei obersten Werdenszielen, denen Wissen überhaupt dienen kann und soll.

Scheler wörtlich: Wissen soll dienen »erstens: dem Werden und der Vollentfaltung der Person, die ›weiß‹ – das ist ›Bildungswissen‹. Zweitens: dem Werden der Welt und dem zeitfreien Werden ihres obersten Soseins- und Daseinsgrundes selbst, die erst in unserem menschlichen Wissen und jedem möglichen Wissen zu ihrer eigenen Werdensbestimmung kommen, oder doch zu etwas, ohne das sie ihre Werdensbestimmung nicht erreichen könnten. Dieses Wissen um der Gottheit, des Ens a se willen, heiße Erlösungs- und Heilswissen. Und es gibt drittens das Werdensziel der praktischen Beherrschung und Umbildung der Welt für unsere menschlichen Ziele und Zwecke – jenes Wissen, das der sogenannte Pragmatismus sehr einseitig, ja ausschließlich im Auge hat. Das ist das Wissen der positiven Wissenschaft, das Herrschafts- und Leistungswissen[4].«

Es handelt sich beim Heilswissen also in der Ordnung der Wissensformen, denen in der menschlichen Organisation bestimmte Bedürfnisse und, wie wir später sehen werden, auch Werte und Lebensmächte entsprechen, um ein Wissen, in dem unser Personkern an dem obersten Sein und Grund der Dinge *selbst* Teilhabe zu gewinnen sucht, respektive ihm solche Teil-Habe durch den obersten Grund selbst zuteil wird.

Entscheidend für unsere Betrachtung hier ist nun der Umstand, daß der Mensch nicht die Wahl hat, sich eine metaphysische Idee zu bilden oder nicht zu bilden, eine Idee von dem, wie man philosophisch sagt, was als das Sein, das nur durch sich ist (Ens per se) und von dem alles andere Seiende abhängt, dem Menschen selbst und der Welt zugrunde liegt. Scheler: »Der Mensch hat – bewußt oder unbewußt, durch eigene Erwerbung oder Überlieferung – stets notwendig eine solche Idee und ein solches Gefühl. Er hat nur die Wahl, sich eine gute und vernünftige, oder eine schlechte und vernunftwidrige Idee vom Absoluten zu bilden. Die Sphäre aber eines absoluten Seins vor dem denkenden Bewußtsein zu haben, gehört zum Wesen des Menschen und bildet mit Selbstbewußtsein, Weltbewußtsein, Sprache und Gewissen *eine* unzerreißbare Struktur[5].«

Der Mensch könne wohl das klare Bewußtsein dieser Sphäre künstlich verdrängen, führt der Philosoph fort, indem er sich an der sinnlichen Schale der Welt festsauge: dann bestehe die Intention auf die Sphäre des Absoluten fort, die Sphäre selbst aber bleibe leer an bestimmtem Gehalt. Leer bleibe dann aber auch das Zentrum der geistigen Person im Menschen und leer sein Herz. Der Mensch könne aber auch diese Sphäre des absolut Seienden und eines höchsten Gutes, ohne es selbst recht zu merken, mit einem endlichen Dinge und Gute erfüllen, das er in seinem Leben behandle, »als ob« es ein Absolutes wäre: das Geld, die Nation, einen geliebten Menschen: »Das aber ist Fetischismus und Götzendienst. Soll der Mensch über diesen Zustand seiner Seele hinauskommen, so muß er zwei Dinge lernen. Er muß erstens durch Selbstanalyse sich seinen Götzen bewußt machen, der bei ihm an die Stelle eines absoluten Seins und Gutes getreten ist; und zweitens muß er diesen Götzen zerschmettern, d. h. die allzu geliebte Sache an ihren relativen Platz in der endlichen Welt zurückstellen. Dann taucht die Sphäre des Absoluten wieder auf[6].«

Max Scheler starb im Jahre 1928. Er brauchte nicht zu erleben, wie die Nachtseite des Heilswissens wenig später triumphierte.

Formen der Spannungskrise

Wir haben jetzt den Begriff des Heilswissens genügend erleuchtet, um mit ihm durch den inneren Prozeß des modernen Bewußtseins schreiten zu können. Dabei sehen wir, daß die Sinndeutungen, die Glauben und Erklärungen einer Epoche, stets genau die Differenz zu überbrücken haben, die zwischen der vorherrschenden Lebensmacht und der ihr typisch eingeschriebenen Geistigkeit einerseits und der Sinn- und Heilssehnsucht aus der gleichbleibenden Bedürfnisstruktur des Menschen andererseits liegt[7]. Diese Differenz wird, wenn sie nicht ausgefüllt ist, als *Sinndefizit* gefühlt oder gewußt.

Das Sinndefizit ist eine bewegliche Größe. Es kann wachsen und schrumpfen. Mit seinem Wachstum vergrößert sich auch der Verdacht des Menschen, daß der peinliche Mangel auf eigenes oder fremdes Verschulden zurückzuführen sei, daß entsprechende Mächte ihn von Erkenntnissen abhielten oder sie ihm vorenthielten.

Das eine, den Verdacht des eigenen Verschuldens, beantwortete beispielsweise der existentielle Nihilismus Kierkegaards – das Licht der Verzweiflung –, das andere, das »Attentat« eines von interessierter Seite in den Menschen eingesenkten »falschen Bewußtseins«, enthüllte beispielsweise Karl Marx mit seiner Theorie von der zustandserhaltenden Funktion der Religion, der Philosophie und anderer Teile des Überbaus. Das Sinndefizit und seine Begründung in eigener und fremder Schuld bilden zusammen das schwere und folgenreiche Syndrom der Entfremdung.

Die fast zwangsläufige Folge ist eine Doppelkrise des Selbstbewußtseins und des allgemeinen Sozial- und Geschichtsvertrauens. Wenn so viel Schuld und Betrug im Sinnbereich des Lebens und der Welt angenommen werden müssen, sieht der Mensch allen Anlaß, an den Ordnungen zu zweifeln, oft sogar zu verzweifeln. Dem Heilsbedürfnis, das, wie wir angenommen haben, gleichsam mit dem Herzschlag aus der Struktur der Person pulst, steht im Bewußtsein also der dynamische Prozeß einer personalen und gesellschaftlichen Desintegration gegenüber, mit dessen Fortschreiten sich das Sinndefizit vergrößert. Es kommt jetzt zu einer Spannungskrise. Sie kann, grob eingeteilt, vier Formen annehmen: Panik, Wahllosigkeit, Revolte und Ideologisierung.

Das heißt im einzelnen: Wenn die Suchimpulse, die aus dem personalen »Sinnzentrum« strömen, auf keinen Empfänger stoßen, ist eine panische Reaktion in Formen der Verzweiflung bis zu Suizid und Dementia möglich. Die Literatur, nicht zuletzt die moderne, bietet dafür Beispiele, von denen die meisten freilich so umstritten sind wie Hölderlins Umnachtung. Typische Beispiele für eine »Überproduktion« an Heilsbedürfnis und seine Antwortlosigkeit waren, das sei nur am Rande vermerkt, die Geißlerzüge.

Eine andere, wohl harmlosere Form der Spannungskrise sind Aberglaube, Wunderglaube und Betäubungen verschiedenster Art. Von Paracelsus über den Wundermann Groening nach dem zweiten Weltkrieg bis zu den Dämmerungsriten und Fluchtbewegungen der Hippies und Fixer reicht die Palette. Zwischen Sexualismus und Spiritismus ist, teils ins Kauzige, teils ins Schmerzliche gewendet, alles vorhanden, was dem Rest des magischen Bewußtseins entsprechen könnte, das gelegentlich auch Genies plagt, wenn sie nicht auf Zimmer 13 nächtigen wollen. In dem verbauten Haus, das wir Wahllosigkeit nennen, um die Münzenhaftigkeit dieser Sinn-Befriedigung anzudeuten, befindet sich freilich eine Beletage, in der zum Beispiel die Astronomie haust und gar die Madonna von Fatima gelegentlich Einkehr hält.

Obwohl die Spannungskrise in dieser Form stark in die Breite geht, weil der »Volksglaube«, der Zynismus und Erlösungs-Schematismus des Märchens, ja sogar der Refrain des Volkslieds bis heute, in alle möglichen Formen des Ausdrucks gewandelt, den Boden der Seelen überschwemmt, muß der elitären Form der Revolte größere Beachtung geschenkt werden. Sie bedient sich der Mittel der Gewalt, der ungespielten Flucht in anachoretische Ferne, der atypischen Verhaltensweise jenseits der Mode und zeichnet sich neben physisch-psychischer Vitalität besonders durch eine dezisionistische Härte gegen sich selbst und gegen andere aus. Im Unterschied zur Revolution zielt sie, wie wir schon gesagt haben, nicht auf die Herstellung einer neuen Ordnung ab, was immerhin noch als legitimierende Zweckbestimmung bezeichnet werden könnte, sondern will nur zerstören. Der Revoltierende schlägt um sich, der Revolutionär schlägt sich eine Gasse, die Revolution hat Zukunft, die Revolte hat einen Feind.

Max Scheler hat nach unserem Wissen der modernen Revolte die beste, gleichzeitig aber auch die gefährlichste Deutung gegeben, die wir wegen ihrer prophetischen Sicht im Auszug zitieren: »Die Revolte der Natur im Menschen und alles dessen, was dunkel, dranghaft, triebhaft ist – des Kindes gegen den Erwachsenen, des Weibes gegen den Mann, der Massen gegen die alten Eliten, der Farbigen gegen die Weißen, alles Unbewußten gegen das Bewußte, ja der Dinge selbst gegen den Menschen und seinen Verstand –, sie mußte einmal kommen! Der (erste) Weltkrieg selbst war – was die psychische Massendispositionen zu ihm betrifft, nicht natürlich seine rein politischen Ursachen, – eher eine Wirkung, als eine Ursache dieser Jahrhunderte währenden Triebstauung und beginnenden Triebrevolte gegen den höchst gesteigerten, übersteigerten ›Apollinismus‹ und asketischen ›Rationalismus‹ dieser Epochen. Die Bewegung, soweit sie den psycho-physiologischen Vorgang der Re-Sublimierung betrifft, ist daher weder zu preisen noch zu tadeln! Sie ist eine fast organische Notwendigkeit – von furchtbarer Einseitigkeit, gewiß; aber nicht einseitiger als die maßlose asketische und spiritualistische Sublimierungsepoche, die ihr vorherging [8].«

Der Begriff der Revolte ist damit durchleuchtet. Das Beispiel, an dem Scheler die Revolte beschreibt, ist ein historisches, das uns an die Gegenwart erinnern mag. Aber gleichgültig, welchen Vorwurf man wählt – Revolten sind stets Hungerrevolten.

Die letzte Form der Spannungskrise schließlich, die Ideologisierung, darf mit Recht als die gefährlichste von allen bezeichnet werden. Bei ihr handelt es sich um die Absolutsetzung, Sakralisierung, Heiligsprechung der gerade herrschenden Lebensmacht. Diese besitzt, wir sagten es, eine begleitende, nur ihr entsprechende ursprüngliche »Geistigkeit«, die einmal als sittlicher Wert, das andere Mal als Wissensform in Erscheinung treten kann.

Das Leistungswissen beispielsweise, das in der aktuellen Soziologie eine beherrschende, in der Wissenssoziologie dagegen eine eingeordnete Rolle spielt, tritt als Lebensmacht in der Gestalt der Wirtschaft, ja des Gesellschaftsprozesses insgesamt auf und entwickelt sowohl unwillkürlich, wie auch von den Interessenten gefördert, eine bestimmte Ideologie, die je nach Interessenlage zum Ausdruck kommt: Sie schafft also einmal eine über die Gesellschaft gebreitete geistige Atmosphäre, die wir als Ökonomismus bezeichnen. Er wird in unseren Darlegungen über die Gegenwart eine große Rolle spielen. Die Ideologie tritt aber auch im Gewande des Heilands, des Propheten und des Richters auf und erhebt den Anspruch, mit ihrem Gesetz den Sinn der Welt, des Lebens und der Geschichte zu erfassen und bestimmen zu können. Wir begegnen der Ideologie in diesem Aufzuge im dialektischen Materialismus des Karl Marx. In der Stufenfolge der Sinndeutungen kommt ihm eine wichtige Bedeutung zu.

Dieselbe Möglichkeit der Ideologisierung besteht auch bei den Wissensformen der staatlichen Herrschaft und ihres Rechts, der kirchlichen Institutionen sowie der Bildungsmächte. Es genügt, das Typische, stets Wiederkehrende festzuhalten: Die Instituts- und Wissensträger neigen dazu, ihr Teilwissen und dessen Gesetzlichkeit als eine Gesamterklärung der Welt anzubieten; und viele Menschen, unter dem Schmerz des Sinndefizits auf der Suche nach Identität, Erlösung und Reintegration, sind bereit, solche Totalisierungen mitzuvollziehen, pars pro toto anzunehmen.

Allerdings: nicht jede Lebensmacht kann sich zu jeder Zeit zur beherrschenden Ideologie eines Zeitalters aufschwingen. Der Staat zum Beispiel wird nicht als höchstes Wesen anerkannt, wenn die ökonomischen oder vitalistischen Interessen über Geist und Glauben dominieren. Dann können auch die Sinnantworten nur in diesem Bereich liegen.

Hier interessieren uns noch einige Wesenszüge dieser Ideologisierung. Sie besteht in der Sakralisierung einer bestimmten Lebensmacht und deren Wissensinhalten, die auch dann heilige Gültigkeit beanspruchen, wenn sich ihr eigener Anspruch und ihre Macht selbst auf die Säkularisierung, die Entheiligung einer anderen Lebensmacht stützen: Santa Maria sopra Minerva.

Der oft recht spärliche geistige Gehalt einer Lebensmacht wird also regelrecht zum Liebesobjekt befördert, an dessen Seite dann auch bald ein Liebesgebot tritt. Leichter als die Ideologisierung des Staates, der sich in seiner neuzeitlichen Gestalt rational und abstrakt zu geben trachtete, gelang beispielsweise die »Heiligung« des Volkes zu einer zu verehrenden Substanz. Aus den Umständen heraus emotionalisierbar war auch Hegels vom Kopf auf die Beine gestellter Geist. Er wurde in der Idee der klassenlosen Gesellschaft sakralisiert, die das volle Engagement des Menschen verlangt: die ganze Seele für den angeblichen Sinn.

Dieses Liebes-Engagement bedeutet für den Menschen, sein Letztes zu geben. Das ergibt sich aus der Natur der Liebe. Liebe dient Gott und dient dem Nächsten, seinem Ebenbild. Liebe öffnet das Fenster zum Absoluten, sagt Hegel. Sie ist seit der antiken Philosophie die höchste, die eigentliche Form der Ideenschau, also Erkenntnismittel. In der Akt-Metaphysik Max Schelers, die den Ausbruch aus der Monade der verdächtigten Erkenntnis versucht, kann ohne Wesensliebe nichts geschehen. Mit pathetisch-appellartigen Worten sagt der Philosoph: »Teilhabe am Göttlichen gibt es hier nur in jenem Leben, Weben, Wollen, Denken, *Lieben* in ihm und kraft seiner und gleichsam aus ihm heraus – cognoscere in lumine Dei, velle in Deo, nannte es Augustinus [9].«

Die Erklärung für den Umstand, daß der Mensch immer wieder zum Liebes-Engagement sogar in die Ideologie bereit ist, mag darin liegen, daß Liebe der wesentliche Gegensatz der Angst ist, des gesteigerten Ausdrucks des Sinnverlustes und der Entfremdung. Wir kennen die Gegensatzpaare Liebe und Haß, Angst und Tapferkeit. Die Entsprechungen sind jedoch nicht kongruent, die Bedeutungen decken sich nur zum Teil und die Reste stehen dann wie Mondsicheln am Himmel der Begriffe. Wenn die Liebe aber die Angst ganz und gar überdeckt, dann herrschen auf Erden strahlendstes Licht oder fürchterliche Finsternis.

Monistische Ideologien haben uns schon zweimal in diesem Jahrhundert in solche Finsternis gestürzt.

Die Kraft der christlichen Stiftung

Wenn wir uns jetzt den konkreten Konsequenzen von Sinndefizit und Spannungskrise zuwenden, stoßen wir bei jeder ihrer Formen und Regungen auf die nachwirkende Kraft des Christentums. Jede Heilslehre und Sinndeutung, mag sie dem primitivsten Geiste entspringen, erfährt ihre Wucht und Ausrichtung aus der Zeitwende und dem prophezeiten Zeitende jener Stiftung, deren auf die Wiederkunft des Herrn ausgerichtetes Erlösungsdenken sich in das ausgedorrte Geäder des römischen Reiches ergoß und im Zusammenprall mit der frischen Vitalität und Glaubensbereitschaft der germanischen Völker die Grundlagen der okzidentalen Kulturen schuf.

Ohne das Christentum hätte der Mensch aus der kopernikanischen Neuplazierung seines Gestirns nicht den umfassenden Ideologie-Verdacht abgeleitet, der ihn vom ursprünglichen Glauben entfremdet hat; er hätte nicht die kopernikanische Wende Immanuel Kants, die Inthronisation des Menschen zum metaphysisch erblindeten König zu einem Gegenstand großer Leidenschaft gemacht; und er hätte schließlich die Postulate der praktischen Vernunft nicht zu formulieren vermocht, die ihn dann doch wieder, nämlich sittlich, an Gott und die Unsterblichkeit banden.

Das Zeitbewußtsein, das sich seit der Wende des 19. Jahrhunderts regt und das nicht dem konservativen Denken allein zugeordnet werden kann, wozu Martin Greiffenhagen in seiner Analyse des Konservatismus neigt[1], läßt in seinen imponierenden Zeugnissen den Blick immer wieder auf den Ursprung des Christentums zurückschweifen. Zeitwendebewußtsein, Zeitendebewußtsein, auch Fortschrittsbewußtsein sind als reine

Denkform auch dann noch vom Christentum abhängig, wenn die Gegenstände der Erwartung und des Glaubens mit den Inhalten des Christentums überhaupt nichts mehr zu tun haben. Selbst die Feinde des Christentums bleiben in der Bannkraft des Systems, das sie bekämpfen. Die Art, wie sie es bekämpfen, zeigt es.

»Noch glauben die Atheisten und Immoralisten – an ihren Unglauben«, schreibt Helmuth Pleßner. »Noch vertreten die Materialisten, Zweifler, Skeptiker ihre zersetzenden und antichristlich gemeinten Theorien wie Dogmen und unterscheiden sich in ihrem Vernunftvertrauen, ebenso wie die dem Christentum näheren Idealisten, nur im Gegenstand, nicht in der Art ihres Überzeugtseins von dem Gottvertrauen der alten Frömmigkeit. Sie leben in einem Interim, denn ihre Antworten verraten eine Bindung an das christliche Weltbild und sein spezifisches Ungenügen am bloßen Sein, weil sie noch unter dem Zwang stehen, im Sein einen Sinn zu suchen. So radikal sie sich auch benehmen, sie sind doch nur Theologen mit negativen Vorzeichen [2].«

Ein wütender, alles zerstörender Ausfall gegen die Transzendenz überhaupt, ein Zurückkriechen in den biologischen Zirkelrhythmus des Lebens gehört denn auch zu den letzten Erscheinungen dieser Entwicklung. Am Sturz des ideologischen Planeten, den unsere Heilssehnsucht aus sich entließ, an der Materialschlacht seiner Zerstörung waren wir beteiligt. Am Anbeginn des Zeitwende- und Zeitendebewußtseins aber stand die Parallele zu jener Epoche, die wie keine andere Historiker, Geschichtsphilosophen und Politiker zu vergleichenden Betrachtungen angeregt hat: die Parallele zur Zeit der römischen Bürgerkriege und des Caesarismus. Ob es später die faustische Aufdringlichkeit Oswald Spenglers war oder der apollinische Takt Arnold J. Toynbees, der spanische Dezisionismus des Diplomaten Donoso Cortés, die Vision des Grafen Saint-Simon von einem neuen, nun schon sozialistischen Geist, dem »Nouveau Christianisme«, der an die Stelle des alten Christentums treten werde, der Vergleich der Gegenwart mit der Zeit nach der Schlacht von Aktium, der ère actiaque, von der Proudhon sprach, oder schließlich der horror vacui, den Kierkegaard angesichts der 1800 Jahre empfand, die ihn von Jesus Christus trennten – stets verblaßte die oft »heidnische« Bewunderung für das Format der antiken Spätzeit vor der Ahnung des Elends oder des Triumpfes, das christliche Äon, das zwischen Caesar und Caesarismus anhob, gehe jetzt unwiderruflich zu Ende.

Das bürgerliche Zeitalter: Gesellschaft der Synthese

Das Bewußtsein der Zeitwende und des Zeitendes gehört zu den Äußerungen des bürgerlich-liberalen Zeitalters, das noch anhält und in dem sich die Tragödie der Entfremdung in den Formen des Sinnverlustes und des Selbstverlustes zu vollenden scheint. Max Weber sprach von »Entzauberung«, wenn er das Zeitalter generell charakterisierte, und er stellte mit diesem Wort eine klangliche Verbindung zur Deszendenz der Sinndeutungen her, die ja eine reale politische Entsprechung fanden.

Seinem Ursprung und frühen Wesen nach ist das bürgerlich-liberale Zeitalter jedoch optimistisch und hell getönt, wie ein großer Flugkörper im Aufwind eines gläubigen Selbstbewußtseins schwebend, dessen Kraftstrom wir in einer ununterbrochenen Linie aus der Antike aufsteigen sahen. Er beförderte in Europa und seinem amerikanischen Appendix ein Hochgefühl der Vollendung, das im Medium der Nationalcharaktere unterschiedlichen Ausdruck fand. Hegel sah das Ende der geschichtlichen Bewegung zur Freiheit im preußischen Staate gekommen. Aber er war nicht der einzige Beschließer. So haben wir den kuriosen Verdacht, daß zwischen dem Darwinismus, der von einem erstaunlichen Entwicklungserfolg berichtete, und dem Viktorianischen Zeitalter eine nicht gerade offizielle, aber sinnhafte Verbindung bestand.

Wir kennen im Augenblick keine aufschlußreichere und weiterführende Definition des bürgerlichen Zeitalters als die von Ernst Nolte in seinem Buch »Der Faschismus in seiner Epoche«. Die Eigentümlichkeit der bürgerlichen Gesellschaft besteht in seinen Augen darin, daß sich in ihr die praktische Transzendenz zu nie erahnter Auswirkung entfaltet hat, ohne die überlieferten Formen der theoretischen Transzendenz, wie Religion und Philosophie, zu verdrängen: »Die bürgerliche Gesellschaft ist die Form der Sozietät, in der die führende Schicht ihre Aufgabe, die technisch-ökonomische Einheit der Welt herzustellen und die Emanzipation aller Menschen zur Teilnahme an diesem Werk zu betreiben, in immer neuen politischen und geistigen Kompromissen mit den früher herrschenden Gewalten vollzieht: sie ist die Gesellschaft der Synthese [3].«

Das Eigenartige, die unerhörte Ausweitung der praktischen Reichweite der Menschheit und die umwälzende Änderung der Position des Einzelnen und der Gruppe in der Industrialisierung ist nach Nolte jedoch von einem »schlechten Gewissen« begleitet. Das Selbstbewußtsein der Gesellschaft, die als neue Schicht eine technische Intelligenz hervorgebracht habe, spiegele sich in einer Fülle von Denkweisen, die an ihren äußersten Punkten von »einem utopischen Vorgriff in die Zukunft« und von einer »verherrlichenden Herausstellung von Wesenszügen der Vergangenheit« markiert sei.

Nolte stellt also, das Ganze überblickend, die Widersprüchlichkeit, das dialektische Gemenge des bürgerlich-liberalen Zeitalters in den Vordergrund. »Die liberale Gesellschaft ist eine Gesellschaft der Fülle – alle Gestalten der theoretischen Transzendenz können sich, wenn auch nicht untangiert, eigenständig entfalten –, eine selbstkritische Gesellschaft – der Vorzug der praktischen Transzendenz bleibt kritisierbar –, eine unsichere Gesellschaft – immer wieder wird sie an sich irre.« Die Gedanken Kants und Hegels zeigten, wie das frühe Selbstverständnis dieser Gesellschaft in der Philosophie verwurzelt sei. Marx und Nietzsche bezeichneten dann die »äußersten Punkte des An-sich-irre-Werdens, das aber doch schlechthin der philosophischen Distanzierung entwächst ... An ihre entgegengesetzten Lösungen knüpfen sich soziale Gebilde an, die sich von der liberalen Gesellschaft transzendental unterscheiden [4].« Mit diesem Gedanken bestätigt Nolte in seinen Worten die Deszendenz der Sinndeutungen aus den rationalen Anfängen der Philosophie in die naturistischen und materialistischen Weltbilder und Menschenauffassungen, die sich politisch im Bolschewismus und Faschismus radikalisierten.

War der Keim dazu am Anfang des Zeitalters schon vorhanden, war die Entthronung der christlichen Erlösungsreligion durch die Philosophie ein hoffärtiges Unternehmen, von dem ein Fluch ausging, eben jene sich fortzeugende Entfremdung – liegt Schuld oder Notwendigkeit in der Entwicklung? Der Gedanke daran wird weggeschoben, kehrt aber immer wieder und verdüstert die Phantasie. Uns kommt es hier auf die Beobachtung der Phänomene und Abläufe aus der Eigenart des Ursprungs an.

Ernst Troeltsch[5] sah die Autonomie der modernen Welt nicht in der Renaissance begründet, sondern in der natürlichen Religion der Aufklärung, die dem positiven Christentum entgegentritt. Der Beginn der Neuzeit liegt danach um 1700 n. Chr., weil sich von da an, wie Troeltsch ausführt, die mönchische Askese in eine innerweltliche Askese verkehrt, die sich praktisch als Berufsaskese zum Ausdruck bringt und den realen Faktor des Lebensernstes, der Ausbildungspflicht, des Leistungsmaßstabs und des zielstrebigen Erfolgsdenkens in der westlichen Gesellschaft durchsetzt.

Was Troeltsch entdeckt hat, konnte Max Weber in seiner historischen Religionssoziologie, vor allem in seiner Schrift über die protestantische Ethik und den Geist des Kapitalismus im Detail erforschen und beschreiben[6]. Es ist von großer Bedeutung, auch für die ideologiekritische Auseinandersetzung mit Marx, besonders mit der Überbautheorie. Weber hat zwar nicht versucht, die materialistische Geschichtsdeutung einfach in eine spiritualistische umzudrehen, die in der Religion und ihrem Heilswissen die dominierende, auch die Wirtschaftsformen gestaltende Lebensmacht gesehen hätte, aber er widerlegte, wie wir sehen werden, doch die monistische Erklärung des Marxismus und schwächte damit den Monismus als Methode überhaupt.

Für den Ursprung des bürgerlichen Zeitalters ist die Entdeckung vom Umschlag der Askesen jedoch vor allem deshalb wichtig, weil die Hauptfaktoren der westlichen Zivilisation: die Rationalisierung des Staatslebens, die Rationalisierung des Rechts und der Wissenschaft und die Rationalisierung der Wirtschaft ohne Arbeitsethos überhaupt nicht zu ihrer gestaltenden Wirkung hätten gebracht werden können. Dies brachte Weber zu der ergänzenden Frage, welche Formen der Religion und Religiosität daran mitgewirkt haben, daß sich in der indischen und chinesischen Geschichte kein fortschrittsgläubiger Rationalismus auszubilden vermochte und mithin jede kapitalistische Form der Wirtschaftsentfaltung unterblieb.

Damit steht fest, daß Inspirationen aus dem Bereich des christlichen Heilsdenkens und des aufklärerischen Philosophiedenkens zur Entstehung des bürgerlich-liberalen Zeitalters beigetragen haben. Dies macht wesentlich den schon erwähnten optimistisch-hellen Eingang des Zeitalters aus. Der Mensch, der im Mittelpunkt des Ganzen stand, alles auf sich bezog und alles mit seinen Augen maß, verwandelte sich rasch vom Mitglied der Feudalgesellschaft in den Bürger, der den Wert des Arbeitsethos für seine Interessen am Erfolg erkennen konnte. Der Erfolg allerdings mußte gegen die feudale Gesellschaft erkämpft werden; denn die Rationalisierung des Staatslebens steht in keinem notwendigen Zusammenhang mit der Verfassungsidee, sondern war ein praktischer Reflex auf das Chaos des Dreißigjährigen Krieges in Europa.

Es war das vitale Bürgerinteresse, das aus den Verfassungsbewegungen sprach, denn welche Aussicht hätte eine kapitalistische Wirtschaftsentwicklung aus dem Berufsethos haben können, wäre nicht die Politik der Staaten und die Verwaltung den Gesellschaftszwecken entgegengekommen. Die Auseinandersetzung mit den zum Teil sehr störrischen, an den Vorteilen und Reizen des Verfügungsabsolutismus ausgerichteten europäischen Fürsten war schwer und dauerte teilweise bis in unser Jahrhundert – nicht zum Vorteil der betroffenen Gemeinwesen. Doch ging auch unter strenger Obrigkeit der zivilisatorische Fortschritt seinen triumphalen Weg in der Form von Naturwissenschaften, Technik und Wirtschaft, die eine grandiose Herrschaft des Leistungswissens begründeten und international verbreiteten. Wie Alfred Weber und Arnold Toynbee[7] faszinierend beschreiben, löste sich dieses Wissen gleich einem Himmelsprojektil von der Raketenstufe der christlichen Kultur, die es zur Grenzhöhe befördert hatte.

Der zivilisatorisch-technische Fortschritt samt der Rationalisierung der Wissenschaft und Wirtschaft, der ihm zugrunde lag, entstammte der christlichen Inspiration, jenem Teil des Heilsauftrages, der den Menschen befahl, sich die Erde untertan zu machen. Damit war der Keim zu einer Dynamik gelegt, die auf den verschiedensten Gebieten wirkte: in der ausgreifenden Form der imperialistischen Sicherung der Rohstoffgründe, die, man könnte sich der Hegelschen Hilfskonstruktion von der List der Idee bedienen, den Weg zu der weltweiten Verbreitung des Zivilisationswissens bahnte. Nahezu alle Völker profitieren heute davon. Daß Vorteile dieser Art unter Leiden zustandekommen, versteht sich von selbst und mindert nicht den Wert und die Bedeutung der europäischen Expansion.

Während die Dimension des Raumes mit einer Leidenschaft genommen wurde, die sich aus Profitinteresse, Machthunger und Forscherneugier allein nicht erklären läßt, in der unbewußt wohl noch der Impuls eines religiösen Auftrags nachwirkte, reizte den subtilen Geist das Abenteuer einer Reise in die Vergangenheit nicht weniger. Auch das historische Bewußtsein entfaltete eine Leidenschaft, die noch vom Grenzdenken der Ewigkeit inspiriert schien und dem Zeitalter das riesige Gedächtnis schuf, das Paul Valery im Europäer eine unheimliche Figur der Menschheit, ein Ungeheuer, erblicken ließ [8].

Die Geschichtsforschung des 19. Jahrhunderts schweifte in die Breite des Details, verirrte sich im Labyrinth des Historismus, der zwischen den Individualitäten keinen Zusammenhang mehr zu erkennen vermochte, bevor sie in die Ordnung der historischen Soziologie zurückgeleitet werden konnte. Die ungeheure Fülle des Entdeckten regte den methodischen Geist dazu an, zu registrieren, zu typisieren und die Daten zu verarbeiten, so daß Gesetzlichkeiten, auch geschichtliche Ablaufgesetze gewonnen wurden. Die Entdeckung, Sammlung und Reproduktion des Formenreichtums in der Kunst ließ in der Vorstellung André Malrauxs ein »Imaginäres Museum« [9] entstehen, von dem aus der weitere Weg der Kunst nur noch in die Abstraktion, die Gegenstandslosigkeit führen konnte.

Die geistige, nicht die produktionsgesetzliche Begründung des für uns so entscheidenden Zeitalters veranlaßt uns, den Blick nun auf die machtvolle Inspiration selbst zu richten, die dann in der Eigengesetzlichkeit der Realität unterging. Was aus Motiven des Heilswissens und des philosophischen Wissens geboren wurde, löste sich, ins Leben getreten, von den Gründen. Dieser Vorgang der Entfremdung sei an den Beispielen des modernen Berufsethos, der Rationalisierung des Staatslebens, der Wissenschaft und der Wirtschaft und der Prädominanz des Leistungswissens in ihnen aufgezeigt. Nach der Schilderung der für das bürgerlich-liberale Zeitalter typischen Menschen- und Geschichtsbilder können wir die Kraft dieser Sinn-Deutungen leichter einschätzen und haben verstehen gelernt, wie es zum Abschwung in den Irrationalismus materialistischer und naturistischer Ideologien kommen konnte.

Das Berufsethos

Gegen Ende seiner berühmten Abhandlung »Die protestantische Ethik und der Geist des Kapitalismus« [10] gibt Max Weber die Ansichten eines der namhaftesten Vertreter des englischen Puritanismus, des Mitgliedes der Westminster-Synode, Richard Baxter, zur Berufsidee wieder. Der Beruf gründet danach auf organisierter, regelmäßig ausgeübter Arbeit, zunächst aber auf Arbeit überhaupt, die von der Kirche des Abendlandes als asketisches Mittel gegen Anfechtungen verschiedenster Art verstanden wurde. In der gewöhnlichen Redewendung: »Arbeiten Sie, dann kommen Sie nicht auf dumme Gedanken« klingt diese Vorstellung bis heute nach.

Im Unterschied zur scholastischen Lehre wird im calvinistischen Denken die Arbeit durchaus als Selbstzweck verstanden. Bei Thomas von Aquin war, nicht zuletzt aufgrund dessen Einsicht in die Hinfälligkeit der Menschennatur, die Arbeit ganz auf das Ziel der Erhaltung des Lebens gerichtet. War dieses Ziel erreicht, so erlosch sogleich die ethische Arbeitspflicht. Anders der Puritanismus. Nach ihm soll auch der Wohlhabende nicht essen, ohne zu arbeiten. Denn für jeden ohne Unterschied halte Gott, wie Baxter sagt, einen Beruf bereit, den er erkennen und in dem er arbeiten solle. Dies galt als Befehl, nicht als Schickung, wie Luther geglaubt hatte. Die Härte des Berufsgebotes wird deutlich in dem drohenden Hinweis, daß Arbeitsunlust als ein Symptom fehlenden Gnadenstandes aufzufassen sei.

Wessen bedarf der Mensch aber mehr als helfender Gnade

und woran muß ihm auf Erden mehr liegen als an einem Zeichen, ob er sich im Stande der Gnade befindet?

Der Calvinismus ging von der Vorstellung der Prädestination aus. Unerbittlich sollte aufgrund eines unerforschlichen Ratschlusses Gottes geregelt sein, welches ewige Schicksal der einzelne Mensch zu erwarten habe. Gott verhülle den Lebenden die Voraussicht jedoch, so daß ihnen nichts bleibe, als gläubig und in nicht erlahmender Aufmerksamkeit da und dort vielleicht doch Spuren seines Urteils zu erkennen. Im Erwerb von Reichtum als Frucht der Berufsarbeit würde nach calvinistischer Meinung der Segen Gottes zum Ausdruck kommen, das ersehnte Gnadenzeichen. Damit war aber nicht die Zufälligkeit guter Geschäfte gemeint, sondern die Arbeitsleistung in einem festen Beruf. Der Tagelöhner, den der Aquinat noch brüderlich-verständnisvoll betrachtete, hatte in Baxters Augen nichts zu erwarten. Es fehle eben dem Leben des »Berufslosen« der systematisch-methodische Charakter, den die innerweltliche Askese verlange: »Bewährung seines Gnadenstandes an seiner Gewissenhaftigkeit . . ., die in der Sorgfalt und Methode, mit welcher er seinem Beruf nachgeht, sich auswirkt.« Nicht einfach Arbeit, sondern rationale Berufsarbeit ist Gottes Befehl.

Der privatwirtschaftliche Profit mußte in dieser Ordnung einen hohen, wenn auch genau definierten Rang einnehmen. Reichtum ist in seiner Zeichenhaftigkeit nichts Schlechtes, sondern im Gegenteil etwas Erstrebenswertes. Für verwerflich galt allerdings ein Ausruhen auf dem Besitz, der Genuß des Reichtums. Damit würde das Zeichen zum Zweck erniedrigt und die innerweltliche Askese der Arbeit ihres Erkenntnischarakters beraubt. »Wie die Einschärfung der asketischen Bedeutung des festen Berufs das moderne Fachmenschentum ethisch verklärt«, sagt Max Weber, »so die providentielle Deutung der Profitchancen den Geschäftsmenschen[10].«

Für manche heutige Betrachtungsweise mag es von Belang sein, daß die königliche Gewalt in England damals versuchte, den antiautoritären Zug, der in der Berufsaskese wie in jeder Askese liegt, zu bekämpfen. Das »Book of Sports« als maßvolle Verteidigung des Vergnügens war eine feudale Reaktion gegen die anmaßende und mit der Kritik an den »herrschenden Zuständen« sicher nicht geizende Bürgermoral. Machtanspruch kommt aus Moralanspruch, auch wenn sich dessen Träger zunächst mit transzendenter Gnadengabe zufriedenzugeben scheinen.

Doch hat die generelle Konsumaskese der fortwirkenden Arbeitsaskese eine dynamische Effizienz verliehen, die zu den grundlegenden Merkmalen des bürgerlichen Zeitalters zählt: Kapitalbildung durch asketischen Sparzwang. Indem das luxuriöse Genießen mit dem Brandmal der Sündhaftigkeit versehen, eine Verschwendung des Arbeitsresultats also verhindert wurde, war der Gütererwerb von den Fesseln der traditionalistischen Ethik, wie Weber formuliert, befreit. Gewinnstreben wurde nicht nur als legal, sondern als gottgewollt betrachtet. Dies hatte eine politische und allgemein zivilisatorische Folge. Der Kampf des Protestantismus galt nicht dem rationalen Erwerb, sondern der irrationalen Verwendung des Besitzes. Er richtete sich also gegen die »ostensiblen Formen des Luxus, wie sie dem feudalen Empfinden so nahe lagen« und begründete damit die bis heute gelegentlich nachwirkende moralische Überlegenheitshaltung des städtischen Bürgers gegen den tatsächlichen oder nominellen Hoheitsanspruch des meist ländlichen Adels.

Die Wurzel ist also nicht Neid, klassenbedingtes Ressentiment, das haßerfüllt von »unten« nach »oben« blicken ließe, sondern eine aus der Heilsvorstellung und ihrer spezifischen Eigenart gezogene rationale und utilitaristische Lebenshaltung. »Nicht Kasteiung wollte sie dem Besitzenden aufzwingen«, führt Weber aus, »sondern Gebrauch seines Besitzes für notwendige und praktisch nützliche Dinge.« Der Begriff des comfort umspannt in charakteristischer Weise den Kreis der ethisch statthaften Verwendungszwecke, und es ist natürlich kein Zufall, daß man die Entwicklung des Lebensstils, der sich an jenen Begriff heftet, gerade bei den konsequentesten Vertretern dieser ganzen Lebensanschauung, den Quäkern, am frühesten und deutlichsten beobachtet hat. Dem Flitter und Schein chevaleresken Prunkes, der auf unsolider ökonomischer Basis ruhend, die schäbige Eleganz der nüchternen Einfachheit vorzieht, setzten sie die saubere und solide Bequemlichkeit des bürgerlichen »home« als Ideal entgegen.

So entstand Bürgerlichkeit als Lebensstil: arbeitsam, sparsam, das Erworbene produktiv verwendend, als Anlagekapital, rationell und auf Dauerwirkung bemessen, nicht auf den sensationellen Tageseffekt. Die Erziehungswirkung des asketischen Berufsideals war eine ungeheure. Es entstand das Bild der tugendsamen Lebensführung, die den festen Rahmen für das korrekte und gut ausgeschlafene Geschäftsgebaren bot und eine Atmosphäre förderte, in der Selbstsicherheit durch gebotene Bescheidenheit, Erwerbsstreben durch Korrektheit der Geschäftsführung und die unleugbare Ungleichheit des Vermögens durch das häufige Gegenbeispiel des Aufstiegs ausgeglichen wurde.

Freilich übte der Besitz eine säkularisierende Wirkung auf das Arbeitsethos aus. Es ist nicht zu verkennen, daß der »Wirtschaftsmensch«, sobald er nur zum vollen Bewußtsein seiner selbst gekommen war, dem Gesetz seines eigenen Idealtypus zu folgen begann. Dies geschah nicht generell in der Form der Hinwendung zu einem feudalen Lebensstil, der als Protz zu erkennen gewesen wäre, sondern in der Konzentration der Berufsaskese auf das Erfolgsziel als solches, das seine zeichenhafte, den Gnadenstand signalisierende Bedeutung nach und nach verlor. Diese Entfremdung vom transzendenten Zweck war es denn auch, die der industriellen Arbeitswelt später den Zug der Gnadenlosigkeit, der durch keine übersinnliche Hoffnung gemilderten Härte gab und an der sich das sozialistische und das konservative Denken reiben sollte. Mit der utilitaristischen Verfremdung des bürgerlichen Berufsethos und seiner rationalen Wirtschaftsverfassung, die in der Geldbewegung ihr Eigengesetz gefunden hatte, war der bürgerliche Geist, aus religiösem Geiste geboren, an den irdischen Geist verloren.

Das Sinndefizit wurde spürbar.

Die danach verständliche, aber doch schäbige Betrachtungsweise, daß die Religion ebenso wie andere Bestandteile des »Überbaus« nichts anderes seien als Mittel, den Menschen im Interesse der Besitzenden und Herrschenden zu domistizieren, daß jene in die Askese hineinleuchtende Jenseitserwartung eben ein Trug sei zum Zwecke eines leichteren sozialen Drills und einer größeren inneren Gefügigkeit des Menschen – dieser Verdacht konnte nicht weit liegen, und er benötigte als Zeuge keineswegs die Anschauung des Elends in den Arbeiterquartieren, die Karl Marx überhaupt nicht kannte, sondern lediglich das schlechte Gewissen, das im Bürgertum rasch entstand.

Das gute Gewissen beim Gelderwerb mußte, wenn es sich behaupten wollte, einen pharisäischen Zug annehmen. Und doch: Eine göttliche Rechtfertigung für die ungleiche Verteilung der Güter auf dieser Welt konnte es beim besten Willen nicht mehr geben. Selbst an der Gnade, die Gott am vergänglichen, aber zeichenhaften Ausdruck des Erfolgs aufleuchten ließ, nagten die Zweifel. Damit erhielt auch die soziale Frage, auf die der Puritanismus keine Rücksicht zu nehmen brauchte, ihre eigene Dynamik. Sie entwickelte eine sprengende Kraft.

Dazu kommt noch etwas anderes, das zum Sinnverlust des nur noch auf irdische Zwecke bezogenen Berufsethos den Selbst-Verlust fügt – die Entfremdung an zeitgebundene Mächte und ihre interessengebundenen Ziele: »Der Puritaner wollte Berufsmensch sein, – wir müssen es sein.« Indem die Askese von der Mönchszelle in das Berufsleben übertragen wurde, sagt Weber, und die innerweltliche Sittlichkeit zu beherrschen begann, half sie zu ihrem Teil mit daran, jenen mächtigen Kosmos der modernen, an die technischen und ökonomischen Voraussetzungen mechanisch-maschineller Produktion gebundenen Wirtschaftsordnung zu erbauen, der heute den Lebensstil aller einzelnen, die in dies Triebwerk hineingeboren werden, mit überwältigendem Zwang bestimmt und vielleicht bestimmen wird, »bis der letzte Zentner fossilen Brennstoffs verglüht ist. Nur wie ein dünner Mantel, den man jederzeit abwerfen könnte, sollte nach Baxters Ansicht die Sorge um die äußeren Güter um die Schulter seiner Heiligen liegen. Aber aus dem Mantel ließ das Verhängnis ein stahlhartes Gehäuse werden. Indem die Askese die Welt umzubauen und in der Welt sich auszuwirken unternahm, gewannen die äußeren Güter dieser Welt zunehmende und schließlich unentrinnbare Macht über den Menschen, wie niemals zuvor in der Geschichte [10].«

Nachdem der Geist der Askese aus dem bürgerlichen Zeitalter gewichen ist, bedarf der Kapitalismus dieser Stütze nicht mehr. Er ruht heute auf mechanistischer Grundlage. »Auch die rosige Stimmung ihrer lachenden Erbin, der Aufklärung, scheint endgültig im Verbleichen, und als ein Gespenst ehemals religiöser Glaubensinhalte geht der Gedanke der Berufspflicht in unserem Leben um . . . Niemand weiß noch, wer künftig in jenem Gehäuse wohnen wird und ob am Ende dieser ungeheuren Entwicklung ganz neue Propheten oder eine mächtige Wiedergeburt alter Gedanken und Ideale stehen werden, oder aber – wenn keins von beiden – mechanisierte Versteinerung, mit einer Art von krampfhaftem Sich-wichtig-nehmen verbrämt. Dann allerdings könnte für die letzten Menschen dieser Kulturentwicklung das Wort zur Wahrheit werden: Fachmenschen ohne Geist, Genußmenschen ohne Herz. Dies Nichts bildet sich ein, eine nie vorher erreichte Stufe des Menschentums erstiegen zu haben[10].«

Die Rationalisierung des Staatslebens

Auch der moderne Staat ist ein Renegat. Auch er war gebunden an den Geist eines Auftrags, der seine Erscheinungsform transzendierte und seine Ordnungsmacht legitimierte. Die spätrömisch-christliche, die byzantinische und die abendländische Staatsentwicklung weist enge Verbindungen zwischen Religion und Staat auf, gerade auch in der Eigenart der Konfrontation mit der den Primat beanspruchenden kirchlichen Macht[11]. Das Entscheidende aber ist, daß der Rationalismus, der den modernen Staat geistig bestimmte und unverwechselbar machte, sich nur in der westlichen Zivilisation konsequent und alles durchdringend mit dem Leben verbunden hat. Gerade wie es fast überall in der Welt wilde, abenteuerliche Formen eines Händlerkapitalismus gegeben hat, aber nur im Westen den rational kalkulierenden und investierenden privatwirtschaftlichen Betrieb, so erkennt die historische Soziologie zu Beginn unseres Jahrhunderts mit geschärfter Vergleichsmethodik auch nur in der westlichen Zivilisation eine durchgehend rationale Struktur des Rechts und der Verwaltung. Originalität kann kein anderer Erdteil auf diesen Gebieten für sich beanspruchen, was einer mündig sich dünkenden »Dritten Welt« den Umgang mit Europäern heute nicht gerade erleichtert. Warum aber hat dort weder die wirtschaftliche, noch die uns jetzt interessierende wissenschaftliche und staatliche Entwicklung jene von Max Weber beschriebene Rationalisierung angenommen, die wir ausdrücklich als eine Methode, nicht als einen Wert begreifen wollen[12]?

Weber erinnert daran, daß es selbstverständlich rationales

Denken auch in anderen Kulturen gegeben habe. Zum Beispiel den Konfuzianismus, eine durchaus rationale Staatsethik. Doch sei jeder Rationalismus in seiner realen Wirkkraft von der Fähigkeit und Disposition des Menschen zu bestimmten Arten praktisch-rationaler Lebensführung überhaupt abhängig. Wo diese Formung fehle oder nur nicht sorgsam genug ausgebildet worden sei, habe die Rationalisierung weder einen personalen Halt noch eine institutionelle Chance. »Zu den wichtigsten formenden Elementen der Lebensführung nun gehörten in der Vergangenheit überall die magischen und religiösen Mächte und die im Glauben an sie verankerten ethischen Pflichtvorstellungen«, schreibt Weber in seinen »Vorbemerkungen zur Religionssoziologie« über die Eigenart des Okzidents. Und man kann tatsächlich blicken, wohin man will: auf allen Gebieten, nicht nur in der Wirtschaft, auch in der Wissenschaft und im modernen Staat bildet sich die Tendenz heraus, die Welt nach Gottes Gebot ethisch zu rationalisieren, eine »aktive asketische Weltbearbeitung« zu leisten. »Auch der altchristliche Mönch und der Quäker hatten einen sehr stark kontemplativen Einschlag in ihrer Gottsuche: – aber der Gesamtinhalt ihrer Religiosität, vor allem der überweltliche Schöpfergott und die Art der Versicherung der Gnadengewißheit, wies sie immer wieder auf den Weg des Handelns [13].«

Die spezifisch bürgerliche Lebensrationalisierung, die seit dem Ende des Dreißigjährigen Krieges in Europa zu beobachten ist, hat in der Durchdringung der Verwaltungsapparaturen und ihrer Institutionalisierung für nicht begrenzte Dauer den Fachbeamten hervorgebracht. Er diente dem Souverän. Aber indem er die Zügel nach einem bestimmten System ordnete, so daß sie dem Fürsten, der gelegentlich selbst ein höchster Beamter war, bequem in der Hand liegen konnten, begründete er eine Macht, die über den absoluten Herrn und seinen absoluten Diener hinauswies und sich als die Abstraktion des alles beherrschenden Staates über beide und ihre Untertanen legte, sie immer mehr einander angleichend – so daß dem »Staate« am Ende das Privileg seines Herrschers nicht mehr angemessen und sinnvoll erscheinen wollte. Der moderne Staat, in das durchdachte Gerüst juristischen und verwaltungstechnischen Fachwissens diplomierter und hierarchisch organisierter Staatsbeamten geschalt, ist eine einmalige historische Erscheinung.

Daß dieser Staat in seiner Rationalisierung und Zentralisierung den Keim bürgerlicher Herrschaft in sich tragen würde, die Revolution gegen das absolutistische und das feudal-rustikale Element, war abzusehen, wurde aber nur von wenigen Fürsten bedacht. Die Revolution wäre in Frankreich vielleicht ebensowenig »nötig« gewesen wie ihr Ausbleiben in England selbstverständlich, aber möglich wurde sie nicht zuletzt infolge der Zentralisation und Durchrationalisierung des Staatskörpers. Er lag wie eine erleuchtete Stadt dem Zugriff offen – bis auf die sprichwörtlich bezeichnende Vendee. Die eigens übersichtlich und breit angelegten Boulevards, in die sich so trefflich kartätschen ließ, eigneten sich nicht weniger trefflich zum triumphalen Siegessturm der Sansculotten.

Aber auch was sich später nach den Revolutionen und Transformationen der Macht breitmachen durfte als Parlamentarier im Parlament, als Parteiführer vor den Karteien und Kontoauszügen durchrationalisierter Gesinnungsorganisationen, das gab es originär nur in der westlichen Zivilisation: »Der Staat überhaupt im Sinne einer politischen Anstalt, mit rational gesatzter ›Verfassung‹, rational gesatztem Recht und einer an rationalen, gesatzten Regeln: ›Gesetzen‹, orientierten Verwaltung durch Fachbeamte, kennt, in dieser für ihn wesentlichen Kombination der entscheidenden Merkmale ... nur der Okzident[14].«

Daß der moderne Staat der westlichen Zivilisation als absoluter Staat in Erscheinung tritt, also den Primatanspruch als suprema potestas anmeldet, hat seinen Grund nicht in einer Willkür, die wir später noch bedauern lernen sollten. Die Theorie des souveränen Staates, die Bodinus 1560 aufgestellt hat, spiegelt den Überdruß mit dem Streit der Konfessionen, unter deren peinlichem Anspruch Europa sich selbst zu vernichten drohte. Die Souveränität des Staates sollte den Zwischengewalten der Lige, der Hugenotten und der Fronde entgegengestellt werden, ein einziges staatliches Recht die kirchlichen und aristokratischen Partikularrechte überwinden. Die Macht habe Frankreich zugute zu kommen – hinter der Souveränitätslehre Bodins steht ein zeitbedingter Hegemonialanspruch. Der scharfe Zug der Rationalität indessen ist unverkennbar.

Hatten im militärischen Bereich das Ritterheer im Mittelalter die feudale Gesellschaftsordnung erzwungen und dann die disziplinierte moderne Truppe den äußeren Sieg der modernen Staatsordnung, so mußte auf dem Gebiet der Verwaltung jede politische Bürokratie notwendig »demokratisch« sein im Sinne der Nivellierung der ständischen, von ihr als Machtkonkurrenz empfundenen Privilegien. Aus vergleichbaren Gründen gingen die Hierokratien stets mit dem Anspruch der Gnadenuniversalität gegen die »ständische Eigenqualifikation« der religiösen Sekten und Einzelfiguren, der sogenannten Virtuosen, vor. Die Rationalität verlangte den Durchblick und die Zentralisation der Befugnisse. Daß Bodin an der naturrechtlichen Ordnung und der natürlichen Religiosität festhielt, zeugt für die »Erinnerungen« in dieser ersten großen rationalen Staatsphilosophie des Westens.

Wie schnell sich die Rationalität und mit ihr der rationalisierte Staat von der christlichen Wurzel losreißen sollte, lehrt die nachkantianische Staatsphilosophie und die Entwicklung der europäischen Staaten mit schrecklichen Bildern. Vorher allerdings denken schon Staatsideologen wie Machiavelli und Thomas Hobbes rein positivistisch und machtbezogen. Auch in der restaurativen Empfehlung Hobbes, nach der puritanischen Revolution das Summepiskopat der Hochkirche und die Souveränität des Königs zu einem Caesaropapismus zusammenzuführen, steckt eine hegemoniale Idee – diesmal im Interesse Englands.

Ähnliches unternahm der »heilige Spinoza«, über dessen Staatsphilosophie sich Friedrich Meinecke in seinem Buch »Die Idee der Staatsraison«[15] äußerte. Der Theologisch-Politische Traktat enthält, wohl in Dankbarkeit gegenüber Jan de Witt, eine Ideologie der Führerstellung der holländischen Patrizier in der Weltpolitik. In John Locke begegnen wir schließlich dem Staatsdenker der bürgerlichen demokratischen Ideologie, der die Allmacht der Exekutive durch die Gegengewalten der Gesetzgebung und Rechtsprechung zu teilen empfiehlt. Die Gesellschaftsethik des Engländers ist eine Antwort auf den Absolutismus und die Restaurationsideologie des Leviathans. Sie begründet die Idee der Volkssouveränität.

In der Auseinandersetzung zwischen Staatsethik und Gesellschaftsethik, die in den erwähnten rationalistischen Philosophien zum Ausdruck kommt, bewegt sich künftig die Diskussion über die gemeinschaftliche Verfassung des modernen Lebens. Alle Positionen sind im Kern vorhanden. Sie setzen sich durch, obwohl Immanuel Kant in seiner Ethik noch einmal alle Interessenstandpunkte der säkularisierten Rationalität überhöht und den Wert der menschlichen Persönlichkeit in den Mittelpunkt des irdischen Geschehens stellt. Recht verstanden bedeutet der kategorische Imperativ, daß jede menschliche Handlung dem obersten Gesetz der allgemein-menschlichen, nicht national oder gesellschaftlich gebundenen Sittlichkeit zu unterstellen sei. Der Mensch steht noch einmal über dem Staat, wie es in der republikanischen Emphase der französischen Revolution vorstellbar erscheinen mochte. Nicht der Staat ist die Hauptquelle des Rechts, sondern die Moral. Über der Legalität steht die Moralität. Daß diese Ordnung umgedreht, um es ironisch zu formulieren, vom »Kopf auf die Füße gestellt« werden würde, vermochte Kant genauso wenig vorauszusehen, wie Hegel, der Philosoph der Restauration, Marxens folgenschweren Kunstgriff vorausahnen konnte.

Die Tragödie des modernen Staates nahm von Hegel ihren Ausgang.

Die Eroberung von Raum und Zeit

Und an einem dritten Beispiel soll die große metaphysische Inspiration erkennbar werden, aus der das bürgerlich-liberale Zeitalter Lebenskraft empfing. Ironisch könnte man sagen, das Zeitalter sei auch ein katholisches im weitesten Sinne des Wortes geworden: denn »das Ganze«, die ganze Erde sich untertan zu machen, ist ein göttlicher Auftrag, sagt die Schrift. Und tatsächlich hat der abendländische Mensch sich auf nichts gründlicher und energischer vorbereitet als auf die Unterwerfung der Natur, die Dienstbarmachung ihrer Kräfte, die Anwendung ihrer Gesetze in der Technik – mit deren Hilfe er sich eine komfortable und expandierende Lebenshülle schuf, Zivilisation im engeren, oft kulturkritisch gebrauchten Sinne –, auf die Erforschung der Kontinente, die Ausnutzung ihrer Kräfte und Schätze und die Entdeckung ihrer Geschichte. Hier befindet sich der Europäer in seinem Element: dem Element der Welteinheit.

Wir können nicht daran zweifeln, daß aller wissenschaftlicher Erkenntnisdrang ursprünglich von dem Wunsche beseelt war, der Gotteserkenntnis näher zu kommen, sie faßbarer zu machen. Für die Menschen in der Zeit vor der Renaissance gab es die verwirrende Trennung zwischen Glauben und Wissen nicht in der Form von unvereinbaren, einander feindlich gegenüberstehenden Mächten. Der Aufbau der frühen Universitäten wird von der beherrschenden Rolle der Theologie bestimmt, die sich auf die reale Macht der Kirche stützt. Doch wurde innerhalb dieser festen, oft drückend empfundenen Struktur die Universität seit dem 13. Jahrhundert zur Trägerin eines unablässigen Fortschritts im Wissen. Die entscheidenden Rationalisierungsprozesse der Verwaltung und des Rechts, der Naturwissenschaften und der Technik nahmen von Bologna, Paris und Prag ihren Ausgang.

Die Erkenntnis- und Wissensneugier, die vom unendlichen Interesse an der sichtlichen Bestätigung der inneren Glaubensgewißheit beflügelt wurde, war aber auch von dem Drang begleitet, sich mitzuteilen, das Wissen und die Erkenntnisse zu verbreiten. Keine andere Kultur der Geschichte hat die Unterrichtung und Belehrung des Menschen systematischer betrieben als die westliche Zivilisation. Nur hier konnten die Kommunikationsmittel und die Medien die primitive Stufe der lebenserhaltenden und lebenssichernden Funktion überschreiten, denn nur das Christentum und der von ihm wegströmende Seitenfluß des Islam, der sich in seiner Militanz erschöpfte, kannten den Geist der Mission: Weitergabe des Heilswissens aus der Leidenschaft der Heilsgewißheit. Nie ist der Mensch überzeugender, nie aber auch rigoroser wie wenn er glaubt, im Besitze einer Wahrheit zu sein, die nicht allein Wirklichkeiten des Lebens und Details des Denkens betrifft, sondern ihren Ursprung, den Sinn und die Bestimmung der menschlichen Existenz.

Es ist lächerlich zu meinen, daß ein Christ, der seine Wahrheit nicht mitteilen, nicht verbreiten will, diesen Namen noch verdiente. Die christliche Wahrheit ist keine Wahrheit für den Selbstgenuß. Ebenso verständlich sollte aber sein, daß die europäische Entdeckung der Erde, die im Wechsel und in der Brutalisierung der Zwecksetzungen schließlich im Imperialismus der Nationalstaaten endete, sich vom Ziel der Mission immer weiter entfernte. Die politische und zivilisatorische Eroberung lebte aus der alten Dynamik, aus der Gewißheit der Wahrheit und der Bestimmtheit des göttlichen Auftrags. Damit wurden die von der Politik und der Wirtschaft gewiesenen imperialen Ziele erreicht; gleichzeitig wurde aber das Christentum in aller Welt diskreditiert, da man ja dort nicht fein unterscheiden konnte, welche tiefreichenden Veränderungen sich im Laufe weniger Jahrhunderte unter der stets gleichen weißen Haut vollzogen hatten. Die christliche Mission war erledigt – der Mohr hatte seine Schuldigkeit getan, er konnte gehen.

Die Begegnung mit den fremden Völkern und Rassen, die man je nach dem Motiv der Beschäftigung mit ihnen als heidnisch oder als primitiv, als fremd oder als entwicklungsfähig bezeichnete, gab dem Überlegenheitsgefühl des Europäers eine lebendige Bestätigung und Anschauung. Denn nirgends, auch nicht in den Hochkulturen des Fernen Ostens, traf er auf jene systematische Rationalisierung des Denkens und Handelns, des Durchdringens und Ordnens nahezu aller Lebensbereiche, die ihn und selbst noch seinen Diener Freitag, wenn er nur richtig dressiert war, zum »Herrn der Lage« machte. Der Europäer stand somit um die Jahrhundertwende zweifellos auf dem Höhepunkt des Selbstbewußtseins. Denn was er sah, schien die Richtigkeit seiner Prämissen zu bestätigen: Wissenschaft, Technik und industrialisierte Wirtschaft, diese auf den höchsten Punkt der Rationalisierung gebrachte neue »Natur«, beherrschten die Welt. Aber nicht nur als oktroyierte Natur, sondern – was die Dritte Welt heute nicht mehr gerne hört – auch als begierig aufgegriffene, wie eine »Offenbarung« angenommene Natur.

Es wäre nun falsch, die europäische Expansion mit den Augen ressentimentgeladener Ideologien, mit den Augen der reinen Verdächtigung und des späteuropäischen Sündenbewußtseins zu sehen, wie es gerade gängig ist. Die Antriebe der Zivilisationsverbreitung sind christlicher Natur. Daß der Berufstypus des Kaufmanns, des Händlers, des Technikers und Soldaten in seiner aperspektivischen Betrachtung und Interpretation aller Dinge als Vertreter Europas und Überbringer seiner Botschaften und Geschenke diesen Ursprung gründlich verdeckte, versteht sich von selbst und beruhte nicht auf böser Absicht. In diesen Gestalten erschien Europa jedoch monströs, vor allem, wenn sie das imperiale Format eines Cecil Rhodes erreichten. Die Überlegenheit Großbritanniens, die eine Überlegenheit des Selbstbewußtseins ist, wurde damals begründet. Es ist, wenn diese Seitenbemerkung erlaubt ist, kein Zufall, daß Winston Churchill, von Tradition und Geist her ganz ein Sohn des Empire, den Imperialisten des deutschen Wesens und Blutes aus dem Inntal besiegte. Das war einfach der Sieg des besseren Menschenstoffs.

Es ist aber nicht so, als hätte sich Europa nur ausgebreitet – es hat auch aufgenommen. Denn was sein systematisch arbeitender Verstand in das systematisch registrierende Gedächtnis aufnahm, wurde durch die analysierende und die morphologische Methode zum Weltbewußtsein qualifiziert. Neben dem Missionsdrang, der in der Nova Atlantis-Utopie des Francis Bacon in die diesseitige Zielrichtung gewiesen wurde, hat eben der Erkenntnisdrang, der ursprünglich dem göttlichen Wesen galt, seine antennenhafte Sensibilität dem weltlichen Wesen in allen Schichten des Seins zugewandt. Ob Naturforschung oder Geschichtsforschung – es ist das Bild einer riesigen, alles fassenden Botanisiertrommel, das die Jahrzehnte des 19. und des beginnenden 20. Jahrhunderts charakterisiert. Der Extrakt der Welt, der in den europäischen Zentralen aus dem Rohmaterial des gesammelten Wissens gezogen wurde, schuf in seiner ersten Fülle eine rhapsodierende Stimmung des Relativismus und Historismus. Sie störte zwar nicht die Gewißheit des Fortschritts, drückte aber die Aussicht auf die Erkenntnis absoluter Werte und eines alles erklärenden Sinns.

Leo Tolstoj brachte die Skepsis und die Offenheit, die das bürgerliche Zeitalter trotz seines Selbst-Verlustes an die praktische Transzendenz nie verlor, auf eine merkwürdige Formel [16]. Abraham oder irgendein Bauer der alten Zeit sei alt und durchaus lebensgesättigt gestorben, weil er im organischen Kreislauf des Lebens stand, weil das Leben für den Abend seiner Tage keine Rätsel übriggelassen hatte, und er daher »genug« daran haben konnte. Ein Kulturmensch aber, meint Tolstoj, hineingestellt in die fortwährende Anreicherung der Zivilisation mit

Gedanken, Wissen, Problemen, könne zwar müde werden, aber nicht »lebensgesättigt«. Denn er erhasche von dem, was das Leben des Geistes stets neu gebiert, nur einen winzigen Teil, und immer nur etwas Vorläufiges, nichts Endgültiges – und deshalb sei der Tod für ihn eine sinnlose Begebenheit. Und weil der Tod sinnlos sei, sei es auch das Kulturleben als solches, welches ja eben durch eine sinnlose »Fortschrittlichkeit« den Tod zur Sinnlosigkeit stempelt.

Dieser Gedanke, der in den Selbst-Distanzierungen und Selbstzweifeln des bürgerlichen Geistes hundertfach variiert wiederkehren sollte, ist eine Reaktion auf die rigorose Diesseitigkeit des zivilisatorischen Fortschritts. Dabei ist die Diesseitigkeit als Ideologie nicht eigentlich die Äußerung eines in sich selbst gegründeten Empfindens, also nichts in diesem Sinne Endgültiges, sondern dialektisch zu verstehen: Ergebnis der Auseinandersetzung des Leistungswissens mit dem Primatanspruch von Religion und Philosophie. Daraus erklärt sich die Aggressivität des Diesseitsglaubens, seine Neigung, die anderen Welt-Deutungen als Henker oder Gefängniswärter seiner Freiheit zu verdächtigen, die er natürlich zur Freiheit der ganzen Menschheit erklärt.

Der Weg in die Revolte

Die geistige Selbstdarstellung und Interpretation des bürgerlichen Zeitalters wäre ohne die zum Handeln, zur Arbeit und zur Selbstvollendung stimulierenden Auftragsimpulse der christlichen Erlösungsreligion und ohne anthropozentrische Weltbetrachtung, ohne das Vertrauen auf den einzelnen, seine Wichtigkeit und seine Macht nicht denkbar. Wenn wir versuchen, diesen Geist in seinen wichtigsten Dokumentationen zu erfassen, so dürfen wir im 19. Jahrhundert, wie unsere Schilderung verständlich macht, aus der Höhe des philosophischen und religiösen Heilswissens keine Antwort auf die Sinn-Frage mehr erwarten. Diese Stufe ist verlassen. Wir finden den Geist aber zunächst auch noch nicht in die vulgären Motivationen des Materialismus und Vitalismus verbannt. Diese babylonische Gefangenschaft wird ein Ergebnis der dialektischen Deszendenz sein, von der wir sprachen, Endpunkt einer stolzen Zeit. Zunächst finden wir den Geist wirkend und werdend in der Geschichte. Sie ist der Ort seiner Selbstverwirklichung und Vollendung.

Was bedeutet das? Der Himmel ist eingestürzt. Aber er ist nicht zerstört, sondern auf die Erde gekommen. Man hat Gott nicht einfach abgeschafft, sondern vom reinen Sein ins Werden aufgenommen. Er wächst in der Zeit, und die Zeit nimmt sein Wesen an in dem Maße, in dem er sich in ihr verwirklicht. Die Zeit wird so geheiligt. Für Hegel liegt das Absolute nicht mehr im Jenseits. Daraus folgt für ihn jedoch nur die Selbsterhöhung der Geschichte. Dort geschieht alles Wesentliche, weil außer ihr nichts Wesentliches sein kann. Für Kant lag die Transzendenz noch in der Transzendenz, wenn auch nicht erreichbar für die Erkenntnis. Das Postulat des Richtergottes war ein Glaubenspostulat. Doch lassen die von Kant geäußerten Zweifel an der Erkenntnisfähigkeit des Menschen schließlich auch den Glauben in Verdacht geraten. Postulate haben eben keine beseelende, sondern nur wertbehauptende Kraft. Sie setzen ein Prinzip über den Menschen. Wenn das aber geschehen kann, ist Gott als Person schon tot, oder er hat die Welt alleingelassen. Die Vorstellung vom Schöpfergott, der sein Werk sich selbst überlassen hat, machte ja ebenfalls Philosophie. Sie wollte eine Erklärung geben für den Ursprung der Welt und für die sichtliche Eigengesetzlichkeit ihrer Entwicklung.

Richtungsdynamik und Sinndeutungen

Die Menschen- und Weltbilder, die aus dieser bürgerlichen Kondition entworfen wurden, beschreiben eine prekäre Situation. Eine Rückkehr zur Deutung des Menschen aus dem religiösen Glauben konnte es bei der Richtungsdynamik, die nun einmal wirkte, nicht geben. Auch im Geistigen spüren wir Driften, gegen die der einzelne vergebens ankämpft. Er ist ein Held, aber ein Todgeweihter. Es gab also, um ein anderes Bild zu wählen, keinen über dem Menschen befindlichen Haltepunkt mehr, der, wie der Sicherungshaken des Bergsteigers, dem Menschen geholfen hätte, sich auf seiner Höhe zu halten. Metaphern dieser Art sind natürlich gefährlich, weil sie vergessen lassen können, daß es eine naturgesetzliche Realität wie zum Beispiel Gravitation in der Geschichte nicht gibt. Geschichte hat eine andere Natur; deshalb auch eine andere Logik als die Naturwissenschaften. Darauf hat Ernst Troeltsch in seinem Buch »Der Historismus und seine Probleme«[1] hingewiesen. Wer nicht die Methoden der verstehenden Differenzial-Psychologie, eine ideographische Methode, anwendet, wird danach dem historischen Ereignis nicht gerecht. Dies berücksichtigt, kann man bei der Beschreibung einer Problem-Entwicklung oder eines Charakterweges ruhig sagen, dieser oder jener Gedanke, diese oder jene Person habe sich »gefangen« oder »hochgearbeitet«, habe den »Halt verloren« oder »sich immer tiefer verstrickt«. In solchen Wendungen kommt Spezifisches zum Ausdruck. Der Mensch ist eben nicht nur Objekt, sondern auch Subjekt, das an sich und an anderen etwas geschehen läßt: Richtungsdynamik ist Kampf.

Der Kampf der Menschenbilder wogt im 19. Jahrhundert hin und her. Das Verblassen der alten Glaubensinhalte bedeutet nicht, daß sich der Mensch nun gleich und zwangsläufig als Triebwesen, als reine Naturmuskel erkennen mußte. Wenn wir gesagt haben, daß die Qualität der Selbsteinschätzung des Menschen in immer tiefere Schichten der Deutung abgestiegen ist, während das natur- und fachwissenschaftliche Denken sich linear weiter fortentwickelt hat – »nach oben« im Sinne des Erfolges, der Anwendbarkeit und des Prestiges, der Wertschätzung und Bewertung –, so war für diese Feststellung die Empirie maßgebend, die Beobachtung, die zunächst nicht nur jedes Werturteil, sondern auch jede Annahme einer bestimmten Gesetzlichkeit umgeht. Der Prozeß der Sinn-Deutungen verlief dialektisch nach unten, aber wir folgern daraus nicht, daß geistige Prozesse stets so verlaufen müßten. Wir schließen uns also keinem grundsätzlichen Pessimismus an, vermögen andererseits im Zivilisationsprozeß aber auch nicht das wer weiß wievielte Kind der Göttin der Vernunft zu erblicken.

Wir registrieren zwei diagonal verlaufende Linien, die sich kreuzen, weil die Aszendenz des zivilisatorischen Fortschritts und die Deszendenz der Sinndeutungen und des menschlichen Selbstverständnisses in einem gemeinsamen Zeitfeld verlaufen. Sie sind damit aber noch nicht in einen ursächlichen Zusammenhang gebracht, was nicht auszuschließen braucht, daß ein solcher existiert. Wir gehen nur davon aus, daß der Sinnverlust, unter dem der Mensch in der bürgerlichen Periode so augenfällig leidet, nicht auf dem Zivilisationsgewinn beruht, wie das konservative Denken seit der französischen Revolution unausgesetzt behauptet. Umgekehrt ist der Zivilisationsfortschritt, so rigoros er gegen den königlichen Anspruch des theologisch-philosophischen Denkens durchgesetzt werden mußte, nicht auf dessen Zusammenbruch gegründet, wie die Progressisten behaupten, sondern, was Gegenstand unserer Betrachtung war, von ihm inspiriert. Das Leistungswissen und seine Resultate sind keine Feinde des »eigentlichen« Menschen, sie gehören vielmehr zu ihm, sie sind ja ein Teil, oder doch die Spiegelung eines Teils von ihm.

Dies macht jede Fortschrittsfeindlichkeit nicht nur unrealistisch, sondern einfach falsch.

Qualitätsverlust der Antworten und wachsende Unzufriedenheit

Entscheidend ist jedoch, daß der Mensch mit den Sinndeutungen, die ihm das bürgerliche Zeitalter aus seiner Kulturlage angeboten hat, nicht zufriedengestellt werden konnte. Die Sinndeutungen entstammten sämtlich dem Bereich unterhalb des originären Heilswissens, zu dem, wie gesagt, die Rückkehr versperrt war. Die erste Ersatzform war, wie Max Scheler in seiner schönen Beschreibung der fünf Grundtypen der Selbstauffassung des Menschen sagt, die Idee vom homo sapiens. Ihre Tradition reicht von Aristoteles bis Hegel, und sie genoß im Zeitalter der Aufklärung ihren höchsten Triumph. Danach verfügt der Mensch über ein spezifisches Agens, das nur ihm zukommt und nicht auflösbar ist in die Agentien der Pflanzen und der Tierwelt: Die Vernunft. Diese Kraft, die nach Schelers Worten »diese Welt und ihre Ordnung immer neu hervorbringt – nicht im Sinne einer Schöpfung, sondern eines ewigen Bewegens und Bildens[2]«, dieser Geist, der sich in den Menschen- und Weltbildern der zur Aufklärung gehörenden evolutionären Sinndeutungen niederließ, entsprach voll und ganz dem inneren Vermögen der bürgerlichen Periode. Dem Heils- und Sinnbedürfnis des Menschen im Zivilisationsprozeß genügte er jedoch nicht. Es blieb ein Sinndefizit, das reizte und schmerzte.

Deshalb haben sich die folgenden Ersatzformen, die Philosophien von Marx und Nietzsche nicht einfach in einer generationenmäßigen Nachfolge aus dem Idealismus Hegels und der Evolutionsphilosophie à la Spencer »entwickelt«, sondern dialektisch in kritischer Auseinandersetzung mit ihnen. Bei aller Gegensätzlichkeit sind sie alle in gleicher Weise Philosophien aus dem Geiste der bürgerlichen Zeit: fern der göttlichen Transzendenz und dennoch mit einem Zeitwende-, genauer gesagt, Zeitendebewußtsein ausgestattet, das wenigstens noch als Denkform an die gemeinsame Geburt und Inspiration aus dem christlichen Geiste erinnert. Für Hegel endet die Geschichte mit der

Gegenwart, sie hat sich im preußischen Staat erfüllt. Was an Zeitvorstellungen bleibt, muß in die Welt der Erinnerung weichen. Für Aufklärungs-Philosophen wie Comte und Saint-Simon ist die Menschheit in einem steilen Aufstieg zu immer mehr Aufklärung und guter Gesittung begriffen, wobei das zu erreichende Ziel schon im Horizontkreis liegt. Nach Marx hat der letzte Akt der Geschichte begonnen, das Ziel des Kommunismus ist nahe. In die Nähe gerückt ist das Ende der Geschichte auch in den Augen Nietzsches, wobei der Übermensch allerdings nicht am Ende einer Entwicklungslinie steht, sondern ans Rad der ewigen Wiederkehr gebunden, sein Raubtierauge immer wieder einmal an den Horizont heften kann.

Die eschatologische Modellvorstellung, die bei Nietzsche schon in den Bioturnus der vitalen Naturgesetzlichkeit abgesunken ist, zeichnet sich bei allen Denkern also durch die Erwartung des baldigen Endes der bisherigen Geschichte aus. Die Fortschritts-Philosophie wirkt in dieser Hinsicht noch am unbeschwertesten, doch wird dort durch die Akzeleration der Entwicklung Zeit gerafft. Alle modernen Geschichtsbilder vermitteln den Eindruck einer fast ungebührlichen Eile. Man will zum Ende kommen oder betont das bereits erreichte Ende kategorisch, wie der Philosoph der Restauration, Hegel. Die Endvorstellung selbst stellt jeweils einen Höhepunkt oder, wie bei dem Biologisten Nietzsche, die letzt denkbare Erhöhung dar – jedenfalls Erfüllung.

Was die Verlaufs- und Zielvorstellungen der gedachten Geschichte angeht, handelt es sich also bei allen Lehren um eine Kopie des christlichen Originals. Die Form hat nur einen anderen Inhalt. Doch sind, am Inhalt und an der Form gemessen, alle Geschichtsbilder der großen Denker des bürgerlichen Zeitalters säkularisierte Heilsvorstellungen, Sinn-Deutungen im Irdischen. Sie sind also Antworten auf das unerhörte Heils- und Sinnbedürfnis des Menschen. Ihre Intensität nimmt in der dialektischen Linie von Comte bis Nietzsche, von Hegel bis Marx zu. Die Intensität besteht allerdings in Vergröberung. Daß sie insgesamt unterhalb des Heilswissens bleiben, macht ihre gemeinsame Tragik aus. Daß sie bei Marx und Nietzsche aus der Zone der Vernunft absteigen in die materialistischen und vitalistischen Motive und Schichten des menschlichen Seins, läßt die

Tragödie des bürgerlichen Zeitalters als freien Fall erscheinen. In den Gestalten des Bolschewismus und Nationalsozialismus verloren das Zeitalter und seine Menschen den Halt. Das stets prekäre Gleichgewicht der Vernunft ging verloren.

Die Philosophie des Fortschritts und ihre Brechung in Deutschland

Wir sprachen von der hellen, optimistischen Färbung, die das ausgreifende bürgerliche Zeitalter von seinem Ursprung her kennzeichnete. Die Eroberung der praktischen Transzendenz glich einer Befreiung aus der Enge. Die bürgerliche Intelligenz in den verantwortlichen Berufen suchte eine geistige Orientierung, die dem weltzugewandten, ja weltlichen und wohlgelaunten Denken und Handeln eine Grundlage und Rechtfertigung geben könnte. Scheler charakterisiert die Eigengesetzlichkeit, den »Selbstlauf« der Konditionen, von denen aus gedacht wurde, folgendermaßen: »Nur die gemeinsamen Mischprodukte von Geist, Machttrieb und Intelligenz, insbesondere die positive Wissenschaft, Technik, Staats- und Verwaltungsformen, Rechtsregeln, kurz die zivilisatorischen Gebilde, zeigen in scharfem Doppelunterschiede von aller rein ›geistigen Kultur‹ wie andererseits vom ›seelenhaften Ausdrucks- und Lebensgefüge‹ einen zugleich kontinuierlichen, die Völkerexistenzen wie die Kulturformen durchquerenden ›Fortschritt‹ und eine ›Kumulation‹, die zugleich immer internationaler wird [3].«

Wie sich das Fortschrittsdenken am Gegenstande des Staates auswies, haben wir angedeutet, als wir die Inspiration des Rationalisierungsdenkens aus der christlichen Auftragsgesinnung am etatistischen Beispiel beschrieben. Die Rationalisierungsideen aller Lebensbereiche gehören in diesen Zusammenhang, und zwar lange bevor sie sich mit dem liberalen Verfassungsgedanken und der nationalstaatlichen Bewegung verbinden. Vielfach handelte es sich dabei, wie die physiokratische Idee zeigt, um Oppositionshaltungen gegen den Absolutismus, dessen Willkür mit der »Vernunft« der Naturgesetzlichkeit der Wirtschaft eingeschränkt werden sollte. Die Linie führt über Vico und Turgot zu Saint-Simon und Comte. Schon ganz vom bürgerlichen Geiste, vom Freihandelsideal der Manchesterzeit erfüllt, formulierte Herbert Spencer seine ökonomistische Fortschrittsideologie, die so entschieden die Gesellschaft über den Staat stellt, daß dessen Absterben zu erwarten ist. Die harte, aber heilsame Auslese der Tüchtigen wird hier noch naiv als die sinnvolle Gesetzlichkeit der Natur- und Menschheitsentwicklung betrachtet.

Die große humanistische Tradition des 17. Jahrhunderts gab dem Fortschrittsglauben aber noch in seiner vergröberten, biologistisch unterlaufenen Form einen geistigen Adel, der sich mildernd auf die Härten auswirkte und das naturwissenschaftlich determinierte Denken des 19. Jahrhunderts gleichsam von innen erleuchtete. Für diese geistige Kraft stehen Francis Bacon, der die Royal Society in London schuf, und der Akademiegründer Leibniz, dem Europa eine ökumenische Geschichtsphilosophie verdankt. Beide haben mit der naturwissenschaftlich-mechanistischen Forschungsmethode und den Akademien das Leistungswissen organisatorisch vorangetragen, beide hatten ein Staatsideal, das Leibniz mit der Versöhnung der Konfessionen, des Kaisers und der Fürsten und der Föderation Deutschlands und Europas, einschließlich der Sorge für die östlichen Kulturen, von einer umfassenden Kulturplanung her entwarf. Es ist in der jüngeren Geschichtsschreibung immer wieder bedauert worden, daß diese Inspiration des fortschrittlichen Denkens in Deutschland, wie Helmuth Pleßner sagt, »eine Weltanschauung der freien Berufe« blieb und den Weg weder in die autoritativen noch in die breiten Schichten des Reiches gefunden hat[4].

Nun kann man über die Bewertung dieses »historischen deutschen Defizits«[5] verschiedener Meinung sein. Es trifft zu, daß die Prinzipien der Liberalität und Progressivität, mit denen das westeuropäische Denken seinen Ausgriff in die praktische Transzendenz rechtfertigte, sich in Deutschland »niemals siegreich, mit der Folge gefestigten Selbstbewußtseins, aus eigener Kraft« durchsetzen konnte. Aber hätte eine größere Wirksamkeit dieser Prinzipien in diesem Lande wirklich die aggressive Wendung der Entfremdung verhindern können? War nicht der Ausbruch des romantischen Denkens auch ohne eine originäre und durchgängige Herausforderung seitens des aufklärerischen Denkens im eigenen Lande gerade ein Zeichen dafür, daß die gegebene Disposition des Geistes in Deutschland, seine altvorbestimmte, nicht nur in der »gemachten« Geschichte, sondern im menschlichen Stoff steckende spezifische Eigenart: tief zu denken, der aufklärerischen Idee den Eintritt verwehrte? Man kann auf die »Tiefe der Leere« verweisen, an die Egon Friedell[6] im besten Heine-Stil erinnert, doch muß selbst angesichts des Unglücks, das ein Teil der Historiker allein mit der in sich hineinblickenden »deutschen Seele« begründen möchte, auf die Einseitigkeit des aufklärerischen Denkens hingewiesen werden, das ein Leibniz wie eine Krone zierte, die wir – um Leibnizens wegen – bewundern.

So sehr die weltanschauungskritische Sonde auch schmerzt, wir müssen doch mit Max Scheler fragen, ob es nicht der große Irrtum des 18. Jahrhunderts war – verhängnisvoll für das Schicksal des Humanitätsideals im 19. Jahrhundert –, daß es sich die Humanität nur in der abstrakten Form des in allen Menschen gleichen Vernunftswesens zum Bildungsvorbild machte. Und war die neue Autoritätssucht und die Große-Männer-Verehrung der Romantik, wie Scheler weiter sagt, nicht nur »eine zum Teil recht wüste Reaktion gegen diese einseitige abstrakt-rationale Humanitätsidee[7]«? Wir müssen freilich auch auf die mahnenden Worte Friedrich Meineckes hören, der den Gegensatz zwischen dem romantisch-historischen Denken der Deutschen und dem naturrechtlich-rationalistischen des Westens an sich selbst in einem langen, stets engagierten, die Systeme der jüngsten deutschen Geschichte also nicht nur aus gesicherter Höhe betrachtenden Leben durchlitten hat. Seine »Idee der Staatsraison« und »Die Entstehung des Historismus« sind Zeugnisse eines Wegs vom einen zum anderen Ende.

Auch Ernst Troeltsch sah in der Wende des 18. zum 19. Jahrhundert einen neuralgischen Punkt in der deutschen Geistesgeschichte. Er empfiehlt in seinem Buch »Der deutsche Geist und Westeuropa« eine generelle Revision der romantisch-idealistischen Vorstellungswelt, aus der sich das deutsche historische und politische Denken nährte. Statt aber die rationale Geschichts- und Staatsauffassung des Westens wenigstens zur Überprüfung der eigenen Traditionen heranzuziehen, kam es zu einer immer einseitigeren Herauspräparierung und Verabsolutierung des deutsche Wesens. Mochte Ranke in der Macht noch ein geistiges Wesen wirken sehen, so trat damals schon aus dem ungebundenen, an kein höheres Prinzip als sich selbst verpflichteten Staat die Willkür-Seite seiner Natur hervor.

Heute wissen wir, daß die Staaten nicht »Gedanken Gottes« sind, sondern Amphibien, zwiespältige Wesen, die sich zwischen Natur und Geist bewegen. Aber eine solche Meinung, von Liberalen im Deutschen Reich schon geäußert, freilich nicht konsequent, vermochte nichts gegen Treitschke und seine Ideologie, daß der Staat in seinem Wesen Macht sei und nichts anderes. Friedrich Meinecke, am Anfang noch ein Gegner des Weltbürgertums aus der Überzeugung des Nationalstaates, hielt nach der Erfahrung des Ersten Weltkrieges dagegen, daß zum Staat, solange es ihn gebe, zwar Macht gehöre, daß aber Recht und Sittlichkeit und Religion gleichermaßen an seinem Wesen teilnähmen. Als sich Meinecke zu diesem Gedanken durchgerungen hatte, war der Staat in Deutschland, dem alle seine Gedanken galten, jedoch schon von Mächten bedroht, die mit den klassischen Gefahren der Staatsraison, wie sie aus der absolutistisch-obrigkeitlichen Sphäre auf ihn gekommen waren, nichts mehr zu tun hatten: von den Mächten der Blutsouveränität und der Gesellschaft.

Meinecke hat die nationalsozialistische Zeit erlebt und überlebt, er litt am Untergang seines Deutschlands, aber er suchte die Ursachen in Elementen, die an der Katastrophe zwar mitgewirkt hatten, deren Eigenart und Ausmaß aber weder zu begründen noch zu beschreiben vermochten. Denn es war ja nicht der Staat, der Machtstaat, der totale Staat als solcher, der den Schrecken des Nationalsozialismus und des Bolschewismus ausmachte, sondern es waren die Mächte des materialistischen und des vitalistischen Prinzips, die sich des etatistischen bedienten und den Staatszweck, Recht und Ordnung zu garantieren und die vielfältigen Eigenkräfte der Gesellschaft auf das einheitliche Ziel des Gemeinwohls hinzusteuern, in die Erhaltung der Art beziehungsweise in die Ermächtigung der Gesellschaft umkehrten[8]. Wie die Philosophie einst Dienerin der Theologie war, Kategorien-Lieferantin des Heilswissens, so wurde der Staat unter der Herrschaft der diesseitigen Heilslehren zur exekutiven Instanz der Ideologie.

Da es sich hier wiederum um Macht handelte, wenn auch nicht

um die eigentlich staatliche, mag gelten, was Meinecke zu einer Stunde, als die große Enttäuschung seines Lebens ihn bedrückte, geschrieben hat. Die Macht, so sagt der Historiker, könne aus ihrem innersten Wesen heraus das zerstören, was sie geschaffen habe. Nur zu viele Dinge gebe es, in denen Gott und der Teufel zusammengewachsen seien. Zu ihnen gehöre die Staatsraison: »Rätselhaft, führerisch und verführerisch schaut sie, seitdem sie den Menschen zu Beginn der neueren Geschichte wieder zu Bewußtsein gekommen ist, ins Leben. Die Kontemplation kann nicht müde werden, in ihr Sphinxantlitz zu blicken und kommt ihr doch nie ganz auf den Grund. Dem handelnden Staatsmann aber darf sie nur zurufen, daß er Staat und Gott zugleich im Herzen tragen müsse, um den Dämon, den er doch nicht ganz abschütteln kann, nicht übermächtig werden zu lassen[9].«

Zu spät – der liberale Historiker rettete Deutschland nicht mehr. Erst nach dem Zweiten Weltkrieg wurde die Revision des romantisch-idealistischen Erbes, von der Troeltsch gesprochen hatte, vollzogen und zunächst wenigstens einmal der westliche Teil unseres Landes den naturrechtlich-rationalen Traditionen der okzidentalen Länder geöffnet – eine Tat Konrad Adenauers, heute schon wieder, zusammen mit dem rationalen Staatszweck-Denken, von den Unausgeglichenheiten und in der Tat romantisch-idealistischen Regungen der »deutschen Seele« bedroht. Am Anfang dieser Entwicklung, die den Staat verfügbar machte für die Zwecke einer absoluten Idee und die Willkür der Macht mit höherem Sinn legitimierte, stand aber nicht Immanuel Kant, sondern sein Überwinder, der Gegner des republikanischen und kosmopolitischen Ideals: Georg Wilhelm Friedrich Hegel. Die Moralität, bei Kant noch die Herrin der Legalität, wurde nun zu deren Untertan.

Hegel: Die Geschichte – Gottes Wirklichkeit

Der Weg war bereitet. Hegels historischer Platz war, wie Wilhelm Dilthey beschrieb, die Epoche der Restauration in Deutschland. Die Phänomene des Industrialismus, der technischen Zivilisation und ihrer Intelligenz sowie des Kapitalismus und der

Weltwirtschaft hatte der Philosoph nicht in sich aufgenommen. Seine Vorstellung wurzelte in der agrarisch-kleingewerblichen Welt der deutschen Kleinstaaten, die von der Französischen Revolution und von Napoleons Hegemonial-Politik aufs schwerste bedroht wurden. Hegels Lebenswerk und die große, prägende Rolle, die es spielte, besteht darin, daß es gegen »die abstrakte Weltverbesserei des revolutionären Verstandes die Macht der Geschichte setzte«. Sie vollendete sich im Staat, »wo Recht und Moral, Individuum und Familie und bürgerliche Gesellschaft in einer Einheit so verbunden sind, daß die Einzelpersonen Personen sind und doch aus dem Ganzen heraus leben, so daß der Gleichklang aller gewahrt ist[10]«.

Der Staat ist also die herrschende Lebensmacht, und Hegel war ihr Ideologe. Indem er den Staat in solche Höhe hob, traf er den Geist nicht nur im Österreich Metternichs und im Preußen von 1819, das sich von den Reformen trennte. Die ganze Staatenwelt Europas war nach dem Ende Napoleons auf der Suche nach der Formulierung eines legitimierenden Grundes, und die Ordnungsidee der Restauration entfaltete in die Breite der Völker hinein eine beruhigende und erholsame Kraft. Die Revolution und Napoleon hatten Europa ermüdet.

Mit ehrlicher Hingabe begrüßten deshalb zum Beispiel die Hessen die Rückkehr des Fürstenhauses, das vor seiner Vertreibung eine qualvolle Willkürherrschaft ausgeübt hatte, das den Soldatenhandel nach England betrieben und aus dem Volk große Reichtümer gepreßt hatte. Auch die Gebrüder Grimm liefen in Kassel begeistert neben dem Wagen her: »Nicht mit einem tobenden, für den Augenblick erregten Eifer«, sagte Wilhelm Grimm, »sondern wie jemand, der ein langentbehrtes, von Gott wieder gewährtes Gut in die Heimat zurückführt.« Wie stark mußte die Anhänglichkeit an den Landesvater, die religiöse und die patriarchalische Gesinnung im Volke wurzeln, meint der Historiker Franz Schnabel, »wenn es nicht nach Gemeinwohl und nicht nach Menschenrechten fragte, sondern nach der Einsetzung von Gottes Gnaden[11]«.

Schon während der Befreiungskriege von 1813 hatte Hegel konsequent auf der Seite der Staatsautorität und der Staatsraison gestanden. Der Sproß einer württembergischen Beamtenfamilie hatte freilich die heimischen und die preußischen Überlieferungen im Auge gehabt, wenn er den bürokratischen Staat als die Verwirklichung der sittlichen Idee feierte. Der Grund seines Denkens war also idealisierte Wirklichkeit, gegen die in der bunten Staats- und Verwaltungspraxis jener Zeit auf das schäbigste verstoßen wurde. Solches wahrzunehmen war aber nicht die Stärke des deutschen Idealismus.

Hegel glaubte auch nicht an die Disposition des Menschen zur Volkssouveränität. Besonders die Deutschen, vielfältig begabt, aber »in sich ein schweifendes, anarchistisches Element tragend – bald dämonisch, bald gemütvoll«, schienen die äußere Disziplin umso notwendiger zu brauchen. Der inneren Disziplinierung des Untertanen diente die Religion, die in Hegels Augen nicht mehr die führende Lebensmacht darstellte. Hegel kannte zwar die Macht und Bedeutung des religiösen Gefühls, doch war Religion für ihn im wesentlichen Lehre, die besonders in den Formen der Predigt und des Unterrichts zum Ausdruck kommen sollte. Die Pädagogik hatte in den Händen des Staates zu liegen, da ja das Wissen über der Vorstellung, der Staat über der Kirche stand und der Staat als die Verwirklichung der sittlichen Idee darzustellen war. »Hegel verkündete das Staatskirchentum als notwendiges Ergebnis seines Denkens, aber auch im Einklang mit dem, was er in Preußen vorfand. Es war die letzte Vollendung der in der modernen Geschichte liegenden Tendenzen – eine doktrinäre Religion, als deren Hüter nur Staatsbeamte und Schullehrer berufen sein konnten. Noch hieß es also, daß der Staat auf Religion beruhe, also jede neue Gestalt des Staates in einer Stufe des religiösen Bewußtseins ihre Wurzel habe. Noch war es auch eine idealistische Religion, und zwar im entschiedensten und einseitigsten Sinne, insofern sie das Wesen der Dinge nicht in der Natur, sondern im Geiste sah. Hegels Gott war kein persönlicher Gott, er war ausschließlich Idee, Gedanke, Vernunft. Es war ein spiritualistischer Monismus, für den Hegel das Wort Pantheismus nicht gelten lassen wollte [12].«

Die Religion im ursprünglichen Sinne aber hatte ihre Rolle ausgespielt. Hegel erblickte in ihr nur noch eine Vorbereitung auf die Philosophie, die im Unterschied zu den bildhaften Anschauungen der Religion in der höheren Form des Begriffs die absolute Wahrheit erfaßte. In der Religion steckte danach zwar Weisheit, doch gehörte das Christentum in ein früheres Stadium der Geschichte. Es wird zur historischen Erscheinung ohne entscheidenden Sinngehalt. Dem Heilsbedürfnis, das er durchaus respektiert, bietet Hegel stattdessen den »Konfuzianismus« seiner Geschichtsphilosophie. Sie beschreibt die Stätte des werdenden Gottes: »Wenn das göttliche Wesen nicht das Wesen von Menschen und Natur wäre, so wäre es eben ein Wesen, das nicht wäre[13]«, dekretiert der Philosoph. Er mißtraut nicht der metaphysischen Erkenntnis, wie Kant. Denn über dessen Subjektivismus hinaus ist für ihn das Denken wieder die Wahrheit der Gegenstände. Es ist anders: Hegel akzeptiert den Gott nicht mehr, den Kant noch postulierte.

Das bedeutet nicht den Verzicht auf das Heil, den Nietzsche später in zorniger Konsequenz fordern sollte, sondern dessen Plazierung und Entfaltung in der Geschichte. In der Weltgeschichte vollzieht sich nach diesem Sinnmodell die Reintegration des Menschen: durch die Freiheit, die zu sich selber kommt. Wenn das ens a se, wie die alte Metaphysik sagte, nicht mehr jenseits ist und das Seiende sein analoges Abbild, sondern das Urbild im Bilde selbst ist und jedes Seiende schon das Ganze des Seins – dann ist das Denken identisch mit dem Denken des Weltgeistes, und das Wissen des Menschen das Selbstbewußtsein Gottes.

Aber der Pantheismus, den man trotz des Hegelschen Leugnens und eines nachhallenden Streites darüber wohl annehmen muß, hat Konsequenzen – durchgehende. Wenn das Denken, das Sein und die Wahrheit identisch sind mit dem Geist, so kann nur richtig sein, was Hegel sagt: »Was vernünftig ist, das ist wirklich; und was wirklich ist, das ist vernünftig . . . Darauf kommt es dann an, in dem Scheine des Zeitlichen und Vorübergehenden die Substanz, die immanent, und das Ewige, das gegenwärtig ist, zu erkennen. Denn das Vernünftige, was synonym ist mit der Idee, indem es in seiner Wirklichkeit zugleich in die äußere Existenz tritt, tritt in einem unendlichen Reichtum von Formen, Erscheinungen und Gestaltungen hervor und umzieht seinen Kern mit der bunten Rinde, in welcher das Bewußtsein zunächst haust, welche der Begriff erst durchdringt, um den inneren Puls zu finden und ihn ebenso in den äußeren Gestaltungen noch schlagen zu fühlen[14].«

Dem mächtigen Wesen des Weltgeistes entspricht sein Weg:

von der Freiheit ohne Bewußtsein zum Bewußtsein der Freiheit. Der äußere Weg erstreckt sich vom Osten nach dem Westen. Der Orient wußte und weiß nur, daß einer frei ist; die griechische und die römische Welt, daß einige frei sind, und erst die germanische, daß alle frei sind. Im Osten beginnt die Weltgeschichte, im Westen aber geht das Licht des Selbstbewußtseins auf. Der Prozeß vollzieht sich unaufhaltsam und nach intarsiertem, dem Weltgeist eigenen Gesetz. Hegel beschreibt ihn klassisch in einem Brief an Niethammer: »Ich halte mich daran, daß der Weltgeist der Zeit das Kommandowort zu avancieren gegeben; solchem Kommando wird pariert: Dieses Wesen schreitet wie eine gepanzerte und festgeschlossene Phalanx, unwiderstehlich und mit so unmerklicher Bewegung, als die Sonne schreitet, vorwärts . . . [15]«

Der weltimmanente absolute Geist ist also ein unaufhaltsamer und herrscherlicher Geist. Freibleibend läßt er sich einmal bei diesem, dann bei jenem Volke nieder, um so allmählich, in langsamem Fortschreiten, sich dem Ziele zu nähern, in dem Dasein und Bewußtsein deckungsgleich sein sollen und der Mensch sich selbst eingeholt hat.

Das Volk, bei dem sich der Weltgeist als die Seele des objektiven Geistes jeweils niederläßt, ist seinerseits im Geiste zuhause und mit ihm identisch. Das bedeutet aber, daß ein Volk mit dem, was es tut, immer sein Äußerstes, mithin das Richtige tut. Es kann tun, was es will, und es wird den Willen des Geistes tun. Daraus ergibt sich aber, daß das Recht des Stärkeren stets das Vernunftrecht ist, daß keine Jenseitsmacht das Urteil fällt, sondern die Geschichte selbst, deren Ereignisse auch das Weltgericht sind.

Das Böse besitzt, aus diesem Blickwinkel betrachtet, kein wahres Sein. Sofern es im historischen Prozeß erscheint, fungiert es als List der Idee, die dem Krieg, der Gewalttat und dem Rechtsbruch einen Sinn gibt. Daß politische Verbrechen »Dienst« in diesem Sinne sein können, wissen wir Zeitgenossen. Hegel dachte nicht so weit, er dachte höher: »Es geht nicht nur Gott ohne Rest in der Welt auf, sondern auch die Welt ohne Rest in Gott.«

Ein »verborgenes Diesseits« könnte man diese List der Idee mit Pleßner nennen [16]. In ihren Wechselgestalten tritt der Weltgeist dem Menschen entgegen, dessen Reife oder Größe darin besteht, daß er den Willen der absoluten Idee annimmt, zu seinem eigenen macht und ihn ausführt. Ein freier Mensch ist, wie in Platons Politeia, also der, der zum Idealwillen gefunden hat. Die Person ist ein »Moment« im Weltprozeß, das Aktivum hingegen ist das Ganze und seine Notwendigkeit.

Auch die Person kann deshalb als List der Vernunft wirken und all ihr Handeln, auch das rücksichtsloseste, im Zweck der Idee begründet und gerechtfertigt sehen. So erblickt Friedrich Meinecke Hegels verhängnisvolle Wirkung auf das machtpolitische Denken in Deutschland vor allem darin, daß der unheimliche Zusammenhang zwischen Gut und Böse, den alle Lebens- und Geschichtserfahrung bestätige, vergessen werden, daß auch auf die Natur- und Nachtseite der Staatsraison ein beschönigendes Licht fallen konnte: »Die Lehre von der List der Vernunft war nichts anderes als die logische Konsequenz der Identitätsphilosophie, die dieses Mittels bedurfte, um die Einheit und Vernünftigkeit des gesamten Weltzusammenhangs dartun zu können. Die Philosophie verklärt das Wirkliche, heißt es bei Hegel, das unrecht scheint, zu dem Vernünftigen. Aber diese Art von Theodizee und der ungemeine Optimismus, mit dem die Identitätsphilosophie die Wirklichkeit ansehen lehrte, barg die schwere Gefahr in sich, das moralische Gefühl abzustumpfen und die Exzesse der Machtpolitik auf die leichte Schulter zu nehmen [17].«

Die alles legitimierende und legalisierende Geschichte verlieh der staatlichen Machtpolitik die immer schon ersehnte und lange entbehrte Rechtfertigung. »Ein Staat«, sagt Hegel in der Rechtsphilosophie, »kann seine Unendlichkeit und Ehre in jede seiner Einzelheiten legen und ist umso mehr zu dieser Reizbarkeit geneigt, je mehr eine kräftige Individualität durch lange innere Ruhe dazu getrieben wird, sich einen Stoff der Tätigkeit nach außen zu suchen und zu schaffen [18].« Hegel stand auch, trotz seines antirevolutionären Denkens unter dem Eindruck Napoleons und lehnte jedes Moralisieren gegenüber den großen Eroberernaturen der Weltgeschichte ab. Wohl brach er dadurch, nach dem Urteil Meineckes, Bahn für eine großherzigere Auffassung weltgeschichtlicher Persönlichkeiten, aber auch für eine laxere Behandlung des Problems der politischen Ethik.

Wir haben zu Beginn unserer Überlegungen zu Hegel gesagt, das Ziel seiner Geschichtsphilosophie sei die Legitimation der preußischen konstitutionellen Monarchie zwischen Liberalismus und Traditionalismus gewesen. Sie sollte das logische Endprodukt der gesamten geschichtlichen Bewegung, die Konsequenz der Selbstentzweiung und Selbstversöhnung des Absoluten im Bereich des Menschen sein. Der Staat ist für Hegel das höchste Ziel, die Vollendung der Sittlichkeit, nicht die Gesellschaft, die er sorgfältig von ihm trennt. Diese Scheidung spiegeln die preußisch-deutschen Verhältnisse bis 1918 wider: Der Staat legte gegenüber der Wirtschaft eine liberale Haltung an den Tag, um sich gegenüber den Bürgern gleichzeitig als Beamtenstaat der Geschlossenheit und der Distanz zu präsentieren. Das germanische Reich, in dessen Wirklichkeit Hegel auch die Philosophie, repräsentiert durch seine eigene, vollendet sein läßt, setzt die Ideale eines liberalen Protestantismus, die Troeltsch später die innerweltliche Askese genannt hat, in einen Gegensatz zur katholischen Jenseitsbindung der evangelischen Räte: Anstatt Armut, Keuschheit und Gehorsam werden nunmehr Arbeit, Fruchtbarkeit und Staatsdisziplin auf die Gesetzestafeln geschrieben.

Eben dies ist mit Freiheit nun gemeint. Die Übereinstimmung des einzelnen mit der Substanz des Weltgeistes, der im preußischen Staat zum Ausdruck kommt, heißt Sittlichkeit. Hier steht nicht nur die Legalität über der Moralität; damit ist auch die nationalistische Ethik in Europa begründet.

Marx: Spiegelungen aus dem Produktionsprozeß

Hegel, Marx und Nietzsche haben das Denken des bürgerlichen Zeitalters nicht nur begleitet, sondern repräsentiert und geprägt zugleich. Sie gaben Antworten auf die sich mit der Distanz von der christlichen Erlösungsreligion dringlicher und peinlicher stellende Sinnfrage, wobei ihnen als Erklärungsgrund die Transzendenz allerdings nicht mehr offen stand. Die Richtungsdynamik des europäischen Denkens wies, wie wir betont haben, in die »dichteren Schichten« des Materialistischen und Vitalistischen und ihrer Verabsolutierung. Marx und Nietzsche zeugen dafür. Äußerlich vollzog sich der Abfall in der Form einer schweren Auseinandersetzung mit der Philosophie Hegels. Dessen Sinndeutung war noch eine idealistische gewesen: Reintegration des Menschen in der Weltgeschichte. In der Freiheit, die dabei zu sich selbst gelangen werde, sollte sich der Sinn erfüllen. In seiner Philosophie des Rechts meinte Hegel, das Individuum besitze Objektivität und Wahrheit und Sittlichkeit nur insofern, als es ein Glied des Staates sei, in dem sich der objektive Geist verkörpere. Daher sei es die Bestimmung des Individuums, »ein allgemeines Leben zu führen[19]«.

Dagegen, gegen die unumschränkte Herrschaft des sinnstiftenden Weltgeistes und gegen seinen Staathalter, den Staat als die sichtliche Vollendung der Sittlichkeit, wandte sich der junge Marx mit philosophischem Engagement. Ein sozial-humanitärer Ansatz war bei ihm nicht vorhanden, wiewohl er gespürt haben mochte, daß Hegel in seiner altdeutsch-restaurativen Fixierung die spezifische Kulturlage zur Mitte des 19. Jahrhunderts hin nicht erfaßte. Für ihn standen die Industrialisierung und die Weltwirtschaft als die beherrschenden Lebensmächte der kommenden Zeit noch nicht im Vordergrund. Dies galt zunächst auch für Marx, der gemäß der idealistischen Tradition zuerst eine vorgefaßte »logische« Meinung besaß, bevor er sich zur Analyse des betreffenden Gegenstandes bequemte. So sah er auch die Geschichte. Auf das Proletariat stieß der Philosoph erst bei der Suche nach einem Träger für die universale Revolution in Deutschland und in der Welt. Erst während seines Pariser Exil-Aufenthaltes lernte er Proletarier überhaupt kennen. Erst von da an beschäftigte er sich auch mit Nationalökonomie. Die Praxis, die Anschauung kam also spät zu ihm, von seinem Freund Engels an ihn herangetragen. Zuvor hatte er lediglich theoretisch, wie Herder und Schiller vor ihm, das Bündnis der »leidenden Menschheit, die denkt« mit der »denkenden Menschheit, die unterdrückt wird«, gefordert.

Beim Studium der Gedanken von Marx und dem vergleichenden Blick auf Hegel gewinnt der Eindruck die Oberhand, der geistige Nachfahre habe den Sinn der Welt, der schon aus dem Absoluten in die Geschichte herabgezogen war, ganz und endlich in die vom Menschen gestaltete Wirklichkeit intarsieren wollen. Im Resultat hat er Hegels Weltgeist durch den Produktionsprozeß ersetzt. Diese säkulare Tat kommt zunächst verhüllt in der Auseinandersetzung mit der Staatsphilosophie des Meisters zum Ausdruck. Er kritisiert, »daß Hegel das Allgemeine nicht als das wirkliche Wesen des Wirklich-Endlichen, das ist Existierenden, Bestimmten betrachtet oder das wirkliche Ens nicht als das wahre Subjekt des Unendlichen[20]«. Tatsächlich ging Hegel nicht von den wirklichen Subjekten, dem »wirklichen Wesen« des Staates aus, sondern von einer überindividuellen Staatsidee, die er sich »entäußern« und zur Wirklichkeit kommen ließ. Marx hingegen lehnte die Trennung der Sphären der Allgemeinheit und Einzelnheit und die Vermittlung in der Form von Teilhaberschaft ab. Er wollte die unmittelbare Identität im Menschen und vom Menschen aus. Die »Allgemeinheit« ist in seinen Augen eine dem Subjekt innewohnende Wesenskraft. Die Einheit der Allgemeinheit und der Einzelnheit, die Vereinigung der äußeren Notwendigkeit und des immanenten Zwecks vollzieht sich danach nicht durch den staatlichen Organismus, sondern gründet in der immanenten Struktur der Wesenskräfte des Individuums.

Es geht Marx um das Individuum, den Menschen. Er geht nicht im Staate auf, sondern soll das Gattungswesen in sich selbst verwirklichen. Jeder einzelne ist also Weltgeschichte, und jeder einzelne, so sollte es sein, das Weltgericht. Warum aber ist es nicht so? Warum ist der Mensch entfremdet, nicht ganz bei sich und sich selbstbestimmend, sondern fremdbestimmt und entäußert? Marx reagiert übersensibel, seismographisch genau auf die Zumutungen der Gegenwart. Er erkennt ungleich schärfer und umfassender als Hegel die Eigenart der bürgerlichen Gesellschaft, ihre Größe, die sich im Titanismus äußert. »Vor ihren Leistungen verschwinden ägyptische Pyramiden und gotische Kathedralen. Sie revolutioniert fortwährend die Produktionsinstrumente und damit alle gesellschaftlichen Verhältnisse, sie agglomeriert die Bevölkerung, zentralisiert die Produktionsmittel und konzentriert das Eigentum. Damit reißt sie auch die barbarischsten Völker in die Zivilisation: ›An die Stelle der alten lokalen und nationalen Selbstgenügsamkeit und Abgeschlossenheit tritt ein allseitiger Verkehr, eine allseitige Abhängigkeit der Nationen voneinander‹[21].« Marx entdeckt theoretisch die Universalität und Macht des industriellen Systems und erfaßt gleichzeitig dessen menschenfeindlichen Aspekt: die Verlorenheit in der Folge der Arbeitsteilung und die Enteignung des einzelnen durch den Zwang zur Abgabe des verfertigten Produkts.

Im Grunde steuert er somit nur neue, zeitgemäße Argumente zur Auffassung Schillers, Hegels, Fichtes, Eichendorffs bei, daß die Zeit dem Verfall anheimgegeben sei. Man hat – besonders in Deutschland – das Empfinden, sich einem Tiefpunkt zu nähern. Der große Konflikt der französischen Revolution ist in das »Zauberreich unserer Bildung« geschlüpft, um daraus mit doppelter Gewalt hervorzubrechen. Doch regt sich speziell in Deutschland – durch Rückwendung zur Vergangenheit oder durch Hinwendung zur Zukunft – die alte Denkgewohnheit des Einheitsgrundes, der Einheitsstiftung des zurückliegenden »goldenen Zeitalters« oder der Utopie. Was als Entfremdung empfunden wird, ist also eine Reaktion auf den Zivilisationsprozeß, die Rationalisierungen und Bürokratisierungen immer größerer Lebensbereiche, auf die sozio-ökonomische Konsequenz der bürgerlichen Modernität.

Einer der radikalsten Kritiker der Zeit ist Schiller, der die »isolierten einzelnen Kräfte« in einen Widerstreit geraten sieht »mit der Wahrheit der Dinge«. Seine Klage gilt der »geistigen Spezialisierung«, welche durch die »gemeine und grobe Mechanik« des modernen Staates auf sämtliche bürgerliche Berufe übertragen wird: »Ewig nur an ein einzelnes kleines Bruchstück des Ganzen gefesselt, bildet sich der Mensch selbst nur als Bruchstück aus; ewig nur das eintönige Geräusch des Rades, das er umtreibt, im Ohr, entwickelt er nie die Harmonie seines Wesens, und anstatt die Menschheit in seiner Natur auszuprägen, wird er nur zu einem Abdruck seines Geschäfts, seiner Wissenschaft[22].« Der Versuch, der Weltgeschichte dennoch einen Sinn zu geben, muß diesem Zustand die Bedeutung einer Antithese geben. Scheußlichkeit kennzeichnet die Gegenwart, die aber nur der künstlich festgehaltene Punkt einer Entwicklung ist, deren Richtungsdynamik ins Bessere – oder ins Schlechtere weist. Wenn die Gegenwart aber einem tiefliegenden Tal, einem Tal der Tränen gleicht, wie bei Marx, dann entspricht die Situierung des Menschenschicksals formal betrachtet wiederum der christlichen. Nur daß Anfang und Ende jetzt nicht mehr in der Ewigkeit, sondern in der Endlichkeit liegen.

Marx bezeichnet (1844) die Situation des Menschen in der gesamten bisherigen Geschichte als »Entfremdung von seinem wahren Wesen«. Er geht von einem Urzustand, von einer Ureinheit aus, deren Annahme Nolte als den »radikal-reaktionären« Zug bei dem Philosophen bezeichnet. Die Kritik an der Arbeitsteilung bekommt in diesem Zusammenhang ihren Sinn. Die moderne Produktionsweise hat das Individuum zerrissen. Einstmals, in der vorgeschichtlichen Zeit, war die Produktion ein »Erschaffen« des Produkts, und das Selbsthervorgebrachte war Eigentum des einzelnen. Das Produkt der Arbeit blieb ein dem Lebensprozeß des Menschen ein- und untergeordnetes Ding: der geschlossene Produktionskreis. Dieses Urbild wird bei Marx zum Wunschbild der Utopie.

Die Geschichte, die sich von dem Urbild ablöst und entfernt, ist Entfremdungs-Geschichte. Denn sowie die Arbeit verteilt zu werden beginnt, »hat jeder einen bestimmten ausschließlichen Kreis der Tätigkeit, der ihm aufgedrängt wird, aus dem er nicht heraus kann . . . Dieses Sichfestsetzen der sozialen Tätigkeit, die ihm aufgedrängt wird, diese Konsolidation unseres eigenen Produkts zu einer sachlichen Gewalt über uns, die unserer Kontrolle entwächst, unsere Erwartungen durchkreuzt, unsere Berechnungen zunichte macht, ist eines der Hauptmomente in der bisherigen geschichtlichen Entwicklung[23].« Der Höhepunkt der Entfremdung ist in Marxens Augen im bürgerlichen Zeitalter erreicht, weil dieses Zeitalter und seine Gesellschaft das Individuum beraubt und »entwest«.

Seine Kritik der Entfremdung geht von einem idealen Gesellschaftszustand aus, sie ist deshalb irrational, wertend und voller Haß wider die Ahnungslosigkeit der nunmehr »entmenschten« Welt. Über das Geld räsoniert er, es habe »die ganze Welt, die Menschenwelt wie die Natur, ihres eigenen Wertes beraubt. Das Geld ist das dem Menschen entfremdete Wesen seiner Arbeit und seines Daseins, und dieses fremde Wesen beherrscht ihn, und er betet es an«. Das Privateigentum erhebt sich über den Menschen: »Das Subjekt ist die Sache, das Prädikat der Mensch.« Die Abstraktion des politischen Staates und die Gleichheit der politischen Rechte sind, wie die Institutionen von Beruf und Arbeit, nichts als »Affirmative der Entfremdung«.

Diese Kritik ist radikal, doch wurzelt der Entfremdungs-Begriff bei Marx im Gesellschaftsprozeß. Die Ureinheit, die der Mensch geschichtlich verliert, ist eine gesellschaftliche, nicht eine transzendente Heimat. Die kantianischen Postulate der Unsterblichkeit und des Richtergottes lehnt der Philosoph ab. Er besitzt keinen Gottesbegriff, auch nicht den pantheistischen seines Lehrers Hegel. Das naturwissenschaftliche Denken der Entzauberung hat in Marx bereits sein Werk getan, mehr noch, es hat sich in ihm als ein Agens festgesetzt, als Gewohnheit, entlarven und verdächtigen zu müssen, was über dem Individuum und seinen unmittelbaren Interessen stehen und von diesem »Himmel« aus Macht über die Welt gewinnen könnte. Wenn Marx sagt, daß keines der Menschenrechte über das Prinzip des Egoismus hinausgehe, befindet er sich konsequent auf dem Wege des Ideologie-Verdachts. Die liberté muß dann in ihrer praktischen Nutzanwendung in das Licht eines »Menschenrechts des Privateigentums« rücken, die sûreté als die Versicherung des Egoismus erscheinen und die égalité als »die gleichmäßige Einschätzung jedes Mitglieds der bürgerlichen Gesellschaft als eine in sich ruhende Monade[24]«.

Aus dieser Methode der Verdächtigungen sollte dann ein scharfer und gezielter Angriff auf Religion und Philosophie, auf die Existenzgrundlage der theoretischen Transzendenz insgesamt hervorgehen. Ein Umstand, der uns an der weit verbreiteten These zweifeln läßt, ob Marx wirklich aus dem humanistischen Kulturbegriff heraus gedacht hat.

Viele Formulierungen sprechen dennoch dafür. Die Gewißheit und Erwartung einer Auflösung der Gegensätze, der Verwirklichung einer der Würde des Menschen entsprechenden Vollkommenheit, der Überwindung der Zerrissenheit, Sündhaftigkeit – eben der Entfremdung des Menschen –, diese Ideale und Ideen sind zweifellos Ideen und Ideale des Humanismus. Die Geschichte ist auch für Marx der Weg zur wahren Gemeinschaft, zum wahren Menschentum. Und deshalb kann die bürgerliche Gesellschaft, ein System verhüllter Egoismen, der Bestimmung des Menschen nicht entsprechen. Das Privateigentum scheint dem einzelnen zu dienen. Dient in Wirklichkeit aber nicht der einzelne dem Eigentum? Der Endzweck bleibt verhüllt, die Formulierungen der Menschenrechte sollen den Unterworfenen beruhigen. Beruht nicht auch der Staat als selbständige besondere Existenz auf der »Entäußerung« der allgemeinen Wesenskraft des Menschen? Und wie ist es mit dem religiösen Bewußtsein? Marx hält dessen »Abstraktion« für einen Teil des allgemeinen weltlichen Widerspruchs zwischen politischem Staat und bürgerlicher Gesellschaft. Der Mensch »macht« die Religion, indem er seine besonderen Konflikte und Verhältnisse in den Himmel einer Allgemeinheit projiziert, sie zu Attributen Gottes erhebt. Spiegelungen aus dem Gesellschaftsprozeß, nicht eine Idee an sich. Das »verkehrte Weltbewußtsein« ist der Spiegel der »verkehrten Welt«.

Dennoch hält Marx die Religion nicht sogleich für Lug und Trug. Sie hat vielmehr eine innere Wirklichkeit und Wahrheit insofern, als sie das Sinndefizit auf Erden ausgleichen muß. Religion ist also Ideologie im Sinne der Beruhigung des unruhigen Menschen. Das versteht Marx unter »Opium«. Mag es auch als Herrschaftsmittel mißbraucht werden – der Mensch benötigt Religion so lange zur Klammerung, zur Integration seiner Existenz, zur Sicherung des seelischen Friedens vor allem, als er keine wahre, das heißt bei Marx: irdische Wirklichkeit sein eigen nennen darf: »Das religiöse Elend ist in einem der Ausdruck des wirklichen Elendes und in einem die Protestation gegen das wirkliche Elend. Die Religion ist der Seufzer der bedrängten Kreatur, das Gemüt einer herzlosen Welt, wie sie der Geist geistloser Zustände ist[25].«

Mit dieser Aussage haben wir den Kern des marxistischen Monismus aufgedeckt. Denn wenn die Transzendenz nichts anderes ist als eine Fieberphantasie der gequälten Monade und das eigentliche Heil in einer Erdenzukunft zu suchen ist, dann liegt aller Sinn im Gesellschaftsprozeß und seiner Vollendung in einem perfekten Endzustand beschlossen. Die Reintegration des Menschen im marxistischen Sinn ist gleichbedeutend mit der äußersten Entfremdung vom transzendenten Heil in unserem Sinn.

An einer berühmten Stelle in der Abhandlung »Zur Judenfrage« sagte Marx: »Erst wenn der wirkliche Mensch den abstrakten Staatsbürger in sich zurücknimmt und als individueller Mensch in seinem empirischen Leben, in seiner individuellen Arbeit, in seinen individuellen Verhältnissen Gattungswesen geworden ist, erst wenn der Mensch seine ›forces propres‹ als gesellschaftliche Kräfte erkannt und organisiert hat und daher die gesellschaftliche Kraft nicht mehr in der Gestalt der politischen Kraft von sich trennt, erst dann ist die menschliche Emanzipation vollbracht[26].« In der Folge seiner Schriften wird das Urteil über die Religion und die anderen Bestandteile des Überbaus wie Moral, Recht und Philosophie immer schärfer und der Ideologie-Verdacht immer gröber geäußert. Das Herrschaftsinteresse der wechselnden Klassen habe, so heißt es jetzt, das Bewußtsein immer schon auf die Ewigkeit abgelenkt. Der Witz dieser Verlogenheit beruhe auf der Entfremdung der Bewußtseinslage von ihrer menschlichen Substanz.

Marx glaubt nun, daß sich im industriellen Zeitalter die Geschichte als das entpuppe, was sie immer gewesen sei: eine Folge von Klassenkämpfen. Die herrschende Klasse verliere ihre ideologische Maske. Das Bewußtsein habe die Erkenntnis vom Ende jeder ideologischen Ausfluchtmöglichkeit in der Gestalt von Hegel erreicht – wenn auch um den Preis einer letzten Hypostase des Geistes oder der Idee. An ihre Stelle trete jedoch keine neue Ideologie mehr, sondern »das Fürsichwerden des Ansich«: die Revolution. »Die Tatsache . . ., daß die weltliche Grundlage sich von sich selbst abhebt und sich in ein selbständiges Reich in den Wolken fixiert, ist eben nur aus der Selbstzerrissenheit und dem Selbstwidersprechen dieser weltlichen Grundlagen zu verstehen. Aus der Selbstzerrissenheit gibt es den Ausweg der kommunistischen Revolution der Produktivkräfte[27].«

Doch das Geschichtsdrama, das heroisch und paradiesisch enden soll, braucht einen Helden, der leidet und siegt. Karl Marx entdeckt ihn im Proletariat. Am Proletariat hat sich die Entfremdung der bürgerlichen Gesellschaft am furchtbarsten und grausamsten ausgewirkt. Sein universelles Leiden hat dem Proletariat einen universellen Charakter gegeben, den es nun auch subjektiv begreifen soll. Es ist zum entscheidenden Promotor der Geschichte geworden.

Marx schildert den Zustand des Proletariats, dessen Leben er nie geteilt hat, mit bewegten Worten: »Je mehr der Arbeiter sich ausarbeitet, umso mächtiger wird die fremde gegenständliche Welt, die er sich gegenüber schafft, umso ärmer wird er selbst, seine innere Welt, umso weniger gehört ihm zu eigen . . .

Je größer also die Tätigkeit, umso gegenstandsloser ist der Arbeiter[28].« Mit der Verwertung der Sachenwelt geht also die Entwertung der Menschenwelt einher. Die bürgerliche Gesellschaft ist der existierende Widerspruch. Sie schafft eine Welt von Waren, aber nur weil die Schaffenden in ihr zur Ware geworden sind. Sie ermöglicht Muße, aber nur weil ihrer unteren Schicht alle Muße vorenthalten wird. Sie ist universell, aber nur weil der Überzahl ihrer Glieder die menschliche Universalität genommen ist. Noch gröber formuliert er an anderer Stelle: »Die Arbeit produziert Wunderwerke für die Reichen, aber sie produziert Entblößung für die Arbeiter. Sie ersetzt die Arbeit durch Maschinen, aber sie wirft einen Teil der Arbeiter zu einer barbarischen Tätigkeit zurück und macht einen anderen Teil zur Maschine. Sie produziert Geist, aber sie produziert Blödsinn, Kretinismus für den Arbeiter[29].«

Der Gegensatz zwischen der bürgerlichen Welt und dem Proletariat ist nach marxistischer Ansicht unüberbrückbar und wird als gnadenlos dargestellt. Das subjektive Wesen des Privateigentums, die Arbeit, ist die »Ausschließung des Eigentums« – das Kapital dagegen, die objektivierte Arbeit, die »Ausschließung der Arbeit«[30]. Der Arbeiter erzeugt sein eigenes Elend. Die Kräfte, mit denen er das Produkt gestaltet hat, wenden sich feindlich gegen ihn. Er schafft eine gegenständliche Welt, deren Reichhaltigkeit seine äußere und innere Armut verursacht. Nur im Prozeß der Verwirklichung findet der einzelne die Bestätigung seines Daseins, die Möglichkeit der Entfaltung seiner Wesenskräfte. Doch die Verwirklichung des Proletariats erscheint »als Entwirklichung des Arbeiters, die Vergegenständlichung als Verlust und Knechtschaft des Gegenstandes, die Aneignung als Entfremdung[31].« Dieses Schicksal trifft allerdings nicht nur ihn. Marx konstatiert die funktionalistische Herrschaft des Systems über den Arbeiter und den Unternehmer gleichermaßen. Wie der Proletarier seinen Tyrannen, den Reichtum, mit dem Produkt seiner Arbeit erzeugt, so »unterwirft« sich der Privateigentümer seinem Eigentum wie dem fremden Objekt im Produktionsprozeß. Marx ist frei von der Vorstellung des »genießenden« Ausbeuters: »Diese Wissenschaft der wunderbaren Industrie ist zugleich die Wissenschaft der Askese, und ihr wahres Ideal ist der asketische, aber produzierende Sklave[32].«

Gegen das Leiden setzt Marx die Revolution. Das Leiden ist ihre Rechtfertigung, soweit es für den hegelianisch geschulten Geschichtsdenker überhaupt einer solchen bedarf. Auch bei ihm regiert die Notwendigkeit. Zur radikalen Revolution, die stets Emanzipation ist, gehört jedoch, daß eine bestimmte Klasse sich zum allgemeinen Repräsentanten der Bewegung erheben kann, und es muß auch eine besondere historische Situation gegeben sein, eine Gesellschaft wie diese bürgerliche, deren Dasein und Widerstand zum letzten Anlauf animiert. These und Antithese stehen einander gegenüber, glaubt Marx. Die Spannung besteht in dem Gegensatz zwischen der utopischen Totalität, dem endzeitlichen Paradieszustand, und der schrecklichen Realität, die von der Harmonie des Endzustandes am denkbar weitesten entfernt ist. Im dialektischen Materialismus ist also stets zu unterscheiden zwischen der Bejahung der Produktivkräfte, die im Bolschewismus zum totalen Ja gesteigert werden sollte, und der Kritik der Produktionsverhältnisse, soweit diese noch nicht revolutioniert sind. Der dialektische Materialismus ist unhistorisch in dem Maße, in dem Marx die Erkenntnisse der Zeitkritik auf die Gesamtgeschichte überträgt. So bleibt oder wird die Geschichte in der entscheidenden Situation, die Marx nahe gekommen sieht wie die Jünger die Wiederkunft des Herrn, zu einem Feld, »auf dem der Rammbock der revolutionären Argumentation zurückgeschoben wird, um die Mauer der bürgerlichen Sekurität um so gewisser einzustoßen[33]«.

Die Rolle der früheren Emanzipation in der Geschichte ist danach nur ein Vorspiel. Die Geschichte wird zur Genesis. Es sieht so aus, als habe sich alles nur der entscheidenden Situation wegen ereignet, die nun unmittelbar bevorsteht. Marx glaubt, wie alle Geschichtsdenker des 19. Jahrhunderts, an ein nahes Ende. Die Revolution wird eine universelle sein, nicht eine partikulare, was angesichts der egoistisch-verlogenen »Schleimtierchen« in Deutschland: der Kleinbürger, Philister und Bürokraten ja auch völlig sinnlos wäre. Die einzige Möglichkeit einer universellen Revolution ist die Mobilisierung einer Klasse in Ketten, die, wie Marx beschreibt, »der völlige Verlust der Menschheit ist, also nur durch die völlige Wiedergewinnung des Menschen sich selbst gewinnen kann. Diese Auflösung der Gesellschaft als ein besonderer Stand ist das Proletariat[34].« Als typischer Deutscher sieht Marx genau, daß die Bundesgenossenschaft zwischen Philosophie und Proletariat die Radikalität befördern könnte und daß in dieser Hinsicht seine Landsleute gute Voraussetzungen mitbrächten; denn in Deutschland könne keine Art der Knechtschaft gebrochen werden, ohne »jede Art der Knechtschaft zu brechen«.

Die kompromißlose Radikalität, die Marx im Deutschen prophetisch erspürte, war durch das Denken Schillers, Hegels, Eichendorffs gegeistert und hat in Heines Medium einen funkelnden Ausdruck gefunden. Wenn Marx sagte, daß ein philosophisches Volk erst im Sozialismus seine entsprechende Praxis und im Proletariat das tätige Element seiner Befreiung finden könne, so war sein Blick auf die Verhältnisse im Deutschland seiner Tage gerichtet. Aber er hoffte nicht nur, er erwartete es, daß aus dem »deutschen Aschenbrödel« eine »Athletengestalt« hervorgehen werde. Sollte er nicht recht behalten – wenn es auch nicht der Sozialismus seiner Vorstellung, sondern der am Lebensprozeß orientierte Nationalsozialismus war, der die deutsche Art zu Hochleistungen brachte? »Das gründliche Deutschland«, sagte Marx, »kann nicht revolutionieren, ohne von Grund auf zu revolutionieren. Die Emanzipation des Deutschen ist die Emanzipation des Menschen. Der Kopf dieser Emanzipation ist die Philosophie, ihr Herz das Proletariat[35].«

Daß die revolutionäre Idee die Ideale des deutschen Idealismus und Humanismus in sich aufgenommen und »zur Welt erweitert« mit dem Totalitätsanspruch des Ideals gegen die ganze Welt gewendet hat, vermittelt ihr ein deutsches Schicksal. Die Revolution empfing ihre Form aus dem Gedanken. Und je tiefer der Geist in sich gegangen ist, meint Hegel, desto stärker ist der Gegensatz: »Die Tiefe ist nach der Größe des Gegensatzes, des Bedürfnisses zu messen; je tiefer der Geist in sich, desto tiefer ist sein Bedürfnis, nach außen zu suchen, sich zu finden[36].« Ironisch prophezeit Heine: ». . . und wenn ihr es einst krachen hört, wie es noch niemals in der Weltgeschichte gekracht hat, so wißt ihr: der deutsche Donner hat endlich sein Ziel erreicht.«

Wie aber sollte nun die Revolution aussehen, die Marx infolge der Widersprüche des kapitalistischen Systems für unausweichlich hielt und die dem Menschen bringen sollte, wonach er sich immer schon, auch in den Zeiten religiöser Heilsgewißheit, eigentlich gesehnt hat: die Rückkehr ins Paradies? Wie die meisten sozialistischen Utopisten der Vergangenheit und Zukunft behandelt seine endzeitliche Vorstellung und Phantasie überhaupt keine konkreten technischen oder ökonomischen Probleme. Der Zukunftsentwurf ist gänzlich unwissenschaftlich, um nicht zu sagen naiv. So heißt es, die Revolution solle neben der »Aufhebung der Knechtschaft« die »Unmöglichmachung alles von den Individuen unabhängig Bestehenden« bewirken; die »Vernichtung der Fremdheit, mit der sich die Menschen zu ihrer eigenen Produktion verhalten«; das Ende der bisherigen »Verwandlung der persönlichen Mächte in sachliche[37]«.

Ähnliche Formulierungen kehren seitdem in den Erklärungen aller sozialistischen Politiker der Welt wieder. Eine gewisse Aversion gegen die technische Welt verbindet sich schon bei Marx mit der geheimen Neigung zu primitiven und schlichten Betriebsformen. Generalisierend heißt es immer wieder, daß der Mensch mit der Revolution von der Entfremdung zur Identität zurückkehre, in einer universellen Gesellschaft leben werde und der Arbeitsteilung nicht mehr unterworfen sei. »Die Macht des Verhältnisses von Nachfrage und Zufuhr« werde sich in nichts auflösen, und die Menschen würden den Austausch, die Produktion und sogar die Weise ihres gegenseitigen Verhaltens wieder in die Hand bekommen.

Sollte man derartiges das prometheische Pathos des deutschen Idealismus nennen? Marx versucht in seinem Geiste ein Reich zu errichten, in dem der Mensch überall zu Hause ist, sich überall wiederfindet, bestätigt fühlt und anerkannt wird. Und es soll ein ewiges Reich von dieser Welt auf dieser Erde sein, ein Arkadien, in dem der Mensch nur noch mit rattenhafter Wut seiner Sterblichkeit gedenken kann, die dann ja vollends sinnlos geworden ist. Romantisch, in der Nachbarschaft des Schäferhaften beschreibt Marx die Zukunft des revolutionierten Proleten als eine Gesellschaft, »wo jeder nicht einen ausschließlichen Kreis der Tätigkeit hat, sondern sich in jedem beliebigen Zweig ausbilden kann, die Gesellschaft die allgemeine Produktion regelt (!) und . . . möglich macht, heute dies, morgen jenes zu tun, morgens zu jagen, nachmittags zu fischen, abends Viehzucht zu treiben, nach dem Essen zu kritisieren, wie ich gerade Lust habe (!); ohne je Jäger, Fischer, Hirt oder Kritiker zu werden[38].«

Es berührt merkwürdig und hinsichtlich der gesamten Kulturlage schmerzlich, daß ein Utopist, der solchen Schwachsinn produzierte, die halbe Welt revolutionieren und die ganze Welt in Unruhe versetzen konnte. Doch zeigt der Wunsch nach dem neuen, dem totalen, »all- und tiefsinnigen« Menschen selbst noch auf diesem bemitleidenswerten Niveau, wie schwer die Entfremdung den Menschen bedrückt und mit kurzsichtigen Augen auf der Oberfläche des Erdballs nach Spuren des Heils suchen läßt. Gibt es eine deutlichere Bestätigung unserer These von der Heilssehnsucht des Menschen als diese bedrückende Armut?

Dementsprechend hält Marx seinen Kommunismus für »die wahrhafte Auflösung des Streits zwischen Existenz und Wesen, zwischen Freiheit und Notwendigkeit, zwischen Individuum und Gattung. Er ist das aufgelöste Rätsel der Geschichte und weiß sich als diese Lösung[39].« Als Einheit von Individuum und Gattung aber, so kommentiert Ernst Nolte ironisch, hatte die Scholastik das Wesen des Engels definiert...

Nietzsche: Heimkehr in den Lebensprozeß

Es ist so, als photographiere man eine Spiralbewegung, die sich nach unten verjüngt wie ein umgedrehter Kegel. Was dem beobachtenden Auge als kontinuierliche Veränderung erscheinen mag, bietet sich in den verschiedenen Phasen im Bild festgehalten als eine Mehrzahl ineinanderliegender Kreise dar. Auf den Geschichtsprozeß übertragen: In dem weiten Sinnkreis Mensch-Gott liegt der philosophische Sinnkreis Mensch-Ideen, in ihm wiederum der Sinnkreis Mensch-Geschichte. Eingeschrieben in diesen erblicken wir den Sinnkreis Mensch-Gesellschaft, der seinerseits den Sinnkreis Mensch-Natur umfaßt. Immer kleiner werden also die Formate der aufeinanderfolgenden Menschen- und Weltbilder, immer bescheidener und schneckenhafter. Und was an dem Bild der in Phasen photographierten Spiralenbewegung optisch täuscht: der jeweils größere Sinnkreis verschwindet in Wirklichkeit, wenn der kleinere zum Vorschein gekommen ist. Der kleinere beansprucht die ganze Gültigkeit. Der größere wird nicht weggenommen oder weggewischt – nein, er verraucht, er unterliegt der Entfremdung. Deszendenz der Sinndeutungen nannten wir es.

Die Aufeinanderfolge von Hegel, Marx und Nietzsche belegt dieses Bild in den letzten Phasen der europäischen Geistesgeschichte, wobei diese Folge eine dialektische, eine kämpferische ist – und die Verkleinerung der Sinnkreise nicht ein Gesetz, ein »System«, sondern in unseren Augen lediglich eine Beobachtung: Empirie. Wir erinnern an dieser Stelle daran, weil mit Friedrich Nietzsche die Suche des abendländischen Geistes nach dem Sinn eine verzweifelte Manifestation gefunden hat und sich dabei wie wahllos des Lebens bemächtigte, seiner Instinkte, seines Rauschs, seiner raubtierhaften Pracht. Der Kreis, den das Leben um sich schlagen kann, ist natürlich nur sehr klein. Es pflanzt sich fort, aber es weist nicht über sich hinaus. Wenn der Mensch aus dem Boden definiert wird, aus dem er wächst, bleibt von ihm nichts als eben dieser Boden: biologische Struktur.

Den Bioturnus zum Sinnkreis des gesamten Welt- und Menschenverständnisses zu verabsolutieren, läßt bei dem, der solches tut, normalhin auf ungewöhnliche Primitivität oder schmucklose Gewaltsamkeit des Denkens schließen. Weder das eine noch das andere trifft auf Nietzsche jedoch zu. Der Philosoph war ein Ästhet und ein genialer Denker und Formulierer zugleich und somit wohl in allem das lebendige Gegenteil dessen, was er dem Menschen und der Geschichte unterstellte. Aber aus seinem Geist strömte es wie aus einer Wunde: Blut und Schmerz. Unstillbar ist der Fluß des Leides, den er mit furchterregenden Worten des Hasses, der Brutalität, der Schmähung, ja der Vernichtung kommentiert, stets an sich selbst herunterblickend, ohne befreiende Ausschau. Von seinem Freunde Wagner wendet er sich ab, als dieser nach dem revolutionären Aufbrausen zum Christlichen zurückkehrt. Es gibt eigentlich nichts und niemanden, den Nietzsche nicht beschimpft, beleidigt, gehöhnt und auf die Erde geworfen hätte.

Er wird als Biologist dargestellt und abgetan. Doch war er in Wirklichkeit ein Moralist, ein Fanatiker der Wahrhaftigkeit. Es ist aus der Masse geschliffener, aber nicht zueinander passender, einander sogar widersprechender Sätze freilich nur schwer herauszufinden, warum er den Gesellschaftsprozeß, dem Marxens ganze Hoffnung galt, warum er die Geschichte, in der Hegel

Freiheit und Sittlichkeit sich vollenden sah, und warum er die Moral von Christus bis Kant verwarf. Angeblich tat er es um des Lebens willen. Was aber hatte es mit diesem Leben auf sich? Wollte Nietzsche eine Lüge zerstören, die Lüge seiner Zeit, die er zur Lebenslüge des Abendlandes erhob? Kein Zweifel, er haßte sein Zeitalter. »Ich bin kein Mensch«, sagte er im letzten Kapitel von Ecce Homo, »ich bin Dynamit ... ich widerspreche, wie noch nie widersprochen worden ist ... Mit alledem bin ich notwendig auch der Mensch des Verhängnisses [40].«

Der Entwurf der Welt vom Leben her stand nicht am empfindsamen Anfang seines Denkens. Auch Nietzsche beschlich und beunruhigte zunächst ein Verdacht. Während Karl Marx in der Klassenlage die eigentlich bestimmende Realität sah, die zu ihrer Festigung, Rechtfertigung und Sanktionierung jeweils passende Systeme des Rechts, der Moral und der Religion aus sich entwerfen mußte, erklärte Nietzsche die Moral samt Liebe und Demut, Sünde und Gewissen zu einer unwahren Auslegung des Lebens durch die Minderwertigen, die von der Natur Benachteiligten, die Sklavenseelen. Sein Zorn richtete sich gegen das Christentum, gegen alles, »was christlich oder christlichinfekt ist«, gegen den »Gesamtaufstand aller Niedergetretenen, Elenden, Mißratenen, Schlechtweggekommenen«. Die Sklavenmoral sah er auf der Erde Fuß fassen im Volk der Juden. Dann sei sie über die Spätantike in die abendländische Kultur gelangt und habe später in der französischen Revolution ihren modernen Ausdruck gefunden. Nietzsche verdammt die demokratische Bewegung als eine Erbschaft der christlichen und subsumiert darunter den Kampf gegen die Privilegien und das Vornehme, die »Weibs-Emanzipation«, Anarchismus und Sozialismus.

Doch will alle Lebensbrutalität, die er dagegen setzt, nicht als das Eigentliche erscheinen, das er meint, nicht als Ursprung und nicht als Ziel. Gewiß, Nietzsche kämpft mit allen Worten gegen die Moral, die das Leben töte, während es doch nur diese unsere Welt in Raum und Zeit und von Fleisch und Blut gebe. Dieses ganze Dasein aber sei unmoralisch. »Mein Hauptsatz: Es gibt keine moralischen Phänomene.« Leben sei auch nicht Liebe. »Rate ich Euch zur Nächstenliebe? Lieber rate ich zur Nächstenflucht und zur Fernstenliebe.« In Wirklichkeit und allen »Milchseelen« zum Trotz sei Leben nichts anderes als Wille zur Macht und seine vornehmste Ausprägung das Herrentum, das nicht aus Mitleid schenke und sich mitteile, sondern aus Herrlichkeit. Mit dem so viel kritisierten und oft mißverstandenen Begriff des Herrentums versuchte der Philosoph über den Weg einer aristokratischen Ethik zu einem neuen Kulturbegriff zu gelangen. Auch der »Übermensch« steht wenn nicht jenseits, so doch über dem gestriegelten Naturwesen. »Was ich lieben kann am Menschen, das ist, daß er ein Übergang ist und ein Untergang.«

Die Gedanken bewegen sich wie eine Fieberkurve. Unauslöschlich, unüberwindbar ist seine Abneigung gegen das Christentum, auch wenn er in einem blitzhaften Einfall einmal einen »Caesar mit Christi Seele« wünscht. An solchen Stellen spürt man, wie Nietzsche sucht, wie er auszubrechen versucht aus dem zu engen Sinnkreis der ewig nur sich selbst heckenden Natur. Vergebens. Man erfährt nicht, was der Übermensch sein könnte, der doch offenbar dem Zeitalter entgegentreten soll, das sich in der Lüge der abgeschlafften Moral, des unechten Mitleidens, des geheuchelten Christentums selbst erniedrigt. Dieser Verdacht, der in dem Schöngeist Nietzsche rasch zur Gewißheit geworden ist, lockt das Bild der blonden Bestie in der »Genealogie der Moral« hervor, das die einseitige politische Deutung der unklaren Philosophie erleichtert hat. Die Bestie, so sagt der Schriftsteller, lebe auf dem Grund aller großen Rassen, sie müsse sich von Zeit zu Zeit austoben und gehe von einer Abfolge von Mord, Niederbrennung, Schändung, Folterung mit einem Übermut und einem seelischen Gleichgewicht davon, als ob gerade ein Studentenstreich vollbracht sei, überzeugt davon, daß die Dichter nun für lange wieder etwas zu singen und zu rühmen hätten[41].

Für den Gesellschaftsprozeß, für eine Würdigung der Produktionsverhältnisse, für den Staat, für Deutschland und Preußen, für den Bürger und das Proletariat ist in solchem Denken kein Platz, es sei denn am Pranger der Verachtung. Man spürt aus den Widersprüchen, die sich gegen Ende des unglücklichen Lebens verstärken, bevor die Umnachtung sie löscht, daß ein ästhetischer neben dem wahrheitsfanatischen Sinn waltet. Nietzsche war mit einer Künstlerseele begabt, Musik vermochte ihn tief zu beeindrucken, das Schweifende des Denkens gemahnt an einen empfindlichen Schönheitssinn auf der Flucht. Der Altphilologe liebte die Antike. Den Geist des vorchristlichen Germanentums mit dem Geist des vorsokratischen Griechentums zu vermählen, erschien ihm als ideales Ziel. Er setzte Dionysos gegen den Gekreuzigten, Heraklit über Sokrates, den Raubritteradel gegen die Massen, die Askese des Starken gegen die Fruchtbarkeit der Allzuvielen, die Selbstzucht gegen den Hegelschen Kadavergehorsam und die Vornehmheit gegen die Banalität des Sozialismus. Er glaubte an die Unschuld des Werdens und an den Wert alles Naturhaften. Dort sei Einheit: »Der Gegensatz ist aus den Dingen entfernt, die Einartigkeit ist in allem Geschehen gerettet.«

Man könnte meinen, daß sich die Geschichte aus diesem Einheitsgrund entfalten, daß sie also die Einheit verlieren würde und nach dem Schema der Dekadenz, des Abstiegs durch den Abfall in die Niederung der Gegenwart geströmt wäre. Aber wir suchen bei Nietzsche vergeblich nach einem solchen System, das die Geschichte als einen Strom erscheinen ließe zwischen Ursprung und Ende, mögen beide im Absoluten liegen oder im Irdischen. Er bietet keine Heilsgeschichte, auch keine säkularisierte wie Hegel und Marx, kein goldenes Zeitalter und keine Utopie. Die christliche und die soziale Kategorie, die solche Vorstellungen nährt, sind ihm fremd. Es gibt keine Erlösung, und der Übermensch, der ja aus einer Entwicklung des Menschen hervorzugehen scheint, nimmt aus den Worten keine Gestalt an. »Gott starb; nun wollen wir, daß der Übermensch lebe« – dieses Postulat bleibt Ankündigung. Der Determinismus und Schicksalsglaube biegt in die Figur des Kreises ab. Nietzsche glaubt an die Wiederkunft aller Dinge. Man wird immer nur, was man schon ist, sagt er. Unser Ich ist unser Schicksal, unsere Freiheit ist Notwendigkeit, unser Wille ist der Wille einer Welt, die in ewigen Zyklen der Zeit und des Seins immer wiederkehrt in einer ungeheuren Summe von Kraft, die sich nicht vermehrt und nicht verliert, sich selbst erschafft und selbst zerstört, wieder schafft und wieder zerstört im ewigen Zurück und Vorwärts des Kreises – Dionysos.

Was sollen wir, die ans Rad der ewigen Wiederkehr Gebundenen? Das Geschichtsbild nach dem Muster der immer werdenden und vergehenden Natur ergibt keinen Sinn. Die Philosophie, die aus ihm spricht, ist reine Negativität, ist Nihilismus. Wenn Nietzsche sagt, seine Formel für die Größe am Menchen sei amor fati, so möchte man den Ästhetizismus für den mächtigsten Antrieb dieses Denkens halten. Der Schönheitssinn, besser, die Angst um die Schönheit, die Einsicht in die Zerbrechlichkeit des geschaffenen und gebildeten Kunstwerks hat den Geist, wie das Schicksal des französischen Faschisten Maurras zeigen sollte, in die Versuchung der Gewalt und des Verzweiflungskampfes gegen die Kräfte des Ungestalten und Proletenhaften geführt. Solche Seelennot war Nietzsche nicht unbekannt. Doch geht der Nihilismus bei ihm tiefer. Es ist nicht klassizistischer Reflex, der ihn verkrampft und ihn hassen läßt, sondern der wiederholte, in das Gewand der Heuchelei gehüllte, auch im bürgerlichen Zeitalter noch behauptete und jetzt unerträglich zynisch klingende Satz, daß die Seele des Menschen von Natur christlich sei. Die halbe Gottlosigkeit, das ranzige Öl der Moral, die pomadisierte Nächstenliebe und die falsche Demut: sie sind das Agens einer zunächst besinnungslosen, dann umnachteten Wut.

Das heißt aber nichts anderes, als daß Nietzsche die Entfremdung des Menschen leidend erkannte, die interstellare Distanz zum Sinn, das immer größer werdende Sinndefizit und die Spannungskrise, die aus ihm resultiert. So denkt und leidet und wütet er stellvertretend für sein Zeitalter, bricht in Phantasien der Erniedrigung und der Erhöhung aus, um dann immer wieder gegen die Ausreden und die Vorwände anzustürmen, die all die Schwachen vor den Konsequenzen der Entfremdung, vor der ganzen Wahrheit schützen sollen. Wie Kierkegaard, der Bruder in der Radikalität, lehnt er jedes schmerz- und hungerstillende Mittel ab. Er hofft nicht wie Marx, er beschwichtigt sich nicht mit einem utopischen Arkadien, in dem die Arbeitsteilung ein Ende finden soll; dafür ist er zu gescheit, zu gebildet und zu vornehm. So tief er den Menschen ansetzt, gewiß tiefer als Marx, so haftete seinem Nihilismus doch ein aristokratischer Zug an, der dem gewalttätigen Hegelianer von der Natur verwehrt war. Doch lag im Motiv des Nihilismus Nietzsches eine scharfe Konsequenz. Wie Kierkegaard aus gänzlich anderen Gründen und Absichten, nämlich aus radikal christlichen, den

Nihilismus seiner Zeit so weit gesteigert sehen wollte, daß die Kreatur sich wahllos Christus zuwenden würde, so wollte Nietzsche durch die Verneinung und Vernichtung der letzten Werte und des letzten Glaubensrestes in die Wahrheit des Lebensgrundes vorstoßen.

Aus diesem Kampf gegen die praktische und die theoretische Transzendenz, gegen Gesellschaftsprozeß und Sozialutopie, gegen Religion und Moral sollte später, nach einer Kette grober Auslegungen eine politische Handreichung, ein Anstoß zum Handeln werden. Im Gegensatz zu Marx hat Nietzsche diese Wirkung nicht angestrebt; er war kein Revolutionär. Ernst Nolte will seine Philosophie nicht als eine Ideologie des Bürgertums gelten lassen, sondern als den »verstörten Protest des Künstlertums gegen die Weiterentwicklung im Ganzen[42]« und die schärfste Reaktion des feudalen Elements in der bürgerlichen Gesellschaft auf seine Bedrohtheit. Nietzsche ist Dezisionist. Seine Philosophie und auch der Nihilismus bleiben dabei streng individualistisch. Marx dachte im Begriff der Klasse, sein Geschichtsheld ist das Proletariat und die Lebensform seiner Utopie das Kollektiv. Nietzsche hingegen hat nur das Einzelwesen im Sinn. Ob Raubtier oder Herrenmensch – es verwirklicht sich weder in Gesellschaft noch in Gemeinschaft; selbst die Idee der Paarung bleibt ihm fremd. Es gibt keine Institutionen, in die man sich vielleicht doch noch retten könnte. Gott ist tot, die Kirche verfallen, die Kultur verfault. Es gibt keine Gleichheit, sondern nur das Schicksal, das weder Gesetze noch Regeln stiftet. So ist der Mensch einsam und entscheidend. Ihn verlangt auch nicht mehr nach dem gestorbenen Gott. Am Ende bricht die Ästhetik wie ein Sonnenstrahl herein: allein steht der Mensch, stolz, wie eine Statue von klassischer Schönheit.

Nationalsozialismus und Bolschewismus: Ausbruchsversuche aus der Entfremdung

Die Meinungen über die Faktoren, die Geschichte bilden, werden mit Recht immer wieder dem Prüfungsverfahren der Ideologie-Kritik unterworfen. Es gilt Einseitigkeiten und Einfältigkeiten zu erkennen und zu vermeiden. Monokausale Deutungen historischer Ereignisse, Epochen und Personen oder gar des Geschichtsprozesses insgesamt sind wegen ihrer Faßlichkeit und Griffigkeit beliebt und falsch zugleich. So überwiegt heute unter den Versuchen, die Erscheinungen des Bolschewismus und des Nationalsozialismus zu erklären, die soziologische Betrachtungsweise. Der Gesellschaftsprozeß, eine Konstellation aus wechselnden Klasseninteressen und ihren Rechtfertigungen, hat danach in einer bestimmten antagonistischen Phase zur Revolution in Rußland und zu faschistischen Bewegungen in mehreren Ländern Europas geführt. Grob schematisiert verhalten sich die beiden Erscheinungen wie Aktion und Reaktion zueinander. Wobei man unter Aktion gern den großen Angriff auf die bürgerliche Welt versteht und unter Reaktion ihre letzte verzweifelte Gegenwehr.

Wir gehen demgegenüber von einer ganz anderen Betrachtungsweise aus, die den Gesellschaftsprozeß auf den zweiten Platz verweist. Wir denken an das schlichte Grab Sören Kierkegaards in Kopenhagen, um darüber zu meditieren, aus welcher Erkenntniskraft große Geister in ausgreifenden Prophetien zu erfassen vermögen, was dem rechenhaften soziologischen Blick später, viele Jahre nach Eintritt der Ereignisse als unausweichliche Folge einzig und allein klassenmäßiger oder, neutraler gesagt, gesellschaftlicher Verwerfungen und Interessen-Widersprüche erscheint. Dabei hat sich Kierkegaard um die soziologischen Daten und Klassenlagen seiner Zeit genauso wenig gekümmert wie Friedrich Nietzsche. Beide dachten in ganz anderen Kategorien, der eine in existentiell-christlichen, der andere in existentiell-ästhetischen. Doch sagten beide mit derselben Präzision und Vehemenz wie Marx den Untergang des christlich-bürgerlichen Zeitalters voraus. Die Erkenntnis, soviel resultiert daraus mit Sicherheit, ergibt sich also nicht allein aus dem Gesellschaftsprozeß. Und wahrscheinlich auch nicht das Ereignis.

Man muß im nachhinein sogar sagen, daß Nietzsche und Kierkegaard mehr vorausgesehen haben als Marx. Dessen Fixierung auf den Gesellschaftsprozeß, die heute so viele späte Jünger gefunden hat, setzte vor den gloriosen Sieg des Proletariats das Elend und sah mit dem Untergang des bürgerlichen Zeitalters den Bürger selbst buchstäblich aus der Geschichte verschwinden zugunsten eines gänzlich neuen Menschen. Er begriff nicht, daß sein Proletariat zur Vollendung gerade des bürgerlichen Zeitalters sich anschicken sollte, indem es dem Aufruf zur Eroberung von Raum und Zeit, zur Durchdringung der praktischen Transzendenz, zur Perfektion des Zivilisationsprozesses folgte. Das Proletariat von einst sollte verbürgerlichen, nicht verelenden, es sollte aber auch nicht den »neuen Menschen« hervorbringen, sondern in das große Unglück einbezogen werden, das Nietzsche und Kierkegaard vorausgesagt hatten. Dieses Unglück freilich blieb in den Prophetien der beiden seltsam undefiniert, eingehüllt in den Feuerqualm und Blutdunst von Schreckensbildern, in denen sich noch am deutlichsten die Bedrohung des Individuums abzeichnet.

So glaubt Kierkegaard die Zeit nicht mehr fern, »da man, vielleicht um teuren Preis, die Erfahrung machen wird, daß der wahre Weg zum Absoluten nicht durch die Zweifel, sondern durch die Verzweiflung geht«. Er versetzt sich, um die Dringlichkeit und Exklusivität seiner prophetischen Erkenntnis deutlich zu machen, in die Rolle eines Schiffspassagiers, der in einem weißen Punkt am Horizont den Vorboten eines Unwetters erkennt. Er teilt dem Kapitän seine Beobachtung mit, aber dieser glaubt ihm nicht. Der Passagier daraufhin: »Es gibt eine furchtbare Nacht.« Bei einer anderen Gelegenheit vergleicht sich Kierkegaard mit einem Vogel, der Regenprophet heißt: ». . . und so bin ich; wenn in der Generation ein Unwetter anfängt sich zusammenzuziehen, so zeigen sich solche Individualisten, wie ich bin[43].« Auch Nietzsche sah nicht eine alles lösende Revolution, sondern das große Unglück, die Geschichtskatastrophe kommen. »Die Menschheit ist bloß Versuchsmaterial, der ungeheure Überschuß des Mißratenen: ein Trümmerfeld.« Aber sein Nihilismus annulliert nicht wie bei Kierkegaard die 1800 Jahre, die zwischen der Gegenwart und Christus liegen, sondern greift die Geschichte der Moral an, die die »große Gesundheit« des Menschen zerstörte.

Das klingt irrational und ist tatsächlich nichts weniger als rational. Doch raubt das den Prophetien nicht ihren Wert. Wie groß ist eigentlich der Teil der Wirklichkeit, so könnte man fragen, der sich rationalen Kategorien erschließt, und wie groß ist der Teil der Wahrheit? Das Gefühl für die Katastrophe der abendländischen Geschichte, die Witterung, reicht bei den existentiellen Denkern bis in die Tiefe der Existenz. Es durchstößt die Firnis des Gesellschaftsprozesses, der mehr sich selbst widerspiegelt, als daß er die ganze und eigentliche Realität in sich bergen würde. Marx wirkt tiefer als er denkt. Seine Lehre erreicht und packt den Menschen da, wo der Philosoph ihn gar nicht vermutete: an der Wurzel seiner Sehnsucht, die den Gesellschaftsprozeß transzendiert, das soziale Leben weit unter sich läßt. Woran sich ihr Durst betrinkt, ahnen die Durstigen zunächst nicht. Erst in ihrer emotionalen Erkenntnis nehmen die utopischen Worte vom Heil, vom Endzustand, dem großen Ausgleich, der großen Vermittlung die Tönung der alten Heilssehnsucht an. Der Marxismus erfaßt freilich nur eine Minderheit. Doch entwickelte ihre erzwungene und freiwillige Gruppendisziplin eine ungewöhnliche Kraft. Daß sie aus dem Leiden und aus dem Glauben strömte, verlieh ihr Dauer und Zähigkeit. Die marxistischen Eliten gehören zu den großen Eliten des Menschengeschlechts. Und ihre Existenz beweist in einem fast ironischen Schluß, daß die Bestimmung des Menschen, die streng für diese Erde gedacht wurde, von dieser Erde nicht stammen kann und auf dieser Erde den Frieden nicht findet.

Wir gehen also davon aus, daß das Sinndefizit und die Spannungskrise, die den Menschen im Abschwung der Sinndeutungen im bürgerlichen Zeitalter immer tiefer verwundeten, über die Entstehung und das innerste Wesen des Bolschewismus und Nationalsozialismus mehr aussagen als alle anderen denkbaren Erklärungen. Wenn wir jetzt sagen, daß der Zustand des Sinndefizits und der Spannungskrise bis in unsere Tage unvermindert anhält, so greifen wir der Betrachtung weit voraus. Doch wird mit dieser Behauptung deutlicher, welche Dimension des Menschen und der Geschichte zur Debatte steht.

Die Abläufe aller Ereignisse im bürgerlichen Zeitalter, auch der politischen, sind auf die existentielle Verknappung von Sinn gegründet, wobei der progressive Aspekt der Geschichte darin besteht, daß die Sinnlosigkeit im Gange der Jahrhunderte und Jahrzehnte zum Bewußtsein ihrer selbst gekommen ist und sich mit der zivilisatorischen Reproduktion des Denkens und seiner medialen Spiegelung Binnenräume mit immer lauteren Halleffekten geschaffen hat. Bolschewismus und Nationalsozialismus waren aus dieser Perspektive betrachtet gewaltsame Ausbruchsversuche, Aggressionsakte in Richtung Sinn und nicht einfach eine Folge Lenins und seines Verderbers Stalin, eine Tat Mussolinis und seines Teufelsgottes Hitler, nicht ein Werk des Kapitalismus und seiner gesetzmäßigen Widersprüche. Es war des Menschen Not und Schuld und Größe.

Der Bolschewismus: Die Totalisierung des Gesellschaftsprozesses

Was Alfred Weber nach unserem Geschmack zu unscharf, aber jedenfalls nicht sozialdeterministisch als den »Flügelschlag dunkel dämonischer Mächte[44]« bezeichnete, setzte sich freilich nicht aus dem Geist in antagonistische gesellschaftliche Materie um. Eine solche Scheidung trifft ohnehin nicht den Lebenskontext, den Zusammenhang in seiner Bedingtheit. Marx dachte aus einer Anschauungswelt, die zwar weitgehend theoretisch bestimmt war, aber doch einer bestimmten epochalen Atmosphäre angehörte. Die gesellschaftliche und politische Krisenluft des Vormärz, der Zeit zwischen dem Ende Napoleons, der Stiftung der Restauration und der Revolution von 1848, sowie die Entwicklung des Industriesystems und des Proletariats in der zweiten Hälfte des Jahrhunderts beflügelten die utopischen Irrtümer des Philosophen und Revolutionärs. Doch über das Zeitbedingte und Zeitvergängliche hinaus hatte er etwas Allgemeines, Epochemachendes, vielleicht sogar Epochesprengendes gedacht, dessen Hoffnungsklang im Elend und in der Erniedrigung der Quartiere, Fabrikhallen und Schützengräben vielfach widerhallte und zur mitreißenden Melodie des sozialen Freiheitskampfes wurde, der nichts zu verlieren und alles zu gewinnen hatte. Und doch brach die Revolution nicht in einem Industrieland aus, dessen Konditionen Marx für die notwendige Vorstufe der letzten Ereignisse hielt, wie ja auch aus der Französischen Revolution ohne den Zentralismus des ancien regime wohl nichts geworden wäre. Entgegen dieser Erwartung zündete die Fackel im Bauernland Rußland, dem Marx geteilte Gefühle entgegengebracht hatte, weil der Anarchismus der Narodnikis die Abläufe, die der Philosoph in der Phalanx-Ordnung

Hegels dachte, in ein wildes Chaos aufzulösen drohte.

Insofern ist der Bolschewismus, den Lenin in Rußland gründete, nur bedingt aus der Philosophie von Karl Marx hervorgegangen, eher eigentlich aus der marxistischen Philosophie. Lenin hatte den Idealfaktor, wie Max Scheler es praktisch nannte, mit der ganzen Schärfe seiner Erkenntnis- und Willenskraft auf den Realfaktor Rußland zugeschnitten, der konkret zunächst nichts anderes als der Realfaktor Leningrad war. Dort gab es eine Klassenlage, die in der Breite Rußlands lediglich eine diffuse »Bauern- und Intellektuellenlage« war. Die Oktoberrevolution wurde so zu einem Musterbeispiel für die geschichtsbildende Kraft von Minderheiten. Obwohl eine spiritualistische, nur die geistigen Faktoren gelten lassende Geschichtsbetrachtung hier genauso wenig wie in anderen Fällen angewendet werden soll, kam dem Heils- und Erlösungsglauben beim Umsturz und Umbau des russischen Lebens doch eine bestimmende Rolle zu. Sein Substrat, der menschliche Stoff, in dem dieser Glaube wirkte, war die bäuerliche Bevölkerung des weiten Landes, das, von einigen städtischen Zentren abgesehen, weder ein selbstbewußtes Proletariat, noch einen stabilisierenden, Sozialfrieden verbreitenden Mittelstand beherbergte.

In dieser Welt, in der die Verzeichnisse der Leibeigenen amtlich nur alle zehn Jahre erneuert wurden, wie Gogol schrieb, in der man Leibeigene wie Inventar bei der Landwirtschaftsbank hypothekarisch verpfänden konnte und wo Pawel Iwanowitsch Tschitschikow auf die Idee kam, den Gutsbesitzern für billigste Preise tote Seelen abzukaufen und sie wie Lebende, unter Aufnahme von Darlehen, urkundlich als »Sicherheit« bei der Bank zu hinterlegen – in dieser zutiefst byzantinisch-christlich gehaltenen Welt konnte die leidenschaftliche Hoffnung durchaus auf die Erde herabgezogen und für ihre Ziele mobilisiert werden[45]. Wer diesen Glauben, der vornehmlich auf der beispiellosen Glaubenskraft der Menschen beruhte, unterschätzt, versteht Rußland und seine Dynamik auch heute nicht und begreift zum Beispiel nicht die stoische Bestimmtheit der ersten offiziellen Stellungnahme zum Tod der drei Astronauten am 29. Juni 1971, die eher der Nachricht vom Tode einiger Soldaten oder Mönche gleicht, als dem Bericht vom letalen Ausgang eines wissenschaftlichen Unternehmens. Die Betonung der Sache, die getragene Schilderung des Auftrages, der nach besten Kräften ausgeführt worden sei, entstammt nicht zynischer Abschätzigkeit gegenüber dem Leben unersetzlicher Menschen, sondern dem Diesseitspathos Lenins, das Stalin mit vaterländischen Gefühlen angereichert hat und das eigentlich die Vollendung Peter d. Großen bedeutet: Leib und Seele für die praktische Transzendenz.

Der Bolschewismus trägt in seiner Vehemenz und seiner prekären Ideologie Züge eines gigantischen Nachholkursus zum Zweck der Anpassung Rußlands an den zivilisatorischen Fortschritt der westlichen Welt. Die religiösen Antriebskräfte Rußlands verbanden sich mit der universalen Geschichtsphilosophie von Karl Marx zu einem gewaltigen Aggregat expansiver Energie. Mit dem Anarchismus Bakunins, über den der französische Barrikadenkämpfer Cossedière zu Recht gesagt hat: »Welch ein Mann! Am ersten Tag der Revolution ist er unschätzbar, aber am zweiten muß man ihn einfach erschießen«, hatte das nichts mehr zu tun. Lediglich zum Vorspiel des großen Auftritts gehörten auch die intellektuellen Adligen, die Narodniki der siebziger Jahre, die unter die Bauern gegangen waren, um die Revolution zu verkünden, Aufruhr gegen den Zaren zu schüren und die Enteignung des Grundbesitzes zu fordern. Unter den Händen der von ihnen aufgewiegelten Jugendlichen war Alexander II. in Petersburg gestorben, vor ihnen mußte sich Nikolaus II. fürchten, dessen Regentschaft schon mit einem bösen Omen begonnen hatte: Bei den Krönungsfeierlichkeiten auf dem Chodynka-Feld sollten die dreihunderttausend herbeigeströmten Menschen mit Bechern, Tüchern und Rubeln beschenkt werden. Da geschah die Katastrophe. Es entstand ein Gedränge, in dem dreitausend Menschen erdrückt und zertreten wurden [46]. Ein Omen, gewiß. Aber war es nicht auch ein Zeichen für die Kraft und den Sturm der russischen Massenfrömmigkeit?

Der Messianismus, in der Masse der Menschen trotz oder gar wegen der unfrommen Staatskirche und ihres durchtriebenen Klerus bis ins neue Jahrhundert hinein aus Vorstellungen von der Wiederkunft des Herrn genährt, konnte nicht auf die Stufe eines Pragmatismus und praktischer politischer Ziele säkularisiert werden, sondern fand in der Kongenialität der marxistischen Verheißung einen neuen, frischen und augenfälligen Inhalt. Die gemeinsame christliche Herkunft und die übereinstimmende Verlaufs- und Endzeitprognose des russischen und marxistischen Glaubens machte Lenins große Demagogie zu einem aussichtsreichen Geschäft. Woran er selbst mehr gedacht hat, an die technokratische Zukunft des Landes oder an das Heil auf Erden, mag dahinstehen. Wir brauchen uns hier nicht mit dem Widerstreit der Meinungen über Lenin zu befassen. Entscheidend ist, daß der Auftrag des Zivilisationsprozesses in ein erdabgeschlossenes Menschenbild gepreßt wurde, das vom Christentum den Eifer, den heiligen Eifer und das unendliche Interesse am Heil behalten hatte. Der Kampf, sagte Lenin, ist »ohne die strengste, wahrhaft eiserne Disziplin der breiten Massen der Werktätigen unter der Führung der Partei nicht zu gewinnen. Sie ist, gleich den Kirchen, jenes mit Machtbefugnissen ausgestattete, autoritäre Organ mit weitgehenden Vollmachten«. Zum ersten Male in der Geschichte geschah es, daß eine Partei sich zum absolutistischen Lehrmeister über die Menschen erhob, und zwar über alle Menschen, denn der universale Anspruch blieb in dem offiziell bis heute wirksamen Programm der Weltrevolution erhalten.

Unter dem Anprall der dreifach christlich inspirierten Energie: des russischen Messianismus, der marxistischen Endzeit-Prophetie für das Proletariat und des rationalisierenden Zivilisations-Prozesses sank das Individuum als das sich selbst bestimmende Subjekt der Geschichte in den Staub. Nach den Worten Stalins kommt vor dem »engelhaften Zusammenleben« die Diktatur des Proletariats, »die durch nichts eingeschränkt, durch keinerlei Gesetze, absolut durch keine Regeln gehemmte, sich unmittelbar auf Gewalt stützende Macht des Proletariats über die Bourgeoisie[47]«. Die Freiheit in der Gestalt der nationalen Selbstbestimmung und der Bürgerrechte, der liberale Geist, der Geist der nationalen Souveränität, die im Kern liberale Scheidung zwischen der zivilisatorischen Weltbewältigung und Welteroberung einerseits und der Freiheit und Ungebundenheit der theoretischen Transzendenz, der Kultur im Sinne von Religion, Philosophie und Künsten andererseits wurde in die Einheitsform der Identität von Theorie und Praxis gepreßt. Wo immer und in welcher ideologischen Sonderausgabe der Bolschewismus in der Folge Fuß faßte, verschwanden Freiheit und

Weite und begannen Enge und Ideologie ihr Regiment.

Das Bild des Bolschewismus wäre aber nicht vollständig und zutreffend skizziert, wenn nicht über seinen illiberalen, die Person des Menschen verkürzenden Charakter und über die Totalisierung der praktischen Transzendenz, also die eigenartige Vollendung des bürgerlichen Zeitalters hinaus zwei Merkmale in ihrer bestimmenden Kraft erwähnt und analysiert würden: Die totale Ablehnung der theoretischen Transzendenz und die Veränderung des Wesensprogramms des Menschen: der Eingriff in die Natur der Person.

Zu dem ersten Punkt schreibt Ernst Nolte: »Der Bolschewismus bedeutet das beherrschende Hervortreten dessen, was in der bürgerlichen Gesellschaft ein halbverborgenes Moment geblieben war: er ist nichts anderes als die bisher entschiedenste Selbstbejahung der materiellen Produktion und mit ihr der praktischen Transzendenz. Damit verliert die Gesellschaft ihren geistigen Reichtum und den Stachel forttreibender Selbstkritik, sie gewinnt eine unerschütterliche Selbstgewißheit und einen bis dahin unbekannten Enthusiasmus im Empfinden eines historisch Notwendigen[48].« Die theoretische Transzendenz in den Gestalten der Religion und der Philosophie, aller geistigen Regungen einschließlich der Kunst stehen jetzt nicht mehr einfach unter dem Verdacht, feudale oder bürgerliche Klassenstrukturen zu rechtfertigen und zu fixieren, sondern stehen unter generellem Verbot, sofern sie nicht dem Proletariat, der Partei und dem Marxismus-Leninismus zu Diensten sind.

Diese Dienste bestehen aber nicht etwa im musischen oder gedanklichen Ornament, sondern in einer tiefgreifenden Pädagogik. Denn trotz aller ideologischen Konflikte, die zum Teil den dramatischen Charakter von Schismen angenommen haben, teils sich aber schon in einem Nachlassen der lebenswichtigen Glaubensenergien äußern, bleibt es doch das Ziel aller sozialistischen Bewegungen, die kollektiven Ansätze im Menschen zu den bestimmenden seiner Natur zu machen. Unter dem idealen Vorwand der Emanzipation, aber in der kalten Absicht, die soziale Gleichheit als materiale Vollendung der Freiheit wesensmäßig zu begründen und den Menschen so neu zu motivieren, manipuliert die bolschewistische »Klasse« die marxistische Utopie, die bei aller Ernüchterung über die Erdschwere der künstlichen Heilslehre Wille und Vorstellung geblieben ist. Zu allen Paradiesen hat jedoch die Gleichheit gehört, nicht nur die momentan und äußerlich arrangierte, sondern die wesenhafte, in der anthropologischen Tiefe verankerte. Deshalb muß ja auch der Ideenkosmos der umfassenden marxistisch-leninistischen Kultur zum Stillstand gebracht werden.

Hier taucht der Schatten Hegels auf. Was die theoretische Transzendenz betrifft, ist die Geschichte schon beendet, die Dialektik hat ausgeheckt. Werden gibt es nur noch bis zu diesem Sein, und es ist nur konsequent, wenn Mao-tse-Tung, der überragende Geist in der Nachfolge Lenins, dieses Werden zum Sein durch stets zu wiederholende Exerzitien im Gleichheitsraum der niedrigen Arbeit in der Elite seines Landes durchsetzt. Denn von da her, vom entwickelten Menschen und seiner bewußtseinsmäßigen Anpassung an unvermeidlich hierarchisch gegliederte soziale Positionen droht, das zeigt die revisionistische Sowjetunion, der kommunistischen Idee die schwerste Gefahr. Erst wenn die soziale Position im Bewußtsein der Gleichheit relativiert und vom Pathos des Dienens und des Dienstes erfüllt sein wird und von sonst nichts, kann endlich ein Zustand erreicht sein, in dem das Gattungswesen zum Individuum gekommen ist.

Reicht über diese Strecke die Glaubenskraft und ergibt sich aus der demütigen Gleichheit in der Pflicht, im Leben und im Denken der neue Sinn, dessen Defizit es zu überwinden galt? Endet hier die Spannungskrise – oder endet hier gar der menschliche Geist?

Der Nationalsozialismus: Die Totalisierung des Lebensprozesses

Auf eine einfache Formel gebracht läßt sich sagen, daß der Bolschewismus die Totalisierung des Gesellschaftsprozesses, der Nationalsozialismus die Totalisierung des Lebensprozesses darstellt. Beide entfernen sich von der Gegenwart in dem Sinne, daß sie die Lösung in der Zukunft beziehungsweise in der zeitlosen Fixierung eines bestimmten Zustandes suchen. Der Wunsch nach Geschichtslosigkeit, nach einem Entwicklungsende ist in beiden Ideologien mächtig. Dabei ist der Zeitbegriff des Nationalsozialismus weniger einheitlich und klar als der kommunistische. Das tausendjährige Reich, das nicht nur phrasenhaft erwähnt wurde, enthielt Elemente einer Utopie, stand aber seinem Inhalt nach unter dem Gesetz des Lebens, dessen Zeitbegriff, wie wir in der Nietzschenianischen Philosophie gesehen haben, zum Zyklus des ewigen Werdens und Vergehens, des Bioturnus gekrümmt ist. Dies schließt sogar die historisierende, romantizistische Blickwendung mit ein. In der Vorliebe für die arisch-germanische Ur-Identität des bevorzugten Menschentypus schwingt ein reaktionärer Ton mit, den wir allerdings auch bei dem jungen Marx und seinem Schwärmen für den geschlossenen Produktionskreis herausgehört haben.

Doch fordert auch der Nationalsozialismus die Veränderung des Menschen in der Wesenstiefe, was ohne einen Prozeß, ohne Bearbeitung und Umformung nicht denkbar ist. Dies ist nicht gelungen – bei der italienischen Abart des Faschismus nicht, in der faschistischen Bewegung in Frankreich nicht einmal in der Theorie. Mussolini war von Hegel, Nietzsche und Sorel beeinflußt und hatte in seiner sozialistischen Zeit die anthropologische Utopie des Marxismus in sich aufgenommen. Doch verwehrten der Vatikan und die Monarchie als lebensmächtige konservative Institutionen jedes Experiment mit dem Menschen, der im katholischen Italien im übrigen eine starke Abwehrkraft gegen die ideologischen Zumutungen des Faschismus bewies, eine Erscheinung, die wir auch in Spanien und in überwiegend katholischen Bereichen Deutschlands beobachten konnten. Von allen Faschismen drang der Nationalsozialismus am tiefsten in die Gesellschaft ein, zumal ihm der Staat nach dem Tode von Reichspräsident Hindenburg und nach der Röhm-Krise voll und ganz zugefallen war. Der totale Staat bedeutete zwar nicht jene totale Revolutionierung, die wir in kommunistisch beherrschten Ländern beobachten konnten und können, wohl aber eine nahezu alles durchdringende Kontrolle.

Auch die Entstehung des Nationalsozialismus wird heute vorwiegend aus Konditionen des Gesellschaftsprozesses oder aus einer Summe historischer Gegebenheiten der deutschen Geschichte, speziell der Geschichte nach dem Ersten Weltkrieg und der Schwäche der Weimarer Republik erklärt. Dabei fällt auf, daß die sozialistische Deutung des Faschismus als des Produkts einer Zersetzung und des dezisionistischen Rettungsversuches der bürgerlich-kapitalistischen Welt in der letzten Zeit infolge des reaktionären Methodenmonismus auf den deutschen Universitäten an Einfluß gewinnt. Damit tritt vielleicht die unsäglich törichte Luther-Bismarck-Hitler-Genealogie hinter der ideologisierten Ablaufgesetzlichkeit der Produktivverhältnisse zurück; es verschwindet sicher auch die Verkürzung auf die Perspektive der Kriegsschuldfrage, der Reparationslasten und Wirtschaftskrisen. Doch geht in der Fülle der Gründe und Faktoren, die das Entstehungsbild weiterhin verwirren, leicht der Hauptgrund verloren, ohne den die totalitären Bewegungen der Moderne ungeboren geblieben wären: das Sinndefizit. Nur die Macht und rasende Turbulenz der Spannungskrise, die aus dem Sinnverlust schoß, vermag die Wucht des Ausbruchs zu erklären, die Nationalsozialismus wie Bolschewismus kennzeichnet. Nicht soziale Spannung, nur metaphysische Spannung konnte etwas so Gewaltiges bewirken.

Stellte der Marxismus und im tätigen Gefolge der Bolschewismus das Proletariat in den Dienst der Reintegration des Menschen, so trat in nationalsozialistischen Augen die Rassenation in diese bewegende, die Geschichte vollendende Rolle ein. Von den vier symptomatischen Elementen der Spannungskrise, die wir herausgearbeitet haben, der Panik, dem Wunderglauben, der Revolte und der Ideologisierung, traten mindestens drei – außer der Panik – auf, was das Gewicht der Krise kennzeichnet. Da im Nationalsozialismus kein Anspruch auf »Wissenschaftlichkeit« der Emotionalisierung Grenzen setzte, gab wundersam-mythische Verschwommenheit dem ideologischen Aufbruch Deutschlands jene penetrante Weihehaftigkeit, die Friedrich Nietzsche am Deutschen haßte, weil sie auch das Schreckliche zu heiligen imstande sei. Der Deutsche liebe die Wolken und alles, was unklar, werdend, dämmernd, feucht und verhängt sei, sagte der Menschenkenner: »Das Ungewisse und Ungestaltete, Sich-Verschiebende, Wachsende fühlt er als ›tief‹; der Deutsche *ist* nicht, er *wird*, er ›entwickelt‹ sich[49].« Nietzsche reiht eine gnadenlose Charakterisierung des Deutschen an die andere, obwohl er zum Ursprungs-Deutschen, zum »Deutschen der starken Rasse«, zum Nordländer und Arier eine ahnungsvolle Liebe hegte. Man muß die Urteile dieses deutschesten aller deutschen Philosophen richtig einzuschätzen wissen und dabei manches streichen. In einem allerdings stimmt das Bild: der Deutsche ist ein philosophischer Mensch.

Nicht zuletzt daraus erklärt sich der ungewöhnliche Einfluß, den Nietzsche auf das deutsche Denken – und Handeln genommen hat. Die Deutschen konnten sich in den funkelnden Facetten dieses Geistes wiedererkennen und das tun, was ihnen nach dem Philosophieren am meisten liegt: sich identifizieren. Identifizieren heißt aber, sich bis zu einem bestimmten Grade oder sogar ganz zu entpersönlichen, eine Tat, zu der nach dem Urteil Alfred Webers nicht einmal »der taylorisierte und fordisierte amerikanische Arbeiter . . . noch der englische« fähig wäre[50]. Hitler war von Nietzsche sehr beeindruckt und gab natürlich der naturistisch-biologistischen Deutung des Philosophen den Vorzug[51]. Der Wille zur Macht, die Ungeheuerlichkeit der »blonden Bestie«, die Unschuld des Werdens und der Haßgesang auf das Ressentiment der Moralen, die sich am Herrenmenschen endlich brechen werden, mußte die Phantasie Adolf Hitlers nicht nur bewegen und bestätigen, sondern geradezu ergötzen. Daß er Nietzsches Intention falsch verstand, war nicht nur sein Fehler, sondern des Philosophen und der Deutschen Schicksal. Wer denkt noch an die »ungeheure Flachheit der bürgerlichen Bildungswelt«, mit der der Philosoph beinahe einsam rang und sich auseinandersetzte? Sollten der Werdeprozeß, das Leiden und die Zerstörung nicht den platten Fortschrittsoptimismus und die verspießerte Moral treffen, die in der zweiten Hälfte des Jahrhunderts, besonders seit dem Sieg über Frankreich 1871 den Geist in Deutschland beherrschten?

Damit sind einige Positionen beschrieben, die das Sinndefizit, unter dem der »tiefveranlagte« Deutsche zu leiden hatte, kennzeichnen. Wir haben in unserer Darstellung der immer unzureichender, immer dünner werdenden Sinndeutungen hervorgehoben, daß bei der Verdächtigung und der allmählichen Zerstörung der metaphysischen Erkenntnis die deutsche Philosophie eine besonders große Rolle spielte. Das ist kein Wunder. Das germanische Element spielte in Verbindung mit Antike und Christentum eine überragende Rolle schon bei der Konstituierung des abendländischen Kulturkreises, ebenso in der Auseinandersetzung zwischen deutschen Kaisern und römischen Päpsten. In der Abwehr des päpstlichen Suprematie-Anspruchs entstanden die Vorformen des Souveränitätsgedankens und der territorialen Abschließung: deutscher Ursprung. Und in der Folge der Glaubensspaltung trat in Deutschland jener formelle Begriff des Friedens ans Licht, der nicht aus dem Leben in der Wahrheit, sondern aus der Gegenüberstellung zum Bürgerkrieg gewonnen wurde und der Sicherheit des Lebens den Primat über den Streit um die religiöse Wahrheit einräumte. Dies ist die Quelle des modernen Politik-Begriffs [52].

Die Kopernikanische Wende in der Philosophie, das Mißtrauen gegen die Erkenntnisfähigkeit des Menschen trat in Kants Kritik der reinen Vernunft ein. Wir haben ins einzelne gehend geschildert, daß es deutschen Philosophen und Historikern vorbehalten blieb, zuerst Gott und der Freiheit, dann dem Staat und dem Gesellschaftsprozeß in Form der Produktionsverhältnisse die Rolle des Subjekts in der Geschichte zuzuweisen. Und es ist durchaus folgerichtig, wenn auch nicht ein unverbrüchliches Gesetz, daß danach, in der großen Tauchtiefe der Sinndeutungen, neben dem materialistischen auch das naturistische Prinzip an die Reihe kommt und von Deutschland aus den Anspruch auf die Allgeltung in der Menschennatur und in der Geschichte erhebt. Wir verkennen und leugnen nicht die Verantwortung von allgemein historischen und gesellschaftlichen Faktoren für die Geschichtskatastrophe des Nationalsozialismus, geben ihnen aber den Rang der conditio, nicht der causa. Die Ursache für den sich schon im 19. Jahrhundert ankündigenden und schließlich politisch durchschlagenden Radikalismus ist die unzureichende Antwort, die seit dieser Zeit auf die immer schmerzlicher bewußt werdende Sinnfrage gegeben wurde. Die typisch deutschen Auskunftsmittel des romantisch geprägten Humanismus und des Bildungsidealismus genügten dem Deutschen nicht. Die Entfremdung erreichte schließlich ein Ausmaß, das zum Ausbruch in die biologistische Ersatzdeutung des Lebenssinns führte.

Deshalb ist nicht leicht zu entscheiden, welcher Figur des Ausbruchs der Nationalsozialismus mehr entsprach: der Revolte oder der Revolution. Wir sind bei der Untersuchung dieser Begriffe zu dem Resultat gekommen, daß die Revolte der Sinnkrise zuzuordnen ist, während die Revolution rein gesellschaftliche Spannungskrisen beantwortet. Die Revolution kann im besten Fall einen neuen politischen und sozialen Ausgleich herbeiführen, während die Revolte von der Sehnsucht nach metaphysischem Ausgleich bestimmt ist. Sie schlägt um sich, sagten wir, und trägt Zeichen der Verzweiflung, während die Revolution aus der Hoffnung lebt und sich einen Weg nach vorne bahnt. Die Revolution, schlossen wir, hat Zukunft, die Revolte einen Feind. Auf den Begriff gebracht war der Nationalsozialismus ein feindseliger Angriff und existentieller Kampf gegen die theoretische und die praktische Transzendenz. Hatte sich der materialistische Bolschewismus angeschickt, den sozio-ökonomischen Bereich zu erobern, zu beherrschen und zum Ort der Erfüllung aller ins Diesseits gezogenen Jenseitshoffnungen zu machen, so zeigte der Nationalsozialismus die Tendenz, sich sogar aus dem zivilisatorischen Prozeß mit seinen industriell-weltwirtschaftlichen Einflüssen auf den »ursprünglichen« und »gesunden« Menschen zurückzuziehen. Denn der vom rassevölkischen Ursprung abgelöste, in die Sphäre der Wissenschaft, des Kosmopolitischen und des Welthandels-Interesses abstrahierte Mensch ist nach nationalsozialistischer Lehre verdorben und verloren.

Der Affekt wider den Juden, den Kapitalisten, den Klerus und den Freimaurer, aber auch das Mißtrauen gegenüber jeder Wissenschaft, jeder Weltläufigkeit und der zunächst versteckt-verkrümmte Haß gegen das Christentum und der offene gegen den Bolschewismus erklärten sich aus dem autarkistischen, von einer merkwürdigen »reinen« Natur- und Kulturvorstellung und einem scharfen Rassebegriff ausgehenden Denken. Nolte versucht das Wesen des Nationalsozialismus folgendermaßen zu bestimmen: »Der Nationalsozialismus war der Todeskampf der souveränen, kriegerischen, in sich antagonistischen Gruppe. – Er war praktischer und gewalttätiger Widerstand gegen die Transzendenz[53].« Den Kampf gegen die theoretische Transzendenz vermochte Hilter nach dieser Deutung konsequent zu Ende zu kämpfen, den Kampf gegen die praktische Transzendenz der sozio-ökonomischen Wirklichkeit, die den Menschen weit über sich hinausführt und seiner Rassengruppe entführt, hingegen nicht. ». . . sofern praktische Transzendenz unter ihrem oberflächlichen Aspekt nichts anderes ist als die Ermöglichung von Machtzusammenballung, leistet der Faschismus seinen Widerstand gegen die Transzendenz . . . manchmal im klaren Bewußtsein eines Kampfes um die Erdherrschaft. Das ist der transzendentale Ausdruck der soziologischen Tatsache, daß er über Kräfte verfügt, die aus dem Emanzipationsprozeß geboren sind und sich dann gegen ihren eigenen Ursprung kehren. Wenn er die Verzweiflung des feudalen Bestandteils der bürgerlichen Gesellschaft an seiner Tradition und der Verrat des bürgerlichen Elements an seiner Revolution heißen darf, so ist jetzt klar, was diese Tradition und diese Revolution eigentlich sind. Der Faschismus bedeutet die zweite und schwerste Krise der liberalen Gesellschaft, da er auf ihrem eigenen Boden zur Herrschaft gelangt und in seiner Radikalform ihr Wesen auf die vollständigste und wirksamste Weise verneint, die überhaupt denkbar ist[54].«

Die Revolte des Nationalsozialismus ist gescheitert, es ist ihm nicht gelungen, auf die Ratlosigkeit, an die auch Nolte erinnert, eine integrierende, das Leben bewahrende und doch wieder über sich selbst hinausführende Sinn-Antwort zu geben. Aber auch die ins Innere des Lebens zurückgewandte Sinngebung, die Wiederherstellung des ursprünglichen Grundtextes des Lebens war ihm nicht möglich. Nietzsches Nihilismus schlug durch, doch fehlte gänzlich der aristokratische, vornehme Zug, den Nietzsche an seinem Wunschmenschen festzustellen wähnte. Danach stand den Nationalsozialisten der Sinn nicht. Ihr Biologismus folgte einem groben, primitiven Schema. Im Vordergrund stand die arische Rasse, deren Muster-Exemplare zu Nietzsches Bedauern ausgestorben waren, die Hitler aber züchten wollte, wobei er sich mit sekundären und tertiären Merkmalen begnügte. Das Unternehmen lief auf eine recht oberflächliche Krieger- und Bauernauslese hinaus, die durchaus im europäischen Maßstab vonstatten ging. Die Nation stand für Hitler und seine flachen Ideologen keineswegs mehr im Vordergrund. Was ihnen vorschwebte, war die Rassenation, die andere Rassen vertreiben oder ausmerzen sollte und Raum zu nehmen hatte, dessen integrierbares Blut und dessen Boden wichtiger zu sein schienen als der Rohstoffreichtum. Das änderte sich zwar im Fortgang des Krieges, doch hätte der naturistische Monismus der nationalsozialistischen Weltanschauung nach einem Endsieg den Rasse-Messianismus zweifellos zur »Vernunft« des hegemonialen Systems gemacht.

Der Krieg war unvermeidlich, und er vollendete sich im Waffengang mit dem Bolschewismus, der sinnstifterischen Konkurrenz auf der untersten Stufe der Sinndeutungen von Mensch und Welt. Der Absolutheitsanspruch der beiden Ideologien machte die Auseinandersetzung nach dem zynischen Versuch einer Teilung Europas im Jahre 1939 für beide Seiten zu einer Lebensfrage, die nicht mehr durch einen Kompromiß und auch nicht durch einen Erschöpfungsfrieden geregelt werden konnte. Hier waren zwei Mächte aneinandergeraten, deren geistige Eigenarten die Existenz der jeweils anderen zur selben Zeit auf dieser Erde ausschlossen und die deshalb nur Züge unternehmen konnten, die für eine der beiden Seiten tödlich ausgehen mußten. Der Orlog vollzog sich deshalb nicht nach kriegerischen Regeln, wie sie in der Tradition der kriegführenden Mächte Europas entstanden waren, sondern ungezügelt und auf dem Boden jener Moral, die sich Friedrich Nietzsche für seine prachtvollen Raubtiere und blonden Bestien gewünscht hatte. In die Entschlossenheit des Vernichtungswillens ragten die Speere einer rätselhaften Ratlosigkeit, die den gesitteten nationalen Traditionen entstammten und von den politischen Kommissaren hüben wie drüben sofort aus dem Boden gerissen und zerbrochen wurden. Es gab weder Menschlichkeit noch Ritterlichkeit, man mußte gar die Disziplin des Tieres vermissen.

Zwei Wesen aus demselben Urgrund hatten sich ineinander verbissen. Ideologie, Training, militärische Tradition und eine genauso lange Tradition im Befehlen und Gehorchen trafen zusammen und stellten einander auf die Probe. Grundsätzlich war der nationalsozialistische Krieg und der später beginnende Krieg der Sowjetunion eine Fortsetzung der Versuche, die Hegemonie über Europa zu erringen. Das Wilhelminische Deutschland hatte wider Willen, jedenfalls ohne ausreichenden Elan und konturierte Konzeption mitten im Ersten Weltkrieg ähnliche Gedanken entwickelt [55], während vorher Metternich mit seinem System – die »Heilige Allianz« litt er nicht wegen der russischen Unberechenbarkeit – und Napoleon mit seinen Armeen einen auf der Revolution beziehungsweise auf der Restauration gründenden Gang in Richtung auf die Einheit des Kontinents unternommen hatten. Was die nationalsozialistisch-bolschewistische Begegnung davon unterschied, war der zum Fanatismus gesteigerte und ideologisch aufgeladene Nationalismus auf beiden Seiten und die Entschlossenheit, Europa lediglich als Schlachtfeld einer jeweils weltweiten Ambition zu betrachten. Stalin verkündete den vaterländischen Krieg, in dessen Verlauf die prekär gewordene revolutionäre Potenz wieder zunahm und durchschlug. Die Russen erschienen in der Mitte Europas als Revolutionsarmee. Die deutsche Seite setzte dagegen aber nicht nur ihre militärischen Fähigkeiten, die alles in den Schatten rückten, was die Weltgeschichte bis dahin auf diesem Feld geboten hatte, nicht nur rasch entfachte deutsche Wildheit, sondern – die große deutsche nationalsozialistische Revolution.

Diese These dürfte heute weniger überraschen als es vor einigen Jahren noch der Fall gewesen wäre. Interessant ist ein Vergleich zwischen den Auffassungen Alfred Webers und Ralf Dahrendorfs, der in seinem brillanten Buch »Gesellschaft und Demokratie in Deutschland[56]« bei der Behandlung der Entstehung des Nationalsozialismus die von uns bevorzugte geistesgeschichtliche Ableitung als unzureichend bezeichnet, als eine Leerformel, die nichts konkret erkläre. Ganz anders Weber, der ähnlich wie Helmuth Pleßner die abendländisch-deutsche Kondition in den Vordergrund stellt, was die bei den Abstiegsschritten zur Katastrophe tatsächlich vorhandenen, aber zweitrangigen Gravitationskräfte des Gesellschaftsprozesses durchaus zu ihrem Recht kommen läßt. »Wir haben erfahren«, resümiert Alfred Weber in seinem Buch »Abschied von der bisherigen Geschichte«, »wie diese gesamte transzendente Wesensschicht weithin verschüttet, wie sie von einer kahlen Steinwüste von Brutalität und kalter, niedriger Gemeinheit so verdeckt werden kann, daß man nicht glauben sollte, daß in den gleichen Menschen der positiv gemeinmenschliche Wesensgrund doch vorhanden ist, und sie trotz allem aus der gleichen allverbundenen transzendenten Schicht gewachsen sind[57].«

Ob dieser immer noch im tiefsten Grunde des Menschen ankernde Optimismus zu rechtfertigen ist, mag dahinstehen. Die Nationalsozialisten jedenfalls hatten wie die Bolschewisten den Versuch gemacht, dem Optimismus hinsichtlich des Bleibenden im Menschen jeden Grund zu entziehen. Sie taten dies mit einem solchen Erfolg, daß sich »vorher ruhige, vielleicht nicht sehr urteilsfähige, harmlose Leute plötzlich in kaltschnäuzige Schreier verwandelten, die sich nicht nur einem Haß-Begeisterungstaumel hingaben, nein, auch in realistisch-zynischer Überlegung nach dem Vollzug ihrer Haßinstinkte suchten, schließlich Mord und blutige Beraubung und Verfolgung mitmachten [58]«. Diese Erscheinungen, die in zahlreichen Abwandlungen auftraten, lassen sich mit dem Einfluß auf die Jugend nur zum Teil erklären. Da sie die gesamte Gesellschaft in Deutschland erfaßt hatten, in allen Schichten und Altersgruppen auftraten, muß die Erklärung tiefer und grundsätzlicher ansetzen. »Der Nationalsozialismus«, sagt Dahrendorf, »hat für Deutschland die in den Verwerfungen des kaiserlichen Deutschland verlorengegangene, durch die Wirrnisse der Weimarer Republik aufgehaltene soziale Revolution vollzogen. . . . Der brutale Bruch mit der Tradition und Stoß in die Modernität ist . . . das inhaltliche Merkmal der sozialen Revolution des Nationalsozialismus [59].«

Dahrendorf steht heute nicht mehr allein mit dieser Behauptung, doch findet er nicht die Gefolgschaft der Politiker im Nachkriegs-Deutschland, die unaufhörlich von der Revolution reden, die nicht stattgefunden habe, und die allenfalls die zersplitterten Unruhen des Jahres 1848 als ein Datum im revolutionären Kampfe gelten lassen. Sie bräuchten ihre Sehnsucht aber nicht nach Frankreich und nach Rußland schweifen zu lassen, denn die nationalsozialistische Zeit, die 1933 mit dem von Dahrendorf als »historischen Irrtum« qualifizierten Bündnis zwischen der »antidemokratischen Rechten und der antidemokratischen Mitte« anhob, bescherte unserer Geschichte die lang entbehrte radikale Neuerung. Die soziale Basis des deutschen Autoritarismus und damit die Resistenz der deutschen Gesellschaft gegen Modernität und Liberalität wurden zerstört, die alten Werte entwertet oder umgewertet, die alten Bindungen bis in die Intimität der Familie hinein aufgelöst. Der totale Machtanspruch der Nationalsozialisten mußte sich bei jedem »Volksgenossen« unmittelbar zur Geltung bringen können.

Für den totalen Machtanspruch, erklärt Dahrendorf, sind noch die privaten Tugenden, sicher aber die ihr entspringenden Institutionen eine Quelle des Widerstandes. Wie die neuen Herren der Dritten Welt in unserer Zeit die Stammesloyalität der Menschen zerbrechen müssen, um ihre Herrschaft zu etablieren, so mußten die Nationalsozialisten die überlieferten – und in ihrer Wirkung antiliberalen Loyalitäten zu Region und Religion, Familie und Korporation zerbrechen, um ihren Machtanspruch durchzusetzen. »Hitler brauchte die Modernität, so wenig er sie mochte[60].« Der Durchgriff durch die Gesellschaft, den wir auch aus den kommunistischen Ländern kennen und der später in der DDR in der perfektesten Form vorgenommen wurde, begann mit der sogenannten Gleichschaltung: Die Weimarer Verfassung wurde de facto außer Kraft gesetzt; die Länderrechte in der Absicht beseitigt, die traditionellen Autonomien, die Sitten und Gebräuche einzuebnen; die staatliche Bürokratie und Justiz verloren ihren institutionellen und berufsständischen Eigenstand. Nach dem Tode Hindenburgs fiel das Präsidentenamt an Hitler. Wege öffneten sich in die Armee. Wie in allen autoritären und totalitären Systemen richtete man das Augenmerk auf die Publizistik und ihre Medien. Staat und Partei verschafften sich den beherrschenden Einfluß auf die Massenkommunikation. Daran zu erinnern und die Formen der allmählichen Durchdringung zu studieren, ist angesichts der Einwirkungsversuche, die seit 1969 unter der Flagge der »Demokratisierung« auch auf dem Sektor der privaten Medien festzustellen sind, gewinnbringend.

Die Gleichschaltung erfaßte teilweise oder ganz alle gesellschaftlichen Institutionen, auch die Kirchen, die Universitäten und die Traditionsverbände, deren vom Staat und den Parteien bis dahin unberührtes Eigenleben dem einzelnen Bürger Freiheitsräume eigener Wahl und eine ebenso unideologische wie unbeobachtete Gesellung nach privatem Gusto zur Verfügung gestellt hatte. In diesem Sinn boten die sich frei bildenden Gruppen und die Einrichtungen eigenen Rechts und eigener Tradition auch einen gewissen Schutz vor Übergriffen des Staates, entzogen jedenfalls große Teile des bürgerlichen Lebens dem Zugriff der organisierten Politik. Für den Nationalsozialismus ergaben sich daraus dieselben Schwierigkeiten, vor denen auch alle ambitionierten sozialistischen Herrschaften der Vergangenheit und Zukunft nach ihrer Etablierung standen: Die individuellen, auf traditionellen Eigenrechten oder interessenmäßiger Eigenprägung beruhenden freien corpora in der Gesellschaft »unterhalb« des Staates verwehrten dem totalen Staat, dem Rassestaat, Parteienstaat und Sozialstaat den Zutritt zum Individuum. Ihre Widerstandskraft hatte und hat freilich Grenzen. Denn es gehört seit Jahrzehnten zum Werk der linken und linksliberalen Protagonisten einer durchgreifenden Gleichheitsordnung, durch forcierte Liberalisierungsforderungen, durch Denunziationen und, sofern ihre Medienmacht ausreicht, durch einen ausgesprochenen Kampfliberalismus die ja tatsächlich vor-liberal organisierten, aber gerade dadurch die Freiheit: die Wahl- und Gesellungs- und Geschmacksfreiheit des einzelnen zufriedenstellenden Institutionen, Gemeinschaften und Gruppen in der Gesellschaft auflösen und einebnen zu helfen. Um so leichter kann die totalitäre Ideologie nach ihrer Etablierung die Urteilssprüche exekutieren und – gleichschalten.

Was das bedeutet, hat bis heute keiner besser gesagt als Dahrendorf: »Gleichschaltung bedeutet stets die Aufhebung unkontrollierter Selbständigkeit. Wo immer also in sich geschlossene Institutionen und Organisationen bestehen, müssen diese den auf den eigenen Staatszweck und seine Personifizierung im Führer ausgerichteten Organisationen weichen. Die Menschen werden dabei aus überlieferten, eigenen, oft besonders engen und intimen Bindungen herausgelöst und einander gleichgemacht. Man kann dies anders, bildlich formulieren und dadurch noch einmal den Widerspruch zwischen Ideologie und Praxis des Nationalsozialismus klarlegen, wenn man sagt, daß das Nazi-Regime überall organische Staatsgefüge durch mechanische Gebilde zu ersetzen trachtete. Statt des Ineinandergreifens vieler Institutionen mit einem gewissen Eigenleben, mit eigener geschichtlicher Dimension, brauchen sie die gleichartige Zuordnung aller Institutionen zu einem Zweck. An die Stelle vieler Teileliten mit einem begrenzten, aber eigenem Gewicht, trat eine monopolistische Clique; an die Stelle einer Vielzahl bindender Teilrollen trat die mit einem breiten Erwartungsspektrum angereicherte Rolle des ›Volksgenossen‹[61].«

Der Nationalsozialismus drang zwar in alle Institutionen und Gruppen ein, vermochte sie aber angesichts der Kürze der Zeit und der Notwendigkeit, den wirtschaftlichen und militärischen Kriegsvorbereitungen den Vorrang vor allen anderen Zielen einzuräumen, nicht gänzlich zu durchdringen. Außerdem raubte die tiefsitzende Intellektuellen-Feindseligkeit und die Scheu vor nachgerade jedem Schritt in die theoretische Transzendenz der Ideologie jene Griffigkeit und Stringenz, die einen Gegner lähmt. Naturgemäß mußte das Regime auch auf das moralisierende Argument der Überwindung illiberaler Gesellschaftsstrukturen verzichten. Während heute gegen Eigenrechte und Eigenarten noch nicht angepaßter und demokratisierter Institutionen der Vorwurf mangelnder Modernität geschleudert wird, um ihnen besonders in der medialen Konfrontation vor der Öffentlichkeit das Ansehen zu nehmen und sie als reaktionär zu entlarven, mußte der Nationalsozialismus den Institutionen und Gruppen mit der Integrations-These vom Aufbau der großen übergeordneten Volksgemeinschaft entgegentreten. Wäre das Regime ein gemildert autoritäres gewesen, so hätte es das Eigenleben unberührt lassen können, solange dieses nicht einen konkurrierenden Macht- und Führungsanspruch erhob. Das war und ist die Lage zum Beispiel in Spanien. Die Legitimität der Führungsschicht beruht in solchen Fällen auf der »Nichtteilnahme, nicht auf der ständigen Kontrolle und Organisation der Beherrschten«, wie Dahrendorf unterscheidet. Eine totalitäre Führungsschicht wird hingegen durch jedes Eigenleben von Institutionen bedroht. Sie müssen gleichgeschaltet oder wie man »moderner« und feiner sagt, demokratisiert werden.

Man muß nur die letzten Jahre in der Bundesrepublik bewußt erlebt haben, um sich erklären zu können, warum der entscheidende Stoß und Angriff damals die Gewerkschaften, die Medien und die Pädagogik traf. Besonders in der Erziehung der Jugend in Schule und Universitäten, in Hitler-Jugend und technisch-paramilitärischen Organisationen enthüllte sich der revolutionäre Charakter des Regimes. Die Ausrichtung auf eine weltbeherrschende, rassenational gegründete, militane, gefolgschaftssolidarische Zukunftsgesellschaft hin war das oft erkläre, taktisch gelegentlich verhüllte Ziel. Gerade in der jungen Generation gelang es dem Nationalsozialismus, das Sinndefizit emotional zu beseitigen, einen neuen Sinnhorizont auf Erden bewußt zu machen und auf diese Weise die Spannungskrise in Form einer legalisierten und zielinstitutionalisierten Dauerrevolte zu lösen. Eine eigenartige Frische, Aufbruchstimmung-

Gemeinschaftsfreude und Rudelgesinnung belebte die Jahre zwischen dem Fackelzug am 30. Januar 1933 in Berlin und der Todesmeldung von Stalingrad. Das Prinzip Hoffnung schien seine Epoche gefunden zu haben. Die überkommenen Moral- und Tabuvorstellungen waren außer Kraft gesetzt. Das Lied von der Judensau und dem Bajonett im Bauch des Franzosen hatte einen fast munteren, marseillaisehaften Klang. Im Inneren herrschten Ordnung, Bügelfalte und Sauberkeit.

Durch das Urteil über Wirtschaft und Geld, Kapitalismus und Arbeit klang ein volkssolidarischer, parasozialistischer Ton. Die Privatstrukturen, wie sie gewachsen waren und sich geordnet hatten, waren auch in diesem Bereich nicht unberührt geblieben, doch hatte der Unternehmer zumindest seine soziale Rolle gerettet, indem er sich in die Gefolgschaftshierarchie des Führers eingliederte oder einfach in sie eingegliedert wurde und sein Verhältnis zu Betrieb und Arbeiter durch die Arbeitsfront, das Disziplinierungsmittel in der Nachfolge der Gewerkschaften, und durch die Planerfüllung in einer höheren Synthese neu legitimiert und legalisiert fand. Dem Entfremdungskonflikt war also auch hier, an seiner von Marx aufgedeckten empfindlichsten Stelle der Stachel genommen. Dies und der bedachte Schutz für den strukturschwachen Bauernstand und die von der Industrie und ihren Mechanisierungen bedrohten Mittelschichten des Handwerks und des Gewerbes schufen wenn nicht einen Friedenszustand, so doch eine Beruhigung grassierender Angstgefühle, die sich als Prestige- und Gefolgschaftsprämie für das System auszahlte. Die Ruhe und Unaufmerksamkeit, die den privaten Interessen damit abgekauft war, verschaffte den Nationalsozialisten die Möglichkeit, das Bürgertum in Deutschland einerseits in der Sicherheit der »starken Hand« zu wiegen, andererseits zu Dankbarkeit und Disziplin in der Form arbeitsmäßiger Hochleistungen und moralischer Unempfindlichkeit zu veranlassen. Der Widerstand war relativ schwach, weil es den Menschen relativ gut ging und sie jedenfalls sozial gesicherter lebten als in der Zeit der freien Verfassung von Weimar. Der Konflikt in der Gesellschaft schien gebändigt, die Konfliktursachen wurden personifiziert und feindfixiert, und die alten Schichten des Adels, des rechtsstaatlich geprägten Beamten und

Juristen, des Geistlichen und des Schulmannes wurden durch einen wohlgedrillten, optimistisch, jugendlich und einsatzbereit wirkenden »Führungsnachwuchs« ersetzt. Mit denen, die gingen, gingen aber auch die alten Freiheiten und Sonderrechte aus der Zeit der illiberalen Ungleichheit dahin.

Es ging Preußen, lange bevor es die Sieger verscharrten, es ging die Rechtlichkeit, die nicht auf dem Buchstaben des Gesetzes, sondern in der Gottesfurcht beruhte, es ging die Autorität, soweit sie sich auf Geburt und Bildungsprivileg stützte. Die Schicht trat ab, die in der Kaiserzeit den Staat organisiert und in der Weimarer Zeit den Staat trotz aller Bedenken loyal erhalten hatte. Der 20. Juli 1944 war ein Aufstand der Rechtsstaatlichkeit aus dem alten illiberalen Geiste. Nach Ansicht Dahrendorfs läßt sich nicht leugnen, »daß die Tendenz der von den Nationalsozialisten in Gang gebrachten Sozialentwicklung gegen die Politik des deutschen Widerstandes sprach. Auch darum läßt sich wohl der Schluß nicht vermeiden, daß die nationalsozialistische Herrschaft in Deutschland im Sinne faktisch anerkannter Geltung legitim war[62].«

An derartigen Urteilen zeigt sich aber doch, wie problematisch es ist, die historische Entwicklung unter dem hoch- oder gar höchstbewerteten Aspekt des Gesellschaftsprozesses zu betrachten. Das Urteil bricht zu einer – durchaus ungewollten und sicher unbehaglich empfundenen – Zustimmung immer dann durch, wenn ein Regime oder eine Idee Züge der Modernität im Sinne der Anpassung an die praktische Transzendenz zeigt. Wer dem Gesellschaftsprozeß den Adel des Primats verleiht, muß, was die Struktur der Gesellschaft betrifft, in der Weimarer Republik konsequent eine Zeit »schwer erträglicher Stagnation« erblicken. Die Beseitigung von Strukturen und die Entmachtung von Institutionen, die den Menschen durch Sonderrechte oder traditionelle Vorstellungen gesellschaftlich binden, wird in dieser Bewertung zum nachwirkenden Verdienst eines totalitären Systems. Die Problematik des liberalen Denkens schlechthin ist damit aufgedeckt. Der Liberale weiß nie, wofür er sich entscheiden soll: Für die Freiheit der Gesellschaft, die sich aus zahlreichen »Illiberalitäten« zusammensetzt, traditionellen und moralischen Bindungen, oder für die große Revolution, die jene bunte Zeichnung gesellschaftlicher Geschichte zugunsten der Befreiung des Menschen zu seiner abstrakt-gleichen Bestimmung beseitigt.

Der Nationalsozialismus als der große deutsche Versuch der Reintegration des Menschen aus der mechanistischen, rationalistischen und zivilisatorisch-technokratischen Entfremdung in die Grundeinheit integrierter Volks-, Rasse- und Lebensgemeinschaft mußte aus Machtgründen sozialrevolutionär handeln. Mit der Auflösung, Entkräftung und Gleichschaltung der Gliederungen der alten Gesellschaft war ganz sicher, ob beabsichtigt oder nicht, der Weg in die Modernität beschritten. Verfehlt wäre es nur, der Modernität die Eigenschaft einer unbedingt erstrebenswerten, wertmäßig hochstehenden Zielgestalt zuzusprechen. Die Modernität, die weder dem Bolschewismus noch dem Nationalsozialismus noch, wie wir sehen werden, dem bürgerlichen Ökonomismus und dem Sozialismus der Gegenwart abgesprochen werden kann, ist eine Kategorie des Gesellschaftsprozesses und empfängt ihren Wert und ihre Weihe aus den materiell-naturistischen Basis-Interessen des Menschen. Für den Sinn, das beherrschende Sinn- und Heilsstreben bedeutet sie jedoch nichts. Sie mildert die Entfremdung nicht, sondern gibt ihr nur ein Ornament, ein zeitgerechtes Design. Der Nationalsozialismus bezog seine den Menschen reintegrierende Kraft auch nicht aus der Modernität, die für ihn ein Entwicklungs-, nicht ein Zielprodukt war, sondern aus den Erlebnisqualitäten der solidarischen, wehrhaften, von inneren und äußeren Feinden umstellten Volksgemeinschaft. Die Vereinzelung des Deutschen als Artwesen und seine wert- und rassemäßige Universalisierung waren der Doppelaspekt der Revolte gegen den Sinnverlust der modernen bürgerlich-liberalen Welt. Nicht die Revolution der Modernität, sondern die Revolte der Rassenation ist der eigentliche Gehalt der faschistischen Bewegung in Deutschland.

Wie flach und unzureichend, wie wenig substantiell und erhellend universale, totale Sinndeutungen aus dem naturistisch-materialistischen Menschenbild sind, wurde offenbar, als die Machthülle des Nationalsozialismus verbrannte. Sinndefizit und Spannungskrise stellten sich im Bewußtsein der Menschen sofort wieder ein, verschärft noch durch die Erkenntnis, daß man ja einem Trugbilde gefolgt war, das neben dem Wahn nichts anderes gestiftet hatte als eine entsetzliche Wirklichkeit. Was gibt es schlimmeres als das Empfinden, die Energien der Verzweiflung und der Revolte nicht nur einer Vergeblichkeit, sondern einer kunstvoll und bombastisch verhüllten Sinnwidrigkeit geopfert zu haben? Mußte eine solche Erfahrung nicht den allgemeinen Verdacht des Betrugs, der Unmoralität und die Verdächtigung im übrigen der eigenen Erkenntnisfähigkeit und Wertsensibilität ins Abgrundtiefe, ins Unermeßliche steigern? Von einer Clique verführt, die den deutschen Namen mit unsäglichen Verbrechen beschmutzt hatte, mußte man sich vor aller Welt auch noch der Lächerlichkeit preisgegeben fühlen. Sie und nicht die Schmerzen der Folter sind die Qual des Prangers. Würde und Ehre waren geschändet. Was bedeutete demgegenüber der Stoß in die Modernität, den der Nationalsozialismus im funktionalen Interesse der totalen Herrschaft den Deutschen versetzt hatte? »Der Volksgenosse verbietet die Wiederkehr des Untertanen; darin liegt sein spezifisch modernes Gesicht«, urteilt Dahrendorf über die soziale Revolution des Nationalsozialismus. Aber war damit, bei Lichte besehen, nicht die letzte immunisierende Kraft aus dem deutschen Körper genommen, die vor totalitärer, gleichmacherischer Infektion jedweder Observanz schützte? War hier unter dem Vorwand der Modernität und im Kampf gegen die Illiberalitäten des kantigen Eigenlebens nicht die Furche gezogen für den Flurbegang anderer Ideologen, Vereinfacher, Gleichmacher?

Nach dem Feldzug mit den Offizieren des Nihilismus, nach der großen Schlacht, der Niederlage und der Blessur breitete sich die Siuzidstimmung des totalen Sinnverlustes über das Land. Nun schien alles verloren, auch die Revolte. Mußte sich das Leben, das überlebt hatte, nun nicht geistig regenerieren, gleichsam um die zerschossenen Glieder erleichtert aufzusteigen zu höheren Orten des Sinns und des Heils? Würde der Aufstieg der Seele zurückführen in die Schwerefelder der Philosophie und Religion, nachdem sich der Ideologie-Verdacht ja nun gegen die Ersatzformen, die Verabsolutierung der materiell-interessenmäßigen und vitalistisch-antagonistischen Hypostasen der Menschennatur, mit einem Wort gegen die irdischen Heilslehren wenden mußte? Die Hoffnungen waren weitgespannt, man sprach vom Sinn der Niederlage, vom Gewinn, den der Verlust einbringe. Nach der gescheiterten klassemäßigen und der volklichen Erneuerung konnte nun die sittliche Erneuerung der Völker Europas beginnen, die ja alle dem Bösen anheimgefallen waren, auch wenn sie sich einbilden mochten, nur vom Schaum der Woge angerührt worden zu sein.

Das Ende

Es gehört zu den entscheidenden, die Zukunft geschichtsmächtig formenden Tatsachen, daß die geistig-sittliche Erneuerung Europas und der Deutschen im ganzen gesehen ausgeblieben ist. Die Bürger zogen aus dem Niederbruch eine andere Konsequenz: sie gingen heim ins Private, sie verließen die Öffentlichkeit, sie widmeten sich ihren persönlichen, individuellen Interessen. Daß der Individualismus keinen Gegenhalt zum Kollektivismus darbietet, sondern infolge seiner Atomisierung, Integrationsschwäche und reinen Quantifizierung des Interesses an öffentlichen Belangen geradezu die unabdingbare Voraussetzung für die politischen Mengen- und Massenlösungen schafft, haben wir an anderer Stelle schon gesagt. Nachdem aus der Vernichtung die Reintegration des Menschen in transzendente Sinnbezüge nicht gelungen war, begann die Monade zu dümpeln. Wesentlich vereinzelt, läßt sie sich beliebig gruppieren, denn sie lebt ja augenlos. Individualismus – Kollektivismus: Das ist kein qualitativer Unterschied, sondern eine Differenz der Situation.

Unter diesem Gesetz steht die Nachkriegszeit bis auf den heutigen Tag, und wenn dies ihr beherrschendes Gesetz ist, so bekommt die pathetische Rede vom Ende der Nachkriegszeit einen hohlen, gefällig-dümmlichen Klang. Denn die Nachkriegszeit wird eben so lange gelten, wie der Mensch zwischen den Aggregatzuständen des Individualismus und Kollektivismus hin- und herrutscht, was mit einigem Getöse und Geschrei geschieht, weil es eben wehtut, wenn Monaden aneinanderstoßen. Wir werden uns mit der geistigen und moralischen Armseligkeit der Nachkriegsperiode beschäftigen, mit ihren Vorteilen für den einzelnen, mit der Gnade der restaurierten »illiberalen« Strukturen; mit dem abstoßenden Pomade-, Parfüm-, Freizeit- und Reisegesellschaftsgeruch der in die Breite gewachsenen Kraft durch Freude in der Segensfolge der nationalsozialistischen sozialen Revolution; schließlich mit der Rebellion der Jugend, der neuen Rebellion zwanzig Jahre nach der letzten Schlacht um Berlin, dem Geheul über die illiberalen Strukturen der Metternichiade nach dem Krieg und der sich ausbreitenden Neigung, mit Blick auf die erkleckliche Zahl der ungleich Erfolgreichen im Lande sich wieder das ressentimentstillende Einheitsbad der gesellschaftlich-staatlich zugemessenen Gleichheit und Gerechtigkeit zu gönnen. Wir schwappen aus dem ökonomistischen Individualismus in den ökonomistischen Kollektivismus, der die Demokratie auf Kosten der Freiheit sich ausbreiten läßt, wie Schelsky in einem guten Aufsatz formulierte[63]. Wir werden diese Vorgänge schildern und dann darzulegen versuchen, was nicht nur dagegen, sondern was alternativ zu machen ist.

Denn was jetzt geschieht, ist entscheidend. Die bürgerliche Gesellschaft hat nach dem Abstieg der Sinndeutungen in den Mief und die Macht materialistischer und naturistischer Welt- und Menschenbilder offenbar nicht die Kraft sammeln können, um die Deszendenz in eine Aszendenz der Sinndeutungen umschlagen zu lassen und den Ideologie-Verdacht entschlossen gegen alles zu richten, was die Sinndeutungen aus dem Lehm und Sand der unteren Menschenregion motiviert haben könnte und motiviert. Nicht die Heilssehnsucht fehlt, nicht das Drängen nach einem umgreifenden Sinn; sie sind ja da, sie greifen ja wahllos nach Stoff und Grund. Was fehlt, ist der Sinn für Wertordnung, für Rangfolge, Ungleichheit der Schichten und Substanzen, aus denen die Welt sich fügt, für den aristokratischen Aufbau, an dem die aufknüpfenden und abköpfenden Robbespierres, Hitlers, Lenins aller Zeiten und Herkünfte nichts ändern werden. Freilich steht am Anfang die Erkenntnis und die Sensibilität des Erkennens und die Kraft des Erkennens. Zur sittlichen und metaphysischen Erkenntnis gehört zweifellos eine sensitive Disposition.

Wir wollen hier nicht die Frage behandeln, ob sie dem bürgerlichen Zeitalter in der Phase nach dem Krieg gänzlich, also dispositionell fehlt. Wir wollen am Ende unserer Betrachtung über die Spannungskrise des Bolschewismus und Nationalsozialismus nur einen wichtigen Grund nennen, der jeder sittlichen metaphysischen Erkenntnis, mithin auch einer Reintegration des Menschen auf eine höhere Sinnstufe sichtlich entgegensteht: Es ist die Ausraubung der sittlichen Kräfte durch die maximalen Engagements der totalitären Ideologien und der Befall mit der Asche des Zynismus in der Folge der Erkenntnis des gigantischen Betrugs, dem die sinn- und heilsuchenden Menschen zum Opfer gefallen waren.

Wir brauchen jetzt nicht zu wiederholen, daß Nationalsozialismus und Bolschewismus ohne die Antriebskräfte kollektiver Sinngläubigkeit die erkennbare historische Dimension des Erfolges, der Durchschlagskraft, der Vernichtung und Selbstzerstörung nie erreicht hätten. Es war ihnen gelungen, die transzendente Sehnsucht des Menschen, sein unendliches Interesse an seinem Heil, seinen Drang zur Unsterblichkeit und die für den Gott aufbewahrte Liebe auf sich zu ziehen. Die Menschen gaben ihr ein und alles, ihre Tapferkeit und ihre Glieder, ihre Ehre und ihren Nächsten, ihre Tugenden und ihre Grausamkeiten, ihr Edelstes und ihr Häßlichstes. Insofern sind die Zeiten der Herrschaft totalitärer Ideologien große Zeiten, vielleicht die größten aller Zeiten. Aber wenn der Rausch vorüber und die Talente ausgegeben sind, die Triumpfzüge sich in Gefangenentransporte verwandelt haben, die Feldherren die Waffen gegen sich selber richten und der heroische Anstifter gänzlich unheroisch, sozusagen hinter sich selbst herschießend die Szene verläßt, dann, ja dann ergreifen eben Müdigkeit und Elend die Tapferen. Sie bleiben Helden. Aber der Bettelrock des Wohlstandes deckt sie wie ein Harlekintuch. Zum Narren haben sie sich gemacht.

Zwischen Individualismus und Kollektivismus

Nach den wuchtigen Katastrophen im 20. Jahrhundert hätte man glauben können, die Schicht des Nihilismus, durch die Kierkegaard seine Zeit von der Wahrheit getrennt sah, sei durchbrochen, der ans Rad der Wiederkehr gebundene Mensch Friedrich Nietzsches habe die Zone der Dunkelheit durchrundet. Und wirklich: Mit dem Ende des Krieges und dem Ende seiner mächtigsten Motive verbanden alle diejenigen ihre sehnsüchtigen Hoffnungen, die sich nach dem Trommelwirbel am Boden liegend wiederfanden. Der Sturmlauf gegen die Transzendenz, den Deutschland mit höchstem Einsatz gewagt hatte, war gescheitert. Daß aber die bolschewistische Macht, die ihren Kampf gegen die geistig-religiöse Transzendenz mit dem Totalanspruch des Gesellschafts-, des Produktionsprozesses führte, zu den Siegern zählte, gehört zu den großen Inkonsequenzen, naiv gesagt zu den großen Ungerechtigkeiten der Geschichte. Neues Leid und neue gefährliche Spannungen sollten daraus hervorgehen.

Welchem Ziel konnten die Hoffnungen gelten? Nicht nur Deutschlands Macht war gebrochen, West-Europa hatte seine weltpolitisch bestimmende Rolle eingebüßt. Die Geburtsstätte des liberalen Zeitalters, der bürgerlichen Zivilisation, der weltwirtschaftlichen und imperialen Expansion, der Rationalisierung des Staates, der Wissenschaften und des Gesellschaftsprozesses schien verbrannt und zerfallen. Die Flamme fraß sich in die Geschichte zurück. Die Macht- und Einigungskriege seit der Französischen Revolution mögen noch so unterschiedliche Anlässe und unvergleichliche Motive gehabt haben – jetzt, in der Perspektive der Niederlage traten die einzelnen Ereignisse aus einem einzigen Hintergrund hervor, den Alexis Toqueville und Donoso Cortés mit der Prognose beleuchtet hatten, Rußland und die Vereinigten Staaten von Amerika, beide christlichen Kulturen entstammend, würden Europa überschatten und die Demokratisierung und Zentralisierung der Menschheit vollenden. Ist es zu kühn, zu behaupten, daß der bürgerliche Caesarismus Napoleons und der plebejische Caesarismus Hitlers Versuche darstellten, den Konsequenzen dieser Entwicklung durch eine gewaltsame Einigung Europas und seine Befestigung zur Weltmacht zuvorzukommen?

Hoffnung auf Erneuerung

Wie man diese Frage auch beantworten mag, mit dem Handschlag der ungleichen Kriegsalliierten an der Elbe war Toquevilles vielzitierte Voraussage in »La Démocratie en Amérique« Wirklichkeit geworden. Sie wirkt fort – wir müssen heute sogar sagen, daß sie sich, mit Gewohnheiten und Bequemlichkeiten beschwert, noch tiefer in den durchweichten Boden Europas eingesenkt hat. Nachdem die Politik gescheitert war, zu der sich die naturistischen Antworten auf die Sinnfrage konkretisiert hatten, hing die hellere Zukunft Europas von zwei Entscheidungen ab: der Entscheidung gegen die Verabsolutierung des Gesellschaftsprozesses in jedweder Form, primär natürlich in der unmittelbar drohenden kollektivistischen, und der Entscheidung für die christlich-humanistischen Auskunftsmittel des traditionellen westlichen Denkens, das sich gegenüber der Transzendenz nicht verschlossen hatte, sondern offen geblieben war. In der Kombination beider Entscheidungen, in der Überwindung der materialistischen Deutungskategorien und ihrer konkreten Politik durch neue philosophische und religiöse Sinnbezüge hätte die Konsequenz aus dem Niedergang und die Inkarnation der Hoffnung gelegen.

Die Chance dazu bestand, und sie wurde in Ansätzen sogar genutzt. Europa trauerte und litt nicht nur physisch, und Deutschland beweinte nicht nur die Wunden, die ihm von den Kriegsgegnern und Siegern zugefügt worden waren. Die Deutschen erkannten auch die Verblendung, der sie anheimgefallen waren, sie lösten sich mit ungewöhnlicher Geschwindigkeit, gleichsam in der ersten Besatzungsnacht von der nationalsozialistischen Idee und Ideologie, von der Loyalität gegenüber dem Führer und den Unterführern, vom übersteigerten Nationalismus, der mehr auf der Verachtung anderer als auf der Liebe zum Vaterland beruht hatte. Es gab weder eine Dolchstoßlegende noch einen aus gemeinschaftlichen Motiven quellenden Haß gegen die Siegermächte. Zu den wenigen Kontinuitäten zählte die Abneigung gegenüber dem Bolschewismus. Zwar war der Vernichtungshaß gewichen, den die nationalsozialistische Propaganda geschürt hatte. Doch überlebten die Gründe der Ablehnung die Niederlage, erneut bekräftigt durch die Angst und den Schrecken, den die Rote Armee verbreitete, wo immer in Europa sie auftrat. Gerade die Angst machte die Abneigung tief, meist sogar endgültig. Sie deformierte das Bild Rußlands für Jahre, verschloß die Poren gegenüber der kommunistischen Ideologie und verlieh der Blickwendung nach dem Westen den Charakter einer geistigen und menschlichen Entscheidung.

Letztlich gaben dafür aber nicht die Grausamkeiten der einbrechenden Russen den Ausschlag, sondern die teils instinktive, teils bewußte Abwehr gegen den totalitären Kommunismus, genauer gesagt, den Totalitarismus, der sich im Kommunismus verkörpert. Hätte die Sowjetarmee die Ideologie nicht auf den Bajonetten nach Deutschland getragen und die Statthalter der russischen Machtideologie nicht mit Gewalt in die Führungspositionen gebracht und dort gehalten – die Sowjetisierung Mitteldeutschlands wäre ebenso gescheitert wie Lenins Versuch nach dem Ersten Weltkrieg, die Weltrevolution von seiner Bauerngegend ins deutsche Industrieproletariat zu übertragen. Zum zweiten Male hätte der Kommunismus in Deutschland sterben müssen – welch eine Perspektive für das Land Hegels und Marx'. Daß die Kräfte der Resistenz sich überall dort mit Erfolg durchsetzten, wo nicht totalitäre Gewalt und gemeiner Betrug sie brach, gereicht den Deutschen zur Ehre. Daß es nach dem 20. Juli 1944 einen 17. Juni 1953 gegeben hat, eine Sozialdemokratische Partei Schumachers und Reuters und eine Wiederauferstehung Berlins als der moralischen Hauptstadt des freien Vaterlandes gehört nicht nur zum Trost, sondern zu den Hoffnungszeichen der Nachkriegszeit.

Es war weniger eine gesuchte Chance als eine Fügung, daß die Deutschen nach dem irrationalen Ausbruchsversuch aus der Entfremdung eine bedeutende, vielleicht sogar entscheidende Rolle bei der Abwehr und Eindämmung der zweiten aggressiven Heilslehre, der kommunistischen, übernahmen. Der ungewöhnliche, überraschende Vorteil des Rollenwechsels wurde mit der Spaltung der Nation bezahlt, obwohl eine Spaltung, eine vielleicht noch furchtbarere, sicher auch dann eingetreten wäre, wenn der westliche Teil des Landes den kommunistischen Weg des östlichen Teils freiwillig mitgegangen wäre. Denn wir können davon ausgehen, daß die Sieger nach dem Kriege weder einen kommunistischen noch einen westlich orientierten deutschen Gesamtstaat zugelassen hätten. Tatsächlich war es so, daß die sowjetische Macht die Spaltung herbeiführen mußte, um den Kommunismus wenigstens in ihrem Besatzungsbereich an der Macht zu halten. Und tatsächlich war es so, daß der westliche Teil Deutschlands im Interesse der Freiheit die entschiedene Hinwendung zur rechtsstaatlich-liberalen Welt auch unter Bedingungen und Begleiterscheinungen vollziehen mußte, die das Ziel der Einheit noch weiter in die Ferne rücken ließen. Ziel der Freiheit blieb das ganze Deutschland jedoch während zwanzig Jahren deutscher Politik.

Mit der Entstehung der Bundesrepublik Deutschland wandte sich zum ersten Male seit der Zeit der Rheinbundstaaten ein deutsches Staatsgebilde rückhaltlos und ohne Vorbehalte den westlichen Demokratien zu, die vom rational-humanitären Staats- und Gesellschaftsdenken der Aufklärungszeit geprägt waren. Auch die Leidenschaften des Krieges hatten die eigenartige Vernunftkühle, die ihre Lebensorganisation durchwaltete, nicht vertrieben. Das traditionell vom idealistisch-romantischen Geist bestimmte Deutschland zum atlantischen Westen gewendet zu haben, kann heute schon Konrad Adenauers größtes Verdienst genannt werden. Während die Verbindung zu den Vereinigten Staaten, die formal in der NATO, kordial in Berlin und geistig im Prinzip der Freiheit gefunden wurde, bedeutende weltpolitische Perspektiven eröffnete, in denen zumindest zeitweise die Figur des ganzen Deutschland auftauchte, um freilich wieder zu verschwinden, schien sich in der Europa-Politik auf dem Hintergrund der amerikanischen Protektion und angesichts der sowjetischen Herausforderung eine entscheidende Wendung vorzubereiten. Der Widerspruch zum deutschen Einheitsziel wurde wahrgenommen, aber letztlich für überwindbar gehalten. Glaubte man doch an die Zukunft eines freien Gesamt-Europas.

Europa, zunächst in der faßbaren Gestalt Westeuropas angestrebt, war mehr als ein wirtschaftliches, mehr als ein defensives, politisches Projekt – Europa war eine Idee. Nicht nur die verlorene Nation machte unzähligen Deutschen die Hinwendung zu Europa leicht, nicht nur die Verzweiflung, die sich mit der Nüchternheit der Nützlichkeit tarnte, manchmal aber auch in der arroganten Pose des Besiegten auftrat, der den Abschied auch der anderen Völker von ihrer Souveränität für selbstverständlich hielt – die Attraktion der Europaidee hatte zwei tiefere Gründe. Schon der Nationalsozialismus war ja nicht mehr an der Nation im klassischen Sinne, im Sinne der nationalstaatlichen Bewegung, orientiert gewesen, sondern an der Rassenation, der Grenzen überschreitenden, die Orientierung am Volk im natürlichen Sinne sprengenden Gemeinschaft aller gleich und rein Arischen. Die biologische, nicht die historische Gemeinschaft war Ausgangspunkt und Ziel der nationalsozialistischen Ideologie. Da Europa zweifellos der Hauptsitz der insgesamt über die Grenzen seiner Staaten hinweg versprengten und zersiedelten Rassegenossen war, spielte die Europa-Idee eine zumindest geographische Rolle, bei manchen nicht-deutschen Nationalsozialisten eine gleichsam inoffizielle geistige.

Es ist sicher sehr kühn und durchaus anfechtbar, die »Europa-Idee« der grenzenlosen Rassenation und die Europa-Idee nach dem Kriege in einem Atemzuge zu nennen. Sie haben auch nichts miteinander zu tun, sind gänzlich unvergleichbar. Doch erleichterte die Auflösung des strengen Nation-Begriffs in der nationalsozialistischen Zeit den Übergang der Deutschen zur supranationalen Denkweise. Dieser Umstand – neben der Aversion gegenüber dem Bolschewismus eine zweite Kontinuität, wenn auch eine ganz schwache, ja sogar flüchtige – wurde bewußt kaum zur Kenntnis genommen. Denn im Kriege war der quasi-universale Rassenation-Begriff schnell und zwangsläufig auf den klassischen Nation-Begriff des konkreten deutschen Volkes zurückgenommen worden, wie in der Sowjetunion der internationalistische Kommunismus durch das Vaterland, das es gegen die Eindringlinge zu verteidigen galt, eine nationale Fassung und Formung erhalten hatte. Doch blieb der Ausgangspunkt, blieben die Weltrevolution der Proletarier hier und die Weltherrschaft der arischen Rasse dort unvergessen. Hätte der Nationalsozialismus über den Bolschewismus den Sieg davongetragen, so hätte die Rassepolitik mit Sicherheit den Versuch gemacht, die engen Grenzen der Volksnation wieder zu durchbrechen.

Viel wichtiger und voll zu Bewußtsein gekommen war aber ein anderes, ein historisches Element der europäischen Vermittlung: die abendländisch-christliche Idee. Sie gehörte zur persönlichen Gedankensphäre Adenauers, de Gasperis und Robert Schumans, die in einem der glücklichen Augenblicke, mit denen die Geschichte so geizig umgeht, gemeinsam in der europäischen Politik wirken konnten. Heute müssen wir sagen, daß die christliche Idee in den Köpfen der europäischen Repräsentanten kraftvoller lebte und wirkte als im Leibe der Völker. Die Chance der christlichen Idee, die es immer schon schwer hatte, eine unverdächtige politische Gestalt anzunehmen, bestand in der besonderen Eigenart ihrer Legitimation. Sie war die wirkungsvollste Widerstands-Idee in allen Ländern gewesen, die unter der Besatzung, dem Terror und der feindseligen Ideologie des Nationalsozialismus zu leiden hatten. Die sozialistische Idee verfügte nicht annähernd über die tröstende und versöhnende Kraft des alle Menschen, nicht nur die Proletarier verbindenden christlichen Glaubens. Daraus erwuchs dem Christentum ein Ansehen, das im politischen Bereich als christliche Idee auch diejenigen animierte, die der religiösen Lehre im eigentlichen Sinne ihre Zustimmung versagten.

Die Verbindung zwischen Politik und christlichem Denken, aus dem gesellschaftspolitischen Bereich hinausgetragen in die durchlüftete Dimension der Außenpolitik, gemahnte an den Durchstich eines zusammengebrochenen Tunnels[1]. Man war sich untereinander klar, daß es eine christliche Politik im konkreten, die Einzelentscheidung bestimmenden Sinne nicht geben könne, doch sollte christlicher Geist die Art der Zusammenarbeit, die Weise der Begegnung beflügeln – mehr ein Postulat, ein Pflichtbegriff, eine Lehre aus den Schrecken der Vergangenheit als eine Anleitung zum praktischen Handeln. Die Wirkung war größer, als es uns heute vorkommen mag, den Historikern bietet sich ein dankbares Feld. Der Wille zum Handeln, zur Entscheidung, erhielt von da her seine Entschiedenheit. Ein Geist, der nicht korrumpiert, nicht bis in die Tiefe verwirrt, nicht zweifelhaft und nicht verzweifelt war, wirkte heilend und ordnend auf die Gegenwart. Die Kontinuität des Christentums, verkörpert in der Unberührtheit und Unbeschädigtheit einiger bedeutender europäischer Politiker, war ein Hoffnungszeichen für die Geschlagenen.

Restauration und Liberalismus

Die Kontinuität des Christentums und die Autorität der großen Männer gab der ersten Nachkriegszeit bei allen modernen Tendenzen, die in den europäischen Gemeinschaften, im wirtschaftlich-industriellen Aufschwung und im raschen Abbau, man kann schon sagen Abriß nationaler und kriegsbedingter Animositäten zum Ausdruck kamen, Züge der Restauration. Wir meinen das nicht im abstrakten, allzu beliebig drehbaren Sinn des Wortes, sondern historisch, konkret[2]. Ähnlich wie nach der Erschöpfungs-Periode der napoleonischen Kriege, nur noch viel erschöpfter und enttäuschter, suchten die Völker in Europa Ruhe und Sinn in soliden, zuverlässigen und möglichst bewährten Ordnungen und Institutionen. Sie konnten nur bürgerlich-liberal und christlich-sozial sein. Revolutionäre Bewegungen und Ideologien hatten keine Chance, selbst für sozialistische Parteien wurde die Lage prekär. Schumacher scheiterte in Deutschland, weil er einem asketischen Ideal folgte, national und sozial seinen Landsleuten zu viel abforderte und selbst praktischen Fragen ein missionarisches Gewand überzuwerfen pflegte. Von Heroismus, Fanatismus und elementarer Willensdynamik hatten die Menschen aber genug. In Deutschland zumal lag nicht nur eine Zeit des Terrors, sondern eine Zeit der Revolution hinter ihnen. Sie wollten harmonisch leben und nicht gleich wieder zur Kolonne formiert werden.

Man war also durchaus bereit, die hohe Politik den europäischen Staatsmännern zu überlassen, denen man glaubte vertrauen zu können. Für den Bürger unten gab es damals zahllose persönliche, private Probleme, die mit der Reorganisation seines familiären und beruflichen Lebens zusammenhingen und von der Sorge um das wirtschaftliche Überleben beherrscht wurden. Das erregende Erlebnis für den Bürger dieser Tage steckte in der »kleinen Lage« seiner unmittelbaren Umwelt, in die er zunächst auch kommunikativ und informationsmäßig zurückgefallen war. Die Explosion, die alles auseinandergerissen hatte, war so gewaltig, so betäubend gewesen, daß die »große Lage« ihn nur insoweit interessierte, als sie Quelle eines weiteren, unabsehbaren Unheils oder die Quelle der Linderung des Schmerzes und der allgemeinen Vorsorge für ein besseres Leben sein würde. Der Erfolg der Bundesrepublik Deutschland und ihrer ersten Machtelite beruhte hauptsächlich darauf, daß sie auf diese Angstfrage beruhigende und beschwichtigende, ja bald sogar ermutigende und gewinnbringende Antworten geben konnte.

Aber auch die »große Lage« gewann überraschend schnell eine feste, für den freien Teil Deutschlands günstige Kontur. Das Bündnis der westlichen Demokratien und der kommunistischen Sowjetunion fiel mit dem Erreichen des Kriegsziels, dem Sieg über Deutschland, auseinander. Die Logik der unvereinbaren Systeme gewann die Oberhand, verstärkt, ja dynamisiert durch das Vordringen des zweiten Totalitarismus bis in das geographische und geistige Herz des ersten. Welche Bedeutung die Überwälzung Preußens durch den Kommunismus, die Verbindung zweier harter, dezisionistischer Lebens- und Weltbilder einmal zeitigen wird, wissen wir heute noch nicht. Es wäre nur vernünftig, diesen Zusammenstrom zweier so bedeutender historischer Kräfte nicht zu unterschätzen. Der Kampf, den die Usurpation Osteuropas und Mitteleuropas kostete, die Unterdrückung aller liberalen Regungen des Verfassungslebens, des Wirtschaftens und Denkens, die gewaltsame Programmierung der Menschen auf den Nenner der kommunistischen universalen Lebensdoktrin, überformte das heldenhafte Bild des kriegerischen Rußlands und enthüllte ihr eigentliches Kriegsmotiv: die Not des Existenzkampfes gegen die Deutschen zum Anlaß zu nehmen, das imperiale Ziel zu erreichen. Russische Großmachtpolitik und weltrevolutionärer Messianismus strebten in die Rolle der europäischen Hegemonie.

Sollte Moskau im roll back gelingen, was die westliche Welt dem Berlin des Dritten Reiches mit allen Mitteln verwehrt hatte? Polens Schicksal, das Ende der freien Tschechoslowakei, die Blockade Berlins und im Fernen Osten schließlich die koreanische Krise gaben den führenden Männern des Westens ein ausreichendes Motiv, ihre ermüdeten, vom Friedenswillen beherrschten Völker zu einer neuen gemeinsamen Anstrengung der Abwehr und Wachsamkeit zu bewegen. Die Rolle der Führungsmacht, in die Amerika unter Präsident Truman hineinwuchs, die Finanzierung des Aufbaus der europäischen Volkswirtschaften, die politische, militärische und moralische Rearmierung Westeuropas waren unmittelbare Folgen der hegemonialen Politik Moskaus. Die Abrechnung mit Stalin beim XX. Parteikongreß dürfte auch diesen katastrophalen Bilanzposten enthalten haben. Während Mitteldeutschland an die kommunistische Macht fiel, entglitt der gesamte Westen und Süden des Landes dem Zugriff, ja sogar dem Einfluß des Kommunismus. Mehr noch: die Westmächte, das große Potential ihrer Besatzungszonen in Deutschland erkennend, gliederten die besiegten Deutschen in ihre Abwehrfront ein – Stück für Stück zwar, Schritt für Schritt, aber zielstrebig und mit großem Erfolg.

Die deutschen Erfahrungen mit dem Bolschewismus wurden durch die Nachkriegs-Entwicklung also nicht nur bestätigt, sondern legitimiert und zu einem Bestandteil der herrschenden westlichen Politik und Weltmeinung umgeformt. Aus diesem Grunde konstituierte sich die Bundesrepublik nicht nur als eine Art »Ostmark« des Westens. Man schob sie nicht einfach als Rammbock vor, sondern nahm sie immer bereitwilliger ins Bündnis auf und konzedierte ihr sogar den Anspruch, als derjenige Teil des reorganisierten Deutschlands zu gelten, dem die Rechtsnachfolge und die Legitimität des ganzen Landes zukamen. Dies war nicht nur ein Erfolg, der zusammen mit dem wirtschaftlichen und sozialen Aufstieg die Heilung von den Kriegsfolgen in einer Art Wunder sich vollziehen ließ, sondern schuf auch jene feste, von der Mehrheit des Volkes getragene Bindung an den Westen, die eine Neuorientierung des politischen Geistes in einem Teil Deutschlands ermöglichte. Heute, da die zweite politische Elite in der Bundesrepublik dabei ist, diese im Laufe der Jahre freilich schwächer und widersprüchlicher gewordenen Entwicklung zu revidieren, wird der Charakter der Epoche bestimmbar. Die Bundesrepublik Deutschland und der in ihr lebende Volksteil haben nach 1948 eine verhältnismäßig glückliche und günstige Zeit erlebt, die mit der historischen Restauration nach Napoleon gewisse Ähnlichkeiten besaß: die Gelegenheit zur Erholung, einen gemeinsamen Gegner – den Kommunismus anstelle der Verfassungsbewegungen – und ein gemeinsames Ideal: die Legitimität des freiheitlich-demokratischen Systems.

Der Vergleich hinkt an einer entscheidenden, für unseren Zusammenhang bezeichnenden Stelle. Die Legitimität des freiheitlich-demokratischen Systems wurde im Unterschied zur Legitimität der Fürstenhäuser in der Zeit Metternichs nicht nur von einer ganz dünnen, machthabenden Oberschicht vertreten und gegen mehr oder weniger anders gesinnte Teile des Volkes durchgesetzt, sondern gerade durch die Zustimmung aus der Breite begründet und getragen. Allerdings zeichnete sich das Verhältnis zwischen den Staatsmännern der Zeit nach Hitler und den Völkern Westeuropas weniger durch gestaltende Aktivität von unten als durch deutlich erkennbare Anzeichen eines passiven Konsensus aus. So entwickelten sich die neu gegründeten Parteien in Deutschland zum Beispiel nur zu Wählerparteien, nicht zu Mitgliederparteien. Die Beteiligung an der Politik blieb hinter der Zustimmung oder der Ablehnung der konkret gebotenen und betriebenen Entscheidungen zurück. Man urteilte zwar, engagierte sich aber nicht gern. Die Macht des Lobbyismus kann auch als Politik-Ferne begriffen werden: das ganze Interesse galt dem Nutzen, den die Politik zu bieten hatte. Unter dieser Abstinenz, dem Mißtrauen und der Leichtigkeit, mit der Motive der Politik verdächtigt wurden, litten die politischen Repräsentanten. Sie erreichten in der Bundesrepublik in der Breite nicht die Qualifikation, wie sie aus langer parlamentarischer Übung und Tradition erwächst. Die Parteien und die Parlamente, die Exekutiven und die Verwaltungen erklommen, wie später die Soldaten der neuen Armee, nur mühsam die Stufe eines ansehnlichen Sozialprestiges. Distanz und Mitleid, ja Geringschätzung überwogen oft die Regungen einfachen Respekts.

Mit einem Wort: Der Staat und seine Gemeinschaftsaufgaben blieben hinter der Wirtschaft und ihren Individualinteressen zurück. Auch dieses Merkmal beschränkte sich nicht auf die Bundesrepublik, doch wurde es für sie bestimmend. Erneut zeigte sich, daß der liberale Verfassungsstaat, so gern man ihn sah, duldete und nutzte, bei uns nicht aus einer Entwicklung des Volkswillens erwachsen, sondern dem Volke von einer Obrigkeit, zuletzt der Besatzungsobrigkeit aufoktroyiert worden ist. Die Freiheit und Rechtsstaatlichkeit ist nicht »zum Bewußtsein ihrer selbst« gekommen, wie schon die Nation in der konkreten Gestalt des Deutschen Reiches im Unterschied und Gegensatz zur nationalstaatlichen Bewegung insgesamt den Weg zum harrenden Volk von oben, durch eine Vereinigung der Fürsten, genommen hatte. So fehlte ein wichtiger Lebensimpuls. Die Nation kam zuerst ohne die volle konstitutionelle Freiheit zu den Deutschen: 1871. Und am Ende kam die volle konstitutionelle Freiheit ohne die Nation zu den Deutschen: 1949. Bis auf die Zeit der Weimarer Republik, die bei all ihren Legitimitäts- und Sozialkonflikten als eine Periode der Einheit von Nation und Freiheit gelten darf, gelangte die moderne nationalstaatliche Verfassungsbewegung entweder enthauptet oder entleibt in Deutschland zur Geltung. Dies erklärt das nationalistische Anti-Westlertum bis zum Ende des Zweiten Weltkrieges und den westlichen Anti-Nationalismus nach diesem Kriege.

Die Ausgewogenheit und der Schutz vor Extremen fehlten uns aber nicht nur auf diesem Gebiet. Die unnatürliche Aufspaltung der nationalstaatlichen Bewegung in die aufeinanderfolgenden Phasen des Nationalismus und Liberalismus hat die Intentionen des deutschen Bürgertums nicht nur auf die Themen des Leistungswissens abgedrängt, sondern diese Themen auch in oft extremer Weise dynamisiert. Naturwissenschaft, Technik, Industrialisierung und Wirtschaft rückten in die obersten Ränge der Wertordnung vor und sicherten dem Professor, dem Forscher und Ingenieur sowie dem Industriekapitän für lange Zeit ein erstklassiges Sozialprestige. In der kaiserlichen Zeit Deutschlands mit ihrer schwachen konstitutionellen Ausprägung beherrschte die adelig-agrarische Oberschicht die Politik, während der Bürger seine Freiheit und Selbstbestätigung in der praktischen Transzendenz suchte. Den mangelnden Einfluß auf die genuin politischen Entscheidungen kompensierte er jedoch zusätzlich durch eine »Nationalisierung« der industriellen, handelsmäßigen und wissenschaftlichen Leistungen. Diese Leistungen wurden »deutsch«.

Vom Volk der Dichter und Denker konnte jedenfalls seit der Gründerzeit nicht mehr die Rede sein. Die Dichterklause und die Hauslehrerenge hatte der Deutsche verlassen. Die Materialisierung und Ökonomisierung des Denkens trug in der Epoche zwischen dem deutsch-französischen Krieg und dem Weltkrieg zu einer ungeheuren Laxheit und Libertinage bei, die als wilhelminische Großmannssucht und Großmäuligkeit, aber auch als die belle epoque in die europäische Geschichte eingegangen ist. Der Geist des Abendlandes war endgültig auf dem materialistischen und vitalistischen Grund der Menschennatur und seiner vermessenen Sinnprojektionen angelangt. Die Hoffnungslosigkeit und Rettungslosigkeit des Europas nach dem Ersten Weltkrieg und des deutschen Konfliktgemenges waren vornehmlich darin begründet. Die praktische Transzendenz, zuerst von der nationalistischen, dann von der liberalistischen Aggressivität aufgeblasen, mußte zu Zeiten der Höchstleistungen nicht anders als in Zeiten der höchsten Not größte Wertschätzung erfahren. Zwar versuchte der Nationalsozialismus, den Blick in die Welt und ihre dort verwobenen Interessen auf das Leben des Volkes zurückzuzwingen, doch mußte er sich der Wissenschaft und Forschung, der Industrie und des Handels bedienen, um das Ziel der Weltherrschaft angehen zu können. Er kam nicht los von dem, was ihn den Menschen teilweise oder ganz entgleiten ließ.

Nach dem Zweiten Weltkrieg entkamen Wissenschaft, Technik, Industrie und Wirtschaft als erste dem politischen Zwang und der militärisch bedingten Enge des Programms. Sie wurden frei, früher frei als die Politik und freier als die Politik im westlichen Teil Deutschlands. Nach den Enttäuschungen, die alle Bürger mit der nationalsozialistischen Politik erlebt hatten, kehrten sie der Politik überhaupt den Rücken und gaben der Beschäftigung mit den rasch aufblühenden und gewinnbringenden Zweigen der wirtschaftlichen Leistung den Vorrang. Industrie und Handel, Wissenschaft und Technik bezogen ihren Impuls nun nicht mehr aus den nationalistischen Antrieben eines politisch unterprivilegierten Bürgertums oder aus der autarkistisch-kriegstechnischen Herausforderung, sondern aus der Dynamik des Liberalismus. Die Eigenkräfte der persöhnlichen Initiative, der Begabung und des Interesses sollten jetzt unbehindert zur Entfaltung kommen, so daß einzig die Kriterien des Erfolgs, des Marktes und der Funktionalität über den Gesellschaftsprozeß und seine Regulierung entscheiden würden. Der Staat hatte den Weg dahin freizugeben oder ihn sogar zu bereiten. Seine Rolle war auf die äußere und innere Sicherheit sowie auf den sozialen Ausgleich beschränkt. Gerade diese Aufgabe erfüllte er angesichts der sozialgesetzgeberischen Tradition Deutschlands beispielhaft, ja imponierend gut. Sie bezog sich allerdings nur auf die Fürsorge und Vorsorge für das Individuum und für Gruppen. Zu einer bedachtsamen Politik der Sozialinvestitionen und rechtzeitigen Strukturanpassungen reichten Macht und Einfluß des Staates nicht aus. Die Schatten der Vergangenheit lagen über ihm. Die soziale Marktwirtschaft wiederum funktionierte nicht im öffentlichen Bereich.

Das Vordringen des Ökonomismus

Im Rückblick auf die Jahre seit dem Ende des Krieges stellt sich der Ökonomismus in seiner individualistischen, auf das Interesse des einzelnen ausgerichteten Form als die stärkste Lebensmacht dar[3]. Sie überformte sehr schnell und von Jahr zu Jahr mehr die christlichen und die allgemein geistigen Ansätze zur Überwindung der materialistischen Deutungskategorien. Man hat, um im Bilde zu sprechen, den Eindruck, als sei den philosophischen und religiösen Sinnantworten der take off aus der Talsohle des europäischen Lebens nicht gelungen, als hätten sie nicht die Energie und das Tempo entwickeln können, die man zum Lüften der schweren Lasten benötigt. Dabei war die Bahn frei, keine Staatsmacht und keine Ideologie standen mehr im Wege. Im Gegenteil: die Repräsentanten der ersten zwanzig Jahre nach dem Krieg waren, wie wir sagten, zum großen Teil Männer christlichen Bekenntnisses oder christlicher Vorstellungswelt und persönlich davon überzeugt, daß der Weltkrise letztlich nur mit geistigen und sittlichen Mitteln beizukommen sei. Sie belebten mit diesem Geist die gemeinsamen außenpolitischen Interessen, wie wir gesehen haben, begünstigten aber auch innerhalb ihrer Länder die religiösen, traditionellen und sittenerhaltenden Kräfte, Institutionen und Gruppen, soweit es Geschichte und innenpolitische Situation ihnen jeweils erlaubten.

Die Modernität, in die Deutschland während der nationalsozialistischen Revolution gestoßen worden war, verlor im westlichen Teil des Landes wieder Terrain. Erneut entstanden in der Gesellschaft zahlreiche Einrichtungen und Vereinigungen, die im staats- und ideologiefrei gewordenen Raum unbehindert, ja zum Teil gefördert und begünstigt existierten, sich gegeneinander abschlossen, miteinander konkurrierten und ihre Rechte und Regeln restaurierten. Im Schulwesen, an den Universitäten und in der Vielfalt des Vereinslebens machte sich diese Bewegung am deutlichsten bemerkbar, die Tarifpartnerschaft wurde eine regulierende Kraft im Arbeitsleben, und die Kirchen entfalteten aus ihrer privilegierten Stellung heraus eine breite, auf die politischen Entscheidungen einwirkende Aktivität. Die Gesellschaft gewann die von Dahrendorf »illiberal« genannten Strukturen wieder zurück. Doch erwies sich vieles, was traditionelle Ansprüche erhob, auf alte Rechte, Sitten und Bräuche pochte, als künstliche Wiederbelebung und kostümiertes Interesse. Die Revolution seit 1933 hatte die alten Gewebe eben doch in der Tiefe zerrissen. Auch am religiösen Leben war sie nicht spurlos vorübergegangen.

Ohne den Märtyrern der modernen Christenheit und den zahlreichen bekennenden und praktizierenden Christen aller Konfessionen zu nahe treten und ihre persönliche Tapferkeit und Treue anzweifeln zu wollen, müssen wir feststellen, daß ihr Beispiel nicht die Nachfolge fand, die es verdient hätte. Das betraf zwar nicht die innere Gewißheit der Gläubigen, hatte aber eine große, wir meinen sogar entscheidende Bedeutung für den Geist, der das staatliche und gesellschaftliche Leben schließlich beherrschte. Der Blick auf die jüngste Vergangenheit erfaßt dabei nur einen kleinen Ausschnitt der Entwicklung. Christliche Gläubigkeit und christlicher Geist befinden sich in Wirklichkeit in der ganzen, von uns behandelten Geschichtsperiode der letzten einhundertfünfzig Jahre auf dem Rückzug, eine Bewegung, die als ein Verlust an Glaubensbreite, nicht als Verlust an individueller Glaubenstiefe aufzufassen ist, sich ganz langsam vollzieht und durch die historische Gestalt und Einflußmacht der

Kirchen, besonders der katholischen, selbst heute noch verdeckt wird. Die Todfeindschaft des Bolschewismus und Nationalsozialismus und die zum Teil heroische Gegenwehr und Resurrektion der Kirchen ließen den Eindruck entstehen, als entscheide sich hier erst der Kampf und führe zu einem Resultat. Tatsächlich aber zeigte die Konfrontation selbst schon, daß die Heilssehnsucht den Fanatismus der Gegenpositionen speiste. Sie ist auch nach deren Zusammenbruch nicht mehr zu den alten christlichen Glaubensinhalten zurückgekehrt.

Es gibt also gewichtige Gründe dafür, warum die Rückkehr zur christlichen Sinn- und Lebensdeutung in der Breite der Nachkriegsgesellschaft trotz schwerster Erschütterungen der ideologischen Auskunftsmittel, trotz des Bekenntnisses der allgemein anerkannten Repräsentanten und trotz offizieller Förderung kirchlicher Institutionen nicht gelang. Es blieb bei Ansätzen und Anläufen. Der Geist der Zeit wurde davon nicht erleuchtet, der Individualismus überwand nicht sich selbst, der Materialismus fiel nicht ab. Der Geist in der Nachkriegszeit erwies sich überhaupt nicht als geistig im Sinne des Wortes. Man dachte in der prägenden Mehrheit nicht nur nicht religiös, sondern auch nicht vorrangig gebildet und kultiviert. Man dachte weder voraus noch an andere, nicht über die eigenen Interessen hinaus und auch nicht gern über das Vergangene nach. Man vermied es, wenn irgendmöglich, an Ernstes zu denken, da das Leben ja ernst genug sei, dachte umso lieber an »Schönes«, wobei man unter schönen Dingen vor allem leichte Dinge verstand. Dieses geistige Verhalten war ein Reflex auf die Härten des Lebens, die man erfahren hatte, auf seine Kürze, Verwundbarkeit, sein prekäres Glück und auf die Härte, die Anstrengungen und die wolkenhaft rasch vorüberziehenden Chancen der Gegenwart. Der Rückzug ins Private hatte vielfach eine gewinnende familiäre Seite. Die Menschen erholten sich von dem furchtbaren Niederschlag. Doch gewann ihre Existenz keine geistige Dimension. Auf die wilden Ausbrüche gegen die Transzendenz folgte eine merkwürdig transzendenzlose Zeit.

Sie war ökonomisch ungemein erfolgreich, im Politischen unideologisch-pragmatisch, in der Haltung liberal und pluralistisch. Für viele Menschen gilt sie schon heute als Inbegriff einer glücklichen Periode. Der Wiederaufbau und der rasche Aufstieg besonders der Bundesrepublik ließen über Jahre die sozialen Unterschiede hinter die Gemeinsamkeit des Erfolges zurücktreten. Die angenehme soziale Temperatur gründete auf einem allgemein sich ausbreitenden Wohlstand, der für eine gewisse Zeit jeden zum Ziel seiner überkommenen Wunschvorstellungen zu führen schien. Den Deutschen in der Bundesrepublik ging es wirtschaftlich so gut, daß sie insgesamt zu einem Gegenstand der Bewunderung wurden, sich auch selbst zu bewundern begannen und daraus einen gelegentlich etwas laut geäußerten Kollektiv-Stolz der Teilnation entwickelten. An die ganze Nation, an den anderen, sowjetisierten Teil Deutschlands wurde in der Breite nicht oft und nicht nachhaltig gedacht. Dem nationalen Empfinden ging es ähnlich wie der Religiosität: man redete immer davon, dachte aber fast nie daran. Das Thema wurde zum Gegenstand der Rechenhaftigkeit, zum Kostenpunkt. Auch die Nation als Idee fiel der Transzendenzlosigkeit anheim.

Erinnert uns im Rückblick nicht manches an die Gründerzeit, die im kaiserlichen Deutschland freilich fröhlicher gestimmt begonnen hatte, sozial allerdings nicht so problemlos und ausgeglichen war wie die fortgeschrittenen Fünfziger Jahre, im Grunde aber denselben robusten Leistungsehrgeiz, denselben Privatstolz und dieselbe Libertinage aufwies? Im Aufwind der zweiten Gründerzeit boten Geist und Moral nicht sehr viel Halt. Die Staatsmänner der Zeit sorgten sich um die außenpolitische Position des Landes, sorgten sich jedoch auch wegen der Gedanken- und Maßlosigkeiten in vielen Bereichen, die dem Harmonieglauben widersprachen; sie spürten hinter den Daten des Erfolges die Gefahren. Aber noch nie waren Deutsche in ihrer Geschichte so frei gewesen. Noch nie konnten Millionen dieses Volkes so aussichtsreich individuelle Initiative entfalten. Hatte sich früher in Deutschland die Freiheit als die Chance einer schmalen, politisch unterprivilegierten Bürgerschicht dargestellt, privilegiert zu produzieren und Handel zu treiben, hatte die nationalsozialistische Revolution das verbaute und verwinkelte Haus der deutschen Gesellschaft etagenweise in einen riesigen egalitären Bunker verwandelt, so schien man jetzt, nach Zerstörung und Demontage, Flüchtlingsschicksal und Geldentwertung auf breiter Front zu einer Gleichheit des Wohlstandes, zu einer Privilegierung aller zu kommen: klassenlose Bürgerschaft.

Aber woran hing diese Bürgerschaft, woher wurde sie inspiriert, woher durchgeistigt, wodurch diszipliniert? Enthüllte die Sonnenseite des Gesellschaftsprozesses einen Sinn, der sich selbst genug war? Der individuelle Wohlstand, die wirtschaftliche Leistung, das Leistungswissen insgesamt standen hoch im Kurs, nahmen den Rang höchster Werte ein. Man braucht sich des Eigennutzes nicht zu schämen – als bestimmender Geist einer Gesellschaft jedoch kann er sozialschädlich und auf die Dauer unsozial wirken. Das Versäumnis der Sozialinvestitionen in Bildung, Forschung, Umweltschutz und Infrastruktur, die »zerfallartige Leistungsschwäche« [4] auf dem Gebiet der Anpassungsinvestitionen: Bergbau, Landwirtschaft und Mittelstand und schließlich die größer werdende Differenz in der Einkommens- und Vermögensverteilung gehen nicht auf das Konto des »kapitalistischen Systems«, sondern einer egoistischen Bürgerschaft, die sich im materialistischen Denken zuerst behaust und dann eingesperrt fühlte. Der Vorwurf, der den Staat und seine Repräsentanten dabei trifft, ist nicht der einer mangelnden sozialen Gesinnung, sondern das Verdikt der Schwäche, der Nachlässigkeit und des Leichtsinns. Die im Sinne der Einzelperson durchaus sozial denkenden Regierungen bis 1969 besaßen nicht die Kraft, die Dynamik des Eigennutzes in Gemeinschaftswerken aufzufangen. Dieses Versagen, das nicht in der Sache, sondern in Charakter- und Führungsschwächen begründet war, förderte das moderne Mißverständnis, daß die Anpassungskrise nur sozialistisch bewältigt werden könne. Diese Lösung bezwingt aber nicht den Egoismus der Gesellschaft, sondern transponiert den individualistischen Ökonomismus lediglich in die kollektivistische Form.

Die große Sozialreform gelingt nicht aus Sozialvernunft, weil diese vom Bewußtsein des Eigennutzes geprägt ist. Der Eigennutz transzendiert sich nicht selbst. Er kann aber auch nicht abgeschafft, sondern nur durch höhere Einsicht überwunden werden [5]. Wenn diese These zutrifft, dann drückt sich gerade in ihr das ganze Dilemma der Situation aus. Denn es war ja das Fehlen und Verfehlen »höherer Einsicht« nach dem Ende des

Krieges, das jenen Eigennutz, der sich nicht selbst transzendieren kann, zur Herrschaft gebracht hat. Die Gesellschaft blieb geistig im transzendenzlosen Materialismus und Vitalismus hängen, die schon einmal zu ideologischen Selbstläufern geworden waren und sich unter dem Druck unbefriedigter Heilssehnsucht zur Schreckensgestalt aufgebläht hatten. An der Ausgangslage hat sich nichts geändert. Eine andere Sinnantwort, die der Ideologisierung des naturistischen Lebensgrundes jede Chance nehmen würde, haben die Gesellschaften weltweit nicht entworfen. Dafür hat der Marxismus an Boden gewonnen, besonders in der jungen Generation, die für das schwach impulsierende Auskunftsmittel des individualistischen Ökonomismus und seines »Überbaus« an Verfassungsfreiheiten nicht mehr einzunehmen ist. Zumindest eine aktive Minderheit neigt dazu, die radikale, aber uneingestandene Diesseitigkeit der älteren Generation durch eine ebenso radikale, aber eingestandene Diesseitigkeit zu ersetzen, die individualistische Gegenwart zu verwerfen und an die kollektivistische Zukunft zu glauben: an eine neue Religion, eine neue deutsche Religion, eine deutsche Sozialreligion.

Wir nehmen vorweg, was wir im nächsten Kapitel schildern werden: Wir befinden uns in einer neuen Revolte, in einem Aufstand gegen die Sinnlosigkeit und Entfremdung der transzendenzlosen praktischen Transzendenz, der kalten Interessen und der geistlosen unerleuchteten Technokratie. Eine Politik ohne Staat, eine Führung ohne Elite, ein Establishment ohne Ideale, ein Land ohne Deutschland, eine Umwelt ohne Gott haben es wieder so weit gebracht. Die Revolte ereignet sich in dem Land des methodischen Volkes, in Deutschland. Sie bleibt nicht auf Deutschland beschränkt, wird aber hier die vollkommene Form annehmen. Angriffe auf die theoretische und auf die praktische Transzendenz sind im Gange. Der Zynismus vieler Medien, die hemmungslose Gier zur Verdächtigung und Entlarvung von Ideen und Menschen wirken sich aus, und wieder stehen die Offiziere des Nihilismus bereit, die an der Gesellschaft leidenden, die so zornigen, larmoyanten und schwächlichen Werther aufzunehmen und dem Dienste ihrer Macht zuzuführen. Die Nachkriegszeit driftete in die Krise. Vielleicht bekommt sie dort endlich einen Namen.

Die Revolte und die Revolution: Flucht aus der Transzendenzlosigkeit in die Heiligung der Gesellschaft

Die Revolte, mit der wir uns jetzt zu befassen haben, ereignet sich auf derselben Stufe der Sinndeutung wie die bolschewistische und die nationalsozialistische. Die Motivationen sind vergleichbar, der Unterschied in Gestalt und Richtung muß sorgfältig beschrieben werden. Aus ein- und demselben Grund können unterschiedliche Gewächse sprießen. Gemeinsam ist ihnen auf den ersten Blick nur die Kraft, der sie entstammen. Wir haben beschrieben[6], wie die Welt- und Menschenbilder im 19. Jahrhundert allmählich auf die materiell-vitalistische Schicht in der Menschennatur reduziert wurden, was den Blick für die praktischen Gegebenheiten der Welt, für die Diesseitigkeit und den Zivilisationsprozeß außerordentlich schärfte, hinsichtlich des impulsiven Heils- und Sinnbedürfnisses aber ein Defizit schuf, einen Sinn-gap, der sich ausnimmt wie ein unermeßlicher Abgrund. Im Maß der Entfremdung von der erschöpfenden Sinnauskunft wuchs die Sehnsucht, der Hunger nach Antwort. Wahllos wurde aufgegriffen, was sich bot und was geboten wurde: Der Gesellschaftsprozeß und die Blutsouveränität wurden ideologisiert und totalisiert. Man hielt die Planke, an die man sich klammerte, für das große rettende Schiff. Eine geheime Solidarität, die Solidarität der geheimen Verzweiflung, verbindet Verführer und Verführte.

Die Heiligung und Anbetung der Diesseitigkeit gingen mit dem Ende des Nationalsozialismus nicht dahin, sondern wichen in dem Teil der Welt, in den der regional siegreiche Kommunismus nicht übergreifen konnte, vor einem »entideologisierten« Pragmatismus zurück, der aber nichts anderes war als ein leidenschaftsloses, von ökonomischen und privaten Interessen geprägtes Bekenntnis zur naturistischen Sinngebung des Lebens. Grundsätzlich, geistig hatte sich also nichts geändert. Zwar gelang die Restauration einer liberalen Gesellschaft, die im vage gebliebenen Begriff des Westens den Rückanschluß an die naturrechtlich-rationale Tradition der okzidentalen Länder anzustreben schien und ihn zeit- und teilweise auch erreichte. Doch kamen Philosophie und Religion nicht mehr zu der lebensmächtigen Kraft, die fähig gewesen wäre, die Menschen aus dem

Souterrain-Dasein der Transzendenzlosigkeit herauszuheben. Es fehlte sogar die geistige Autorität, sie in den westlichen Ländern zu den strukturell notwendigen Gemeinschaftswerken[7] zu bewegen. Dieser Zustand führte in das Gravitationsfeld zweier Gefahren: erstens einer neuen Spannungskrise aus dem überwältigenden subjektiven Erlebnis des Sinndefizits und zweitens der sozialistischen Heiligung des Gesellschaftsprozesses, die das Debakel des Nationalsozialismus siegreich überlebt hatte. Diese Gefahren schienen zunächst in verschiedene Richtungen zu weisen, konvenierten aber dann in einem Punkt: der kollektivistischen Utopie. Sie ist eine ins Diesseits gebannte Heilslehre. Ihre Antworten sind daher identisch mit ewigem Konflikt.

Wieder gibt es Verführer und Verführte. Damit behaupten wir jedoch keine Schuld und entlasten niemanden. Denn die Flucht aus der Realität, die den Ausbruchsversuch aus der Transzendenzlosigkeit kennzeichnet, hat Ursachen, die jede Seite als Komplement der anderen erscheinen lassen. Ohne reale Gründe wären die idealen wie das Senfkorn im trockenen Boden verdorrt. Und ohne ideale Faktoren wäre die Wirklichkeit bewegungslos geblieben. Die Gründe lagen aber nicht im Versäumnis von Reformen, nicht in verstopften Nahverkehrsstraßen und fehlenden Kindergärten. Was die Gegenwart entleerte, nicht nur im Sinne des konkreten Tages, in dem man leben möchte und Erfüllung findet, sondern im Sinne der präsenten Zeit, die den Zusammenhang darstellt, in den man gehört, mußte ein mächtigeres Motiv darstellen als ein politisches Versäumnis es sein kann. Entfremdungsgefühle, die defizitären Gefühle der geistigen Armut und des geistigen Hungers trieben zur Flucht in die Vergangenheit und schließlich in eine Zukunft, die Sinn und Heil und Einheit zu verheißen schien. Ernst Nolte bezeichnet Utopie und Romantizismus als typisch bürgerliche Denkweisen, als »das schlechte Gewissen« der praktischen Transzendenz, in der sich die Transzendenzlosigkeit nicht nur der Deutschen nach dem Kriege austobte. Der individualistische Ökonomismus war aber unter ihren dynamischen Talenten in eine rasende Geschwindigkeit geraten: ein Selbstläufer, dessen Antriebsenergie angesichts schon früher erwiesener ideologischer Disposition der Menschen sich irgendwann wieder dem romantisch-idealistischen deutschen Erbe zuwenden würde.

Die Revolte brach in den Schichten aus, die von ihrer entwicklungspsychologischen Situation und von ihrer gesellschaftlichen Rolle her über die meiste systemkritische Energie verfügen: in der Jugend und der Intelligenz. Ausgangspunkt war der Ort, an dem sich beide begegnen: die westliche Universität. Dort begann der Protestzug gegen die dominierenden Lebensmächte des wirtschaftlichen Interesses, der Leistung und der industriellen Produktion unter kapitalistischen Vorzeichen. Was zunächst wie eine Reformbewegung zur Verbesserung der Bildungschancen und Bildungsinstitutionen aussah, erwies sich rasch als eine in einem allgemeinen, anthropologischen Sinne motivierte Protestbewegung. Nach Ansicht von Hermann Lübbe richtete sie sich »gegen eine Gesellschaft, die in ihrer Komplexivität wie im Tempo ihrer Entwicklung einem elementaren Bedürfnis des Menschen immer weniger entspricht, dem Bedürfnis nämlich nach Überschaubarkeit der Lebensverhältnisse, die jeweils unsere Identität begründen und sichern, Selbstgefühl und Selbstgewißheit vermitteln [8]«. Überspitzt könnte man sagen, daß der Realfaktor der beginnenden Revolte im fehlenden Idealfaktor der westlichen Wirtschaftsgesellschaften bestand. Der Platz des Idealfaktors, der Ort des Sinns oder, wie man früher sagte, Gottes Thron war leer.

Was die Szenerie der bürgerlichen Welt, die ja üppiger blühte denn je, für das voraussetzungslose, kompromißlose und konsequente Denken der Jugend und der Intelligenz so anstößig erscheinen ließ, war jedoch nicht Gottes Tod oder Nicht-Existenz, sondern der zutiefst gleichgültige, laxe, gemein-rabulistische Umgang mit der Frage nach dem Sinngrund der Existenz, eine provozierende Toleranz, die nicht im Dulden begründet war, zu dem man sich durchgerungen hätte, sondern in einer Art Libertinage gegenüber der letzten Auskunft. Wer laut fragte und sich laut bekannte, mußte damit rechnen, ausgelacht zu werden. Äußerstenfalls als Schmieröl für die Routine, als hölzerner Balken für die »sittliche« Außenabstützung des freiheitlichen Systems und seiner Arbeitsmoral, bestenfalls für die private Ethik und ihre »konstituierende Funktion« im gesellschaftlichen Rollengefüge hatte die Religion noch eine gern akzeptierte Bedeutung. Sie war eine Art Kitt des Gesellschaftsgefüges und geriet dadurch in den Verdacht der Heuchelei, des Epiphänomens, der Ideologie. Vom Unbehagen über die politische Verwendung des Wortes christlich bis zur restaurierten marxistischen Unterstellung, das Christentum und die aus ihm nach dem Kriege wieder abgeleiteten Werte des persönlichen und gemeinschaftlichen Lebens würden nicht nur zur repressiven Festigung eines bestimmten gesellschaftlichen Bewußtseins benutzt, sondern seien in ihrer Substanz nichts anderes als Projektionen der geschlossenen Produktionsverhältnisse, war nur ein Schritt[9]. Er wurde leichtfüßig getan.

Zum Prozeß der Entfremdung, zur Umwandlung des Sinndefizits in eine Spannungskrise, die zu einer Lawine anwachsen kann wie ein Haufen unzerstörbaren Mülls, trug aber nicht nur das schwellende Bewußtsein von der Dürftigkeit der Auskunftsmittel, sondern die Einseitigkeit und der Herrschaftsanspruch des Zivilisationsprozesses an den einzelnen bei. War früher die Arbeitswelt der Produktion, des Gewerbes und der Verwaltung noch von trost- wenn nicht sinnstiftenden Bedeutungen des kirchlichen, des nationalstaatlichen und nach dem Kriege schließlich des europäischen Lebens umgeben, von ihrem Lichte bestrahlt, von ihrer institutionellen Kraft durchwärmt und auch von Zukunftshoffnung durchpulst, so wirkte sie nach dem Wegfall und Abfall dieser Symbole und Sinngebungen kälter, rauher, zwanghafter. Das Private und der Konsum, die sich als Ersatzformen für die alten überindividuellen Tröstungen anboten, gereichten den Menschen nicht zur Beruhigung, füllten die Leere nur, ohne sie zu beseitigen. Die Entfremdung kam als Ganzheitsminderung in der Arbeitswelt zum Bewußtsein. Ordnungen, sagt Freyer in seiner »Theorie des gegenwärtigen Zeitalters«, die den Menschen fallweise und je nur partiell betreffen, ihn mit Gleichbetroffenen zu flüchtigen und wechselnden Gruppen sortieren, so daß er immer nur unter Kategorien und als aufgerufene Nummer in Betracht kommt, erzeugen Masse. »Deshalb sind Menschen, die als Arbeitskräfte unter das Gesetz des Betriebs subsumiert, also auf genau bestimmte Funktionen reduziert werden, in einem wohldefinierten Sinne Masse: auswechselbar, auf Typen genormt . . . unabhängig vom Inhalt, von dem sich ja Tätigkeit weitgehend abgelöst hat: der Mechaniker, der Manager, die Sekretärin . . . [10]«

Dieses Masse-Erlebnis, das sich von der vergleichsweise naiven Vorstellung Le Bons merklich unterscheidet, tritt überall auf, wo von industrieller Zivilisation gesprochen werden kann, also auch in kommunistischen Ländern. Doch gelangt es unter den individualistischen Bedingungen des Westens schmerzhafter zum Bewußtsein als in kollektivistischen Ordnungen. Flüchtlinge, die nach dem Westen kamen, fühlten sich hier oft heimatlos und psychisch erkältet. Sie vermißten nicht die sozialistischen »Bedeutungen«, sondern den kollektivistischen warmen Mief. Das Gefühl, ausgeschlachtet zu werden, überkommt den Menschen in Verhältnissen, die so frei gehalten sind, daß sie die Bindungen des gesellschaftlichen Lebens einschließlich der Arbeitswelt nicht unter den Deutungszwang einer ideologischen Sinnauskunft stellen. So erklärt sich die Paradoxie, daß Freiheit als Last empfunden werden kann, die man abwerfen will und hinter der nächsten Ecke oder auf Geheiß auch tatsächlich oft genug abwirft. Das Individuum bedarf zu seiner reinen Existenz einer ungewöhnlich hohen geistigen Organisation. Gerade die Tendenz zur Realitätsflucht in der späteren Nachkriegszeit erweist die Richtigkeit der These von Arnold Gehlen, daß der Mensch zu seiner Entlastung von andauernden Entscheidungs-Zumutungen der Institutionen benötigt[11]. Die Angriffe, die gegen sie gerichtet wurden, entstammten daher mit Sicherheit nicht nur der Revolte gegen unglaubwürdig gewordene Bindungen und Autoritäten, sondern dem zielgerichteten Willen zur Veränderung, zum Umsturz: der Revolution.

Doch hätte ohne die Revolte, ohne den Aufruhr aus dem Empfinden der Sinnlosigkeit die Revolution nicht den Anlauf gegen die Mauern des Systems nehmen können. Das Gefühl der Ganzheitsminderung, an dessen Existenz wir nicht zweifeln können, löste eine Neigung zur generellen Verweigerung aus, die sich in der Leistungsverweigerung am leichtesten erkennbar konkretisierte. Der Umstand, daß sie vor allem im universitären Bereich bewußt wurde, erweist sie als eine Schwellenangst. Die Neigung, in der Universität möglichst lange zu verweilen, ist alt. Die Universität ist ja »der klassische Existenzort beruflich-praktisch Unverantwortlicher im Erwachsenenalter[12]«. Doch setzte sich die Verweigerung, vielfach als Faulheit, Ungeschicklichkeit und häufiger werdende Krankheitsanfälligkeit getarnt, in nahezu allen Bereichen des gewerblichen und verwaltungsmäßigen Arbeitslebens fest. Einer der Hauptgründe ist die ungewöhnliche Änderungsgeschwindigkeit des Zivilisationsprozesses und die ebenso ungewöhnliche Anpassungsfähigkeit, die dem einzelnen abgefordert wird. Und zwar ohne eine einleuchtende über-individuelle Motivation.

Dies gibt dem Sozial-Utopismus, in den jede Verweigerung umschlagen kann, um sich geistig gleichsam zu etablieren, jenen eigenartig reaktionären Zug, den wir in unserem Kapitel über die marxistische Philosophie bereits erwähnt haben[13]. Die Anpassungsfähigkeit des Menschen wird offenbar seit der frühkapitalistischen Zeit in variierenden Formen überfordert. Die protestflüchtigen Studenten der sechziger Jahre wollten entgegen ihren Rechtfertigungssprüchen überhaupt nicht die »Verkrustung im Gefüge unserer Gesellschaft« beseitigen, sondern gaben das Unbehagen am herrschenden Zwang zum fortlaufenden Anders-sein-müssen wieder. Nicht Stillstand, sondern zu großes Tempo der Veränderungen und Anpassung provozierten die Revolte, wie Lübbe in seiner provokanten Studie schreibt. »Die Lust an der Utopie ist die Lust an der Vorstellung eines wiederherzustellenden Zustandes geschichtsloser Stille in der Vollendung. Man hat das Werden satt und will endlich sein[14].« Die Flucht aus dieser Identitätskrise durchlief daher verschiedene Qualitäten. Sie nahm romantische, meditative, zivilisationsverachtende Züge an, die wir auch bei historisierenden Formen des Konservatismus beobachten. Wie bei Flugzeugen unter extremer Belastung Materialermüdung auftritt, die zum Absturz führen kann, wich der menschliche »Stoff« in kollektive und ästhetische Reintegrationen zurück. Wir kennen die Rolle der Familienkommunen, der Stadtflucht, der Musik und der Farben. Gerade Farben und Musik sind zu Epochenmerkmalen geworden. Sie deuten einen Hang zum Lebensimpressionismus an, das Ersetzen von Kategorien durch Lichtqualitäten, von Erkenntnis durch Inspiration, des Entschlusses durch Larmoyanz.

Der Versuch, die praktische Transzendenz und ihre nicht höher motivierten, ausschließlich funktionalen Zwänge zu transzendieren scheiterte schon an der Wahl des Auskunftsmittels. Trotz gewisser Anklänge an östliche Meditationskulte und christliche Leerformeln wie das stundenlange tranceartige

Schreien nach »Jesus Christ« reichte die Erlösungskapazität nur für Ausflüge in die Immanenz aus. Typische Beispiele sind der gelegentlich ritualisierte Genuß von Drogen und Sexualität. Das sind Spiele mit den Schatten an der Höhlenwand, der nach Platons schönem Gleichnis die Menschen zugewandt sind, bis es einem von ihnen gelingt, sich zu befreien und der Ursache der huschenden Bewegungen rational auf den Grund zu gehen[15]. Mit den milderen Verfahren der Fernstenliebe, deren Sehnsüchte die Reisegesellschaften erfüllen, verhält es sich ähnlich. Es sind Vorstöße zur Monadenwand. Durchbrüche in die Transzendenz gelingen nur individuell, nicht verbindlich und regelhaft. Die Isolation und ihr Empfinden, die Einsamkeit, werden häufiger. Wir werden sehen, daß auch der Versuch des demokratischen Sozialismus, den Gesellschaftsprozeß durch den Aufruf zu Barmherzigkeit, Mitleiden und Compassion, durch das Reintegrationsmittel der Mitbestimmung und Demokratisierung, durch Gemeinschaftswerke und durch das Anerziehen kollektiver Verhaltensweisen wohnlicher, wärmer, menschlicher zu machen, nicht gelingt. Er muß sogar scheitern, fast komisch scheitern – wie der Versuch, mit dem Boot durch die Wüste zu rudern.

Der Individualismus setzt sich unter dem Druck des Zivilisationsprozesses und seiner Entfremdungen nicht in die Erlösung einer neuen Menschenqualität, sondern in subjektivistische Projektion um. Unter diesen Bedingungen müssen Demokratisierung und Mitbestimmung in einen katastrophalen Konflikt, in eine Massenkarambolage der individuellen Interessen münden. Am Ende bleibt nur ihr Zurückstutzen auf kollektivistische Paßgröße. Begünstigt wird dieser Prozeß durch die medialpädagogische Reproduktion und Bewußtmachung der individuellen und gesellschaftlichen Problematik. Es handelt sich dabei um das eindrucksvolle Verfahren, das Ausbleiben der Antwort auf die ständig gestellte Sinnfrage zum Anlaß zu nehmen, die menschliche Person, ihren Glauben und ihre Meinungen, ihre kollektiven Regungen und ihre Institutionen permanent in Frage zu stellen. Das ist so, als wollte man dem Patienten durch Entzug der Akupunktur-Wirkung während der Operation zum Bewußtsein seiner »wahren Lage« verhelfen. Der Sinn der Operation wäre damit verfehlt. Im Pädagogischen wird die Realitätsflucht in die Selbst-Reproduktion hingegen schon zur modischen Methode. Bedachtvoll klemmt man die Arterien der historischen und hochsprachlich-begrifflichen Wissenszufuhr ab. Institutionelle und personelle Maßnahmen führen dazu, daß den Universitäten und in zunehmendem Maße auch in den Schulen »das indoktrinierte Bewußtsein wie nirgendwo sonst in der Gesellschaft gegen korrigierende Realitätskontakte abgedichtet ist[16]«.

Auch das Fernsehen als das eindrücklichste, wenn auch flachste Medium gehört zu den Instrumenten, mit denen die verbreiteten Erscheinungen der Realitätsflucht in den Aggregatzustand realitätsverändernder Utopie umgesetzt werden. Es steht neben der Literatur, der Architektur und Kunst in der Reihe der »kulturellen« Institutionen, die alle Widersprüche im Gesellschaftsprozeß seit jeher auf das sensibelste registrieren und auf ihre Weise bewußt machen. Da die Widersprüche solange vorhanden sein werden, wie man den Gesellschaftsprozeß als autoritatives Auskunftsmittel ansieht, zeichnet sich ein Ende ihrer Reproduktion nicht ab. Das Schicksal der Kinder, die Schrecken des Krieges, die Mängel der Erziehung und der Schmutz der Umwelt, die empörenden Ungerechtigkeiten und Ungleichheiten, die Erlösung durch Gewalt und die Fragwürdigkeit aller Institutionen und vor allem ihrer Inhaber kehren in wechselnder Kameraeinstellung und stets der gleichen Lehrhaftigkeit laufend wieder, unterbrochen nur von mehr oder weniger guten, kurzweiligen und wertvollen unterhaltenden und bildenden Sendungen. Die Relativität der Werte und der Sitten, der Autoritäten und Motive des Handelns, bislang in komplizierten und langen Büchern und Aufsätzen behandelt, wird jetzt zum Urteil von Filmminuten. In die Informationsfülle greift Meinungszwang ein, die Bildsequenz ist eine Autorität, authentisch, unwiderleglich: Ich habe es selbst gesehen.

In der Eigenart und Macht des Mediums ist schon begründet, daß es nicht nur die Wirklichkeit und ihre Sinnfragen reproduzieren, also gleichsam einen neutralen Halleffekt erzeugen wollte, sondern in der Belehrung der Menge und der Interpretation und Beantwortung der Sinnfrage eine führende Rolle einzunehmen gedachte. Die pädagogischen Institutionen und die Fernsehräume sind heute die großen Märkte, auf denen sich die

Massen versammeln, um Aufschluß über die wichtigen Meinungen und Auskünfte über Verlauf, über Anfang und Ende der Ereignisse zu erhalten. Hier finden nicht nur die Gala-Premieren der Zweifel, sondern auch die wuchtigen Schlußakte der neuen Überzeugungen statt. Die Annahme, diese Institutionen könnten durch Vertrags- und Satzungsbuchstaben neutral, pluralistisch, aufgeschlossen gehalten werden, ist in ihrer Naivität kaum zu überbieten. Die Offenheit, die im Zeitungswesen und bei Buchverlagen gefährdet sein mag, aber angesichts der rigorosen Gesetze des Marktes, seiner »Vernunft«, nicht abgeschafft werden kann, solange es den Markt gibt, gehört für die künstlich konkurrenzlos gehaltenen Unternehmen der Bildung und der elektronischen Medien nicht zu den Erfordernissen des Lebens. Sie kann sogar als Begleiterscheinung einer fast schon überwundenen »standpunktlosen Profithaltung« betrachtet werden.

Es steht jedenfalls außer Zweifel, daß die intellektuelle Elite, die den realitätsflüchtigen Romantizismus der Gammler, Hippies und Verweigerer in den gesellschaftsverändernden Utopismus umkehrte, bei ihrem Marsch durch die Institutionen die marktfernen Monopoleinrichtungen der Universitäten, des Schulwesens und der großen Medien bevorzugen. Ihr Multiplikationseffekt ist universal, die Widerspruchsmöglichkeit des kindlichen, jugendlichen und erwachsenen Publikums minimal. Praktisch unkündbare Verträge reduzieren das persönliche Risiko der Sendenden und Belehrenden auf ungewöhnliche Einzelfälle. Der Verantwortung fehlt jeder Stachel. Die Kontrollinstanzen sind entweder machtlos oder willenlos – wie bei den elektronischen Medien – oder werden – wie im Falle des Parlamentarismus – durch eine systematische Abwertung und Verunsicherung der repräsentativen Einrichtungen, man könnte ironisch sagen »relevant« gemacht. Demokratisierung, Mitbestimmung und die Ansätze zum imperativen Mandat lösen die repräsentative Struktur, die ein Teil der Verfassungen ist, in Wirklichkeit auf und nehmen der gewählten Meinung den Schutz befristeter Unantastbarkeit. Die neue Elite fühlt sich über die Unterschiede und Grenzen der Institutionen hinweg zu solidarischem Handeln aufgerufen und gleicht in ihrer sozialen Unabhängigkeit und Unabrufbarkeit, in ihrer internationalen Information und Stützpunktvielfalt einer hochprivilegierten Kaste nach Art des alten europäischen Adels oder historischer Priesterschaften. Ein System internationaler Preise und Finanzierungsmittel sorgt für eine entsprechende repräsentative und weihehafte Ausstattung.

Furchtsamen Konservativen und dem »Kartell der Angst«, wie Dahrendorf die Schar der Etablierten älteren Observanz bezeichnete, mag es überlassen bleiben, daraus eine Konspirationstheorie zu formulieren, die ja stets auf der Annahme beruht, die gesellschaftlichen Verhältnisse seien gar nicht so und würden nur durch den entschlossenen Verrat einer kleinen Gruppe, die auf kriminalromanhafte Weise in den Besitz des Herrschaftswissens und der Herrschaftspositionen gekommen ist, verändert. Solche Deutungen werden auch heute wieder angeboten, sie sind sogar in der schockierten Schicht der Industriemanager, Geschäftsleute und Selbständigen recht verbreitet. Tatsächlich aber wäre es zur Flucht aus der Realität und zur Etablierung systemverändernder Macht in den Einflußpositionen des Staates und der Gesellschaft nicht gekommen, hätten nicht der individualistische Ökonomismus und seine transzendenzlosen Auskunftsmittel in der erlösungsbedürftigen Seele eine tiefe Disposition dafür geschaffen. In der Nachkriegszeit ist in Europa, besonders aber in dem sittlich exhaustionierten Deutschland keine Elite entstanden, die das System der Freiheit über die privaten Interessen hinaus sittlich und auf dem festen Grund öffentlicher Tugenden gegründet hätte. In die noch offene Flanke der christlichen und europäischen Anläufe brach der materialistische und vitalistische Geist der Zeit. Nicht als Theorie, sondern als Praxis. Die Institutionen blieben ohne den stabilisierenden Halt verbindlicher Werte. Sie besaßen kein Motiv, das gegen die Angriffe der Systemveränderer herrisch die Verteidigung gefordert hätte.

So standen sich am Ende des Teils der Nachkriegszeit, den man mit den Begriffen Restauration und Liberalismus bezeichnen kann, zwei Eliten gegenüber, die diesen Namen nur bedingt verdienen: Eine schwache Führungsschicht in Politik und Wirtschaft, die sich durch ein ausgeklügeltes Selbstbeschwichtignugsritual über die Wirklichkeit hinwegzulügen suchte und dort, wo der Angriff sie traf, sofort in die Unterwerfungshaltung des schlechten Gewissens auswich. Eine zielbewußte, feindselige Publizistik verdächtigte ihre Handlungsweise, die in nichts anderem als in einer enormen Steigerung des Bruttosozialprodukts bestanden hatte, der postfaschistischen, spätkapitalistischen, profitsüchtigen und repressiven Neigung und suchte ihrem politischen Engagement, zu dem sie sich zeitweise aufraffte, um einmal ähnlich »auszuteilen« wie sie unausgesetzt »einstecken« mußte, den fahlen Hintergrund der Korruption und Bestechung zu geben. Nicht viele überlebten unbeschädigt und unbeirrt das Wüten der radikalen Exekutions-Kommandos, die aus den universitären und publizistischen Positionen in raschem Marsch in die parteipolitische Linke der Bundesrepublik Deutschland eindrangen, dort von der Ahnungslosigkeit zunächst begrüßt.

Man hat die linksradikale Elite, die von Institution zu Institution sprang, zunächst zur eigenen Beruhigung als die stets unruhige Jugend identifiziert, die, aus der unpolitischen Zurückhaltung der ersten Nachkriegszeit heraustretend, ein entschiedenes, aber wohl doch systemloyales Engagement für Staat und Gesellschaft an den Tag lege. Man wollte zunächst nicht an eine Solidarisierung mit jener vagabundierenden literarischen Intelligenz glauben, die nicht im Rufe des Extremismus, sondern nur des Nonkonformismus stand und die Öffentlichkeit in subventionierten Theatern und gutbezahlten Vorträgen gelegentlich schlecht und recht beschimpfte. Und man ahnte schließlich auch nicht, daß die watteartige Toleranz der Nachkriegsgesellschaft, die Ausfälle des Wortes und der Kritik beklatschte und »interessant« fand, aus ihnen aber nichts anderes ableitete als das mäßige Vergnügen des Zuhörens nach getaner Arbeit, die Intelligentia und die jugendlichen Stoßtrupps nach einiger Zeit der »Frustration« zu einer äußerst haßerfüllten Aktivität veranlassen würde. Das Lächeln der Ahnungslosigkeit reizt mehr als tatsächliche Repression, zu der das Establishment dieser Gesellschaft überhaupt nicht fähig war.

So blieb es nicht bei der Flucht in den Infantilismus der großen Verweigerung, sondern es kam zum demonstrativen Protest, zur Provo-Tat, zur Einkehr in die Partisanen-Romantik, zur Gewalt. Der Kult des Kriegserlebnisses in den zwanziger Jahren, meint der unentwegte Formulierer Hermann Lübbe, das

Heimweh nach der elementar vereinfachten Lebenssituation des Schützengrabens, sei heute ersetzt durch einen weltweiten Partisanenkult. Der Angriff, der zunächst aus der gering geschätzten und deshalb im allgemeinen unbeobachteten Tiefe der Kultur vorgetragen wurde, traf auf einen schwachen Gegner und einen starken Verbündeten. Es besteht kein Zweifel, daß die selbstkritischen Fermente im Bürgertum und der intellektuelle Teil der zunächst vom Erfolg ausgeschlossenen sozialistischen Führungsschicht einen scharfen Liberalismus entwickelten, der unter dem Vorwand, größere Freiheiten zu erkämpfen, gesellschaftliche Strukturen auflöste. Besonders in der Gestalt des rechtspolitischen Liberalismus arbeitete er mit den Promotoren der Kutlurrevolution eng zusammen und übernahm, ohne auf entschiedenen Widerstand zu stoßen, an den Abwehr- und Schutzvorrichtungen des Staates und der Gesellschaft die Rolle einer flink und gründlich arbeitenden Abbruchfirma. Auch hier handelte es sich mehr um das Nutzen einer Gelegenheit als um einen konspirativen Plan.

Die Linien des Vormarsches wurden wie am Reißbrett auf das Ziel einer Utopie, einer neuen Heilslehre hin gezogen, die sich in einer Ballung unverständlicher Fremdworte darzustellen versuchte. Ob es wirklich von Belang ist, daß alle Versuche einer Solidarisierung der Arbeiterschaft so lange Zeit erfolglos blieben, muß die weitere Entwicklung erweisen. Die elitäre Intellektualität der Revolutionäre ist im Motiv sicher menschenverachtend wie alle Ideologien und zynisch im Urteil über die »dummen«, vom Kapitalismus »verführten« Arbeiter. Doch haben die technologisch und organisatorisch bedingten Veränderungen in der Arbeitswelt die Klasse des selbstbewußten Arbeiters in ihrer ermeßbaren Begrenzung gesprengt und diffusen Bildungseinflüssen geöffnet, die zusammen mit der medialen Berieselung eine nicht leicht zu qualifizierende »Halbbildung« erzeugten. Es entstand und entsteht laufend, wie Gehlen sagt, eine »Seelenlage informierter Unzufriedenheit«, in der sich die Verdrossenheit darüber spiegele, andere tätig wirkend zu sehen, während man selbst dazu nur Bemerkungen machen könne: Das ist eben der herbste Schmerz unter allen, nämlich viel zu wissen und über nichts Herr zu sein [17]. Ob der Intellektualismus der Systemveränderer unter diesen Umständen auf die

Dauer sich selbst blockiert, gleichsam ins Ghetto einer esoterischen Begriffswelt verbannt bleibt, erscheint ungewiß. Die These von der Überwindung des Klassenbewußtseins hat sich jedenfalls nicht als richtig erwiesen. Das Klassenbewußtsein hat heute weitere Grenzen als früher und wirkt weniger integriert. Seine Aggressivität ist jedoch mindestens so stark wie in den zwanziger Jahren.

Zu seinen antreibenden Motiven zählt nicht die Not, sondern der Neid, nicht die Gerechtigkeit, sondern die Gleichheit. Das Gleichmachen aber ist im Sozialen, was das Niedermachen im Kriege ist. In der Wohlstandswelt, die durch keine andere Gabe inspiriert ist als durch die Beobachtungsgabe, entfalten der Haß und das Ressentiment fast prunkvoll zu nennende Blüten, dekorative Gebilde, die demjenigen, der sich sozialanwaltlich zu gerieren und auszudrücken weiß, gut zu Maske stehen. Ihm entgegnet keine höhere Legitimität als die des Erfolges im Wirtschaftsprozeß, kein machtvolles historisches Bewußtsein, keine zur Vorsicht und zum Abwägen mahnende kanonische Bildung. Ihm begegnet vielmehr ein Tarifpartner, der sich schlechten Gewissens Arbeitgeber nennt, weder an die Zukunft seines Vaterlandes und Europas, noch an die Nachfolge seines Sohnes glaubt, den die Kirche zwar als Steuerzahler, aber kaum als aktives Mitglied der Gemeinde betrachten darf und der trotz aller Bedrängnis nur eines so fürchtet wie der Teufel das Weihwasser: den weiteren Verfall der Börse. Angesichts einer derart geminderten Realität konnte eine ebenso irrationale wie irreale Utopie, konnte eine Gegenaufklärung, die den Frieden vom Recht und die Demokratie von der Freiheit, also gleichsam das Großhirn vom Kleinhirn zu trennen vermochte, institutionell und geistig Land gewinnen.

Mit der Rückwendung zum romantisch-idealistischen Denken und dem Verlust an naturrechtlich-rationaler Contenance tritt erneut ein utopischer Mythos in die deutschen Begriffe ein. Eine neutralistische Stimmung, die Neugierde gegenüber einem medialen Dasein zwischen den Systemen, das sich sowohl eklektizistisch wie auch vermittelnd verhalten will, breitet sich aus. Ohne physische Bedrohung von kommunistischer Seite wird dieser Prozeß unaufhaltsam fortschreiten. Wo nur Materie ist und kein Geist, fügen sich die Atome. Man träumt nicht nur an

Kaminen von Konvergenz. Der Friedenswille der Kommunisten gilt bei Systemveränderern und ihren Sympathisanten in den amtlichen Funktionen als sicherer denn die Harmlosigkeit des Klassenfeinds im Inneren. Die Politik entwickelt trapperhafte Züge. Wie der Ostpolitik die listige Verbreitung des Glaubens an die Friedfertigkeit der sowjetischen Hegemonialmacht vorausging, so mußten Voyeure die moralische Qualifikation von Kapitalbesitzern und Institutinhabern systematisch verdächtigen und entkräften, bevor das Eigentum und alle übrigen privaten Institutionen in Frage gestellt und die öffentliche Kontrolle von Besitz, Einfluß und Macht durch die »Öffentlichkeit« aller Vorgänge gefordert werden konnte. Nachdem die Familie durch soziologische Analysen hinreichend des Gruppenegoismus verdächtig geworden ist, kann ihre mobilitätshemmende Existenz durch obligatorische Kindergärten und gesellschaftliche Vorschulerziehung leichter »überwunden« werden.

Die Demokratisierung: Mittel zum Zweck

Aber das ist nicht alles. Schlechthin unerträglich und unzumutbar ist es auf die Dauer, daß in der Gesellschaft der Gleichen ohne Geheimdiplomatie noch private Unternehmen existieren, die sich von den Organisationsprinzipien der Gesellschaft und des Staates strukturell grundlegend unterscheiden. Während es im allgemeinen keine Herrschaftsgewalt des einzelnen über andere gibt, es sei denn per Mandat, ist das privatwirtschaftliche Unternehmen vom Idealtyp her eine hierarchische Institution, in der Direktbefugnisse bestehen, die nicht delegiert sind, sondern sich letztlich vom Eigentum des Unternehmers und seiner Privatautonomie her legitimieren. Und wie steht es mit der Demokratisierung, dem emanzipativen Freiheitsbegriff? Früher wußte man, daß die bürgerliche Freiheit andere Wurzeln hat als demokratische, daß sie das Prinzip des klassischen Rechtsstaates ist, das modifizierend zum demokratischen Prinzip hinzutritt. Heute scheint die Demokratisierungs-Parole das Verhältnis umzukehren: die eigene Meinung soll zur unwiderruflich letzten und höchsten, zur »mündigen« Instanz des öffentlichen Verhaltens werden. Wenn damit nicht die individualistische Ausraubung des Sozialstaates und der Gesellschaft gemeint ist, dann kann nur die Vorstellung einer in der Natur vorhandenen oder in die Natur einzusenkenden Gleichheit, eine jedenfalls prästabilisierte Harmonie, den Primat der Demokratie rechtfertigen.

Wichtiger als diese subjektive Seite des Begriffs scheint jedoch die objektive zu sein. Demokratie im freiheitlichen Sinne ist nur auf einer relativ hohen Ebene der Gesellschaft als politisches Gestaltungsprinzip praktikabel, dort also, wo die individuellen Besonderheiten und die gesellschaftlichen bzw. interessenmäßigen Ungleichheiten der Gruppenmitglieder immer mehr hinter ihrer allgemeinen Staatsbürgerqualität zurücktreten. Je tiefer man das Demokratie-Prinzip in die Gesellschaft einsenkt und zur Wirkung kommen läßt, desto mehr Ungleichheiten der Gruppeninteressen und Gruppenrechte müssen eingeebnet werden. Die Grauzone der Uniformität dehnt sich aus. Wir haben bei der Beschreibung der nationalsozialistischen Revolution gesehen, daß genau dies das Hauptziel der Bewegung darstellte. Man löste die frei sich bildenden, dem Individuum einen staatsfreien Lebens- und Spielraum schaffenden gesellschaftlichen Institutionen, Gruppen und Vereine auf, schaltete Universitäten, Schulwesen und Medien »gleich« und durchbohrte ihre »illiberalen« Strukturen mit der Modernität der Gleichheit und Unmittelbarkeit aller Bürger vor der politischen Autorität, die das Autoritäts-Monopol beanspruchte. Totale Verstaatlichung der Gesellschaft hätte man das nennen können, wäre nicht die Partei der »Staat« gewesen [18].

Wir haben allen Anlaß anzunehmen, daß sich derselbe Vorgang heute unter dem Vorzeichen der sozialen Emanzipation, der gesellschaftlichen Gleichheit, also nicht der volksgenossenschaftlichen, sondern der gesellschaftsgenossenschaftlichen Einheit vollzieht. Es ist durchaus die Souveränität des Individuums und nicht mehr die Blutsouveränität der Art, welche der Auffassung zugrunde liegt, wonach die Mündigkeit des modernen Menschen die umfassende Demokratisierung aller Lebensbereiche, ihre moderne Gleichschaltung nicht nur ermöglicht, sondern fordert und rechtfertigt. Die kollektivistische Gleichheit beruht auf der subjektiven Prämisse, daß der Mensch eigenständig genug sei, um alle Sinnfragen selbst zu beantworten und um in jedem praktischen Einzelfall aus eigener Einsicht so zu entscheiden, daß er das, was das allgemeine Wohl fordert, richtig trifft. Der mündige Mensch bedarf danach, wie Buchheim ausführt, keiner Vorschriften und Normen mehr und schon gar nicht eines Zwanges [19]. Der Staat erübrigt sich. Die Gesellschaft benötigt seine Gesetzgebung und ihre Durchsetzung durch ihn nicht mehr. Die Utopie der linken Systemveränderer gründet in einer klassenlosen Gesellschaft, die auch eine staatslose ist. Wie beim marxistischen Original steht auch bei der marxistischen Kopie am Ende eine romantisch-idealistische Ewigkeit auf Erden. Ein geschlossener Produktionskreis wird es sein.

Aber bis es soweit ist, muß wie einst die Diktatur des Proletariats eine Diktatur der Bewußtseinsveränderung die Wege zum Heil ebnen. Ohne Härten geht das, wie wir heute schon sehen, nicht ab. Aber stehen diese fast schon wieder repressiven Erziehungsmittel nicht im Dienste des Glaubens, man könne die Selbstentfremdung im Gesellschaftsprozeß aufheben? Unter der Macht dieses Glaubens, der über erstaunlich viele und gute Köpfe zu herrschen begonnen hat, wird das materiell-naturistische Substrat, das der dominierenden ökonomischen Lebensmacht zugrundeliegt, wieder zum monokausalen Deutungsgrund für die ganze Welt und den ganzen Menschen erhoben. Man könnte sagen, daß damit die Flucht aus der schwierigen Wirklichkeit in die bergende Obhut einer neuen Orthodoxie gelungen ist. Es gibt heilige Texte und gehorsame Assoziationen: denn Heilsordnung ist vor allem eine Ordnung. Nirgends sei, sagt Lübbe, der Konformismus größer als im Innenverhältnis der in die Zukunft fliehenden Bataillone. Die Theorie hat über die Praxis den Sieg davongetragen, edle Planung den Sieg über schmutzigen Konsum. So bedeutet die Reintegration des Menschen im Sozialismus die Heiligung des Gesellschaftsprozesses – nach der verteufelten Heiligung von Rasse und Nation.

Wir stehen immer noch am Anfang dieser Entwicklung, die allerdings, von den Verzweiflungsgefühlen der Revolte genährt, nun auf die Aschenbahn der Revolution gebracht zu sein scheint. Am Anfang, in der Zeit der Straßenproteste, stand die Simulation einer revolutionären Situation. Sie war objektiv nicht gegeben, wurde aber von Minderheiten subjektiv eingeübt. Mit dieser inneren Disposition versehen, haben diese Minderheiten sich inzwischen im medial-pädagogischen Bereich herrschaftlich eingerichtet, vermehren sich dort und rücken durch den Automatismus des Generationenwechsels in die Institutionen des Staates, der Gesellschaft und dort vor allem der Parteien, Gewerkschaften und Kommunalverwaltungen nach. Die Ruhe auf den Straßen, so stellte ein Autor jüngst fest, ist nichts anderes als ein Zeichen dafür, daß die Häuser besetzt worden sind. Auch die Kirchen beginnen immer heftiger zwischen ihrem pastoralen und dem gesellschaftspolitischen Auftrag zu schwanken, wobei die jüngere Geistlichkeit, auf der Suche nach einer neuen, sie sozial absichernden und rechtfertigenden Rolle in der Transzendenzlosigkeit, das Engagement für die Gerechtigkeit auf Erden sucht und die alte Seele links liegen läßt. »Papst Immanenz I.«, kommentierte ein hoher Geistlicher die schon vor Jahren eingeleitete vatikanische Politik gegenüber der kommunistischen Welt.

Wie im Falle des Nationalsozialismus wird die Revolution sich vornehmlich der Gesellschaft und ihren Einrichtungen widmen und zu diesem Zweck die Schutzhüllen und Barrieren, die den Weg zum einzelnen Menschen versperren, seine Individualität und seine Rechte erhalten helfen und seine atomistische Eingliederung in die totale praktische Transzendenz verhindern, beseitigen. Also auch den Staat[20]. Der Primat des Gesellschaftsprozesses wird ähnlich wie die Absolutsetzung der Blutsouveränität der Art die rechtsstaatlichen Konventionen durch einen ideologischen Ganzheitsanspruch ersetzen. Die Transzendenzlosigkeit des Unternehmens, das ständige Abprallen an der Innenwand der glücklichen Monade, wirkt stimulierend auf die Wut und den dezisionistischen Wahn der Promotoren. Die kollektivistischen Zwangsmaßnahmen sind durch bewußtseinsverändernde Mittel der medialen Reproduktionstechnik fast zur Unmerklichkeit verfeinert: durch eine künstliche Innenleitung des Menschen, durch Techniken der intellektuellen Akupunktur und örtlichen Betäubung, über die der Nationalsozialismus noch nicht verfügte. Aus diesem Grunde erübrigen sich wohl Zwangsmaßnahmen, die sichtbare Würgemale hinterlassen. Ohne Sentimentalität und Larmoyanz gilt es zu registrieren, daß der Kollektivismus eine ideologische Sammelbewegung in der Folge des individualistischen Ökonomismus darstellt, der nach dem Kriege entstanden ist und von der damals bestimmenden Elite philosophisch und religiös nicht transzendiert wurde. Die Strebungen des Über-sich-hinaus-seins blieben unbefriedigt, gegenstandslos. Nun wird ihnen ein totalisierter Gesellschaftsprozeß angeboten, in dessen Richtung die Schöpfer des Wortes von der »formierten Gesellschaft« gedacht haben mochten[21]. Aber es blieb damals beim Wort, und die Schwäche der Führer hängte sich das Alibi der Freiheit wie eine Medal of Honor um.

Ob es gelingt, Freiheit und Recht gegen die Demokratie zu verteidigen oder diese »Höhe Toter Mann« am Ende zurückzuerobern, hängt nicht von den Stoßtrupps ab, an denen es nicht mangeln wird, sondern vom Geist der Gesellschaft. Man kann sie im Grunde nicht anders machen als sie ist, sie muß ihren Willen haben. Solange sie wie ein paar Millionen Korkpropfen in dem seichten Gewässer der materialistisch-naturistischen Welt- und Menschenauffassung dümpelt, ohne transzendente Auskünfte zu erhalten, wird sie aus dem Heilsbedürfnis ihrer Natur heraus den Sozialismus oder eine andere Ideologie der Beglückung und Größe sakralisieren. Erkenntnislos wird sie die oktroyierte Ordnung solange für segensreich halten, bis die Katastrophe, der crash der Millionen doch nicht ganz Gleich- und Niederzumachenden die subjektive Seligkeit beendet. Das kann auf sich warten lassen. Bis es geschieht, wird uns der heiße Atem messianischer Pädagogik aufdringlich ins Gesicht schlagen[22]. Wir werden die Inkompetenz der angemaßten Kompetenz spüren und nicht laut und offen lachen dürfen. Wir sollten rechtzeitig lernen, den Intellekt blitzschnell wie ein Rasiermesser zu verwenden. Wir werden, wie in manchen alten, unbenutzten Kirchen den Modergeruch verstaubter Heilslehren riechen. Und wir dürfen darob nicht laut niesen oder laut aus Nietzsche zitieren. Das verwehrt der Profos. Aber wir sollten rechtzeitig lernen, ihn mit dem Echo zu verwirren. Die wirkungsvollste Aktion gegen kollektivistische Pädagogik ist die Unterbrechung der Sendung. Dies kann durch Bewußtseinstraining erreicht werden. Am Ufer des Rubikon steht diesmal kein Caesar in Waffen. Sondern ein Mann mit einem Buch.

der Transzendenz immer mehr anwachsendes Sinndefizit. Da das Heilsbedürfnis nicht mit der Gewißheit schwand, sondern im Maße ihres Schwindens an Intensität zunahm, stellte sich ein Hunger ein, der die Unberechenbarkeit und Wahllosigkeit des Menschen nährte. Er gab sich Ideologien, Ersatzreligionen und Hilfserlösungen hin wie einer Droge. Die Entfremdung von der christlichen Inspiration ließ ihm alles fremd erscheinen, und er erlebte die Entfremdung an die Ding- und Arbeitswelt als ein nahezu unerträgliches Verlorensein, als Selbstverlust mal Sinnverlust. Die materialistischen und vitalistischen Weltanschauungen gleichen Trümmern des explodierten Sinns. Aus ihnen bauten geniale Verführer und genialische Verführte prachtvolle Zwingburgen und Kriegswerkzeuge. Die Deszendenz der Sinndeutungen besitzt eine oft vertonte, beschriebene und gemalte, eine ästhetische Dimension.

Für das strategische Denken besagt die Geschichte der letzten einhundertfünfzig Jahre nur, daß die Heilssehnsucht des Menschen offenbar zu den unveränderbaren Komponenten seiner zähen Natur gehört. Ferner haben wir zur Kenntnis nehmen müssen, daß eine Umkehrung der Deszendenzbewegung, sozusagen eine Anabasis der Sinndeutungen, bislang nicht gelungen ist. Man hat versucht, den rational-philosophischen, dann den traditional-historischen Welt- und Menschenbildern und schließlich in unseren Tagen den materialistischen und naturistischen Deutungskategorien nach »oben« zu entkommen, doch gewann der ins Positive gewendete Ideologie-Verdacht, die Unterstellung, daß sich eine Sache, wie zum Beispiel der Kapitalismus, nicht aus der nächst-niedrigen, sondern aus der nächsten höheren Kategorie, also nicht aus Interessen, sondern aus innerweltlicher Askese herleite, nicht die Anerkennung, die historische Wirkung erzeugt.

Statt dessen dümpelt, und das ist die dritte Konstante, die wir festhalten müssen, der Geist seit fünfzig Jahren in den seichten Regionen der Welt- und Menschendeutungen, einmal zur Seite des individualistischen, dann zur Seite des kollektivistischen Ökonomismus sich wendend. Dieser Geist dringt immer tiefer in die Drainagen der Weltzivilisation vor, festigt die Identität auf tiefstem Niveau und verwandelt mit wachsender Zeitferne von der christlichen Inspiration den vorgetragenen

Anspruch in repressive Autorität. Wir verweilen nach wie vor im Einzugsbereich der Katastrophen. Ideologien, Heilslehren von Zwangscharakter bedrohen den Menschen mehr und gefährlicher denn je. Denn die Heilssehnsucht, die aus seiner Natur herausschlägt, kann heute ein politisches System beleben, das angesichts seiner Universalität vielleicht zur »letzten«, weder zu kontrollierenden noch abschaffbaren Bleibe wird: das kollektivistische.

Die Bedrohung durch den Kollektivismus

In ihm begegnet uns die größte Gefahr, die dem Menschengeschlecht je erstand. Wenn sich kollektivistischer Geist als allgemein verbindliche Herrschafts-Ideologie mit den fortgeschrittenen Informations- und Beeinflussungstechniken des Zivilisationsprozesses verbindet, entsteht nicht nur ein beispiellos intensives System, sondern gleichzeitig auch eine Systematisierung der Transzendenzlosigkeit. Das Diesseits wird zur höchsten Pflicht und zur ausschließlichen Geltung. Womit der Nationalsozialismus nicht zum Ende kam und worin der Kommunismus bürokratisch zu erstarren scheint[1], würde tödlich Ernst gemacht: mit der Durchdringung der menschlichen Person. Denn erst mit der Entselbstung der Person kann das bürgerliche Zeitalter und seine grundsätzliche Offenheit und Fähigkeit zur Synthese, also der ständige dialektische Prozeß der Zustandsüberwindung beendet und durch die angemaßte Endgültigkeit einer diesseitig orientierten Heilslehre überwunden werden. Ein kollektivistisches System könnte sich nur dann endgültig sicher wähnen, wenn mit dem personalen Kern die Heilssehnsucht des Menschen: Potenz der Revolte, zerstört wäre.

Nach den Geschichtskatastrophen des Jahrhunderts dürfen wir diese Gefahr nicht für die Ausgeburt einer überreizten Phantasie halten. Sie ist soziologisch begründet. Alfred Weber meinte im »Abschied von der bisherigen Geschichte«, das Schicksal des »reiterlichen Herrenmenschen« sei besiegelt. Bei diesem Menschen, von dem heute viele sagen werden, man könne auf ihn ganz gut verzichten, handelt es sich aber um den »eine freie Weltstruktur tragenden Typ«, um den »dritten

Menschen« als integrierten Typ der Freiheit und Menschlichkeit, auf den nur noch der Funktionär, der »vierte Mensch«, das apparathafte Vollzugsorgan, folgen könnte. Dieser letzte Mensch ist tatsächlich viel praktischer, er ist domestizierbar und paßt durchaus in die eng gewordene Welt, »in der er kein Wanderer in die Ferne mehr sein kann, in der seine bisherige naiv expansive Wanderart vielleicht Vernichtung bedeutet[2]«. Die kollektivistische Ordnungsidee trifft also den Menschen des bürgerlichen Zeitalters, wie er aus der Auftragskraft der christlichen Stiftung erwachsen ist und sich von ihr entfremdet hat. Sie würde den Sinnkreis, der ohnedies schon eng und pedantisch um den Gesellschaftsprozeß gezogen ist, in eine unüberwindbare Mauer verwandeln. Die Macht der Medien und der Pädagogik würde intra muros das Werk vollenden.

Aber ist das wirklich so? Wie konnte es geschehen, daß die Industriegesellschaften aller Himmelsrichtungen nach dem Zweiten Weltkrieg in der Auskunftslosigkeit der materialistisch-naturistischen Deutungskategorien verharrten? Was verhinderte die Aszendenz der Sinnantworten: ein Magnetismus von großer niederhaltender Kraft oder eine Flügelschwäche des Geistes? Zunächst muß man dazu sagen, daß aus der bürgerlichen Gesellschaft in der Nachkriegszeit, die wir als »zweite Restauration« bezeichneten, ein Denker und Pädagoge von der Geistesmacht Hegels nicht hervorgegangen ist. Die sittlichen Kräfte, die auch nach der Napoleonischen Herausforderung zunächst exhaustioniert schienen, blieben diesmal gelähmt und erschlafft. Obwohl bedeutende Staatsmänner die Rekonvaleszenz der westlichen Welt förderten und mit einer fortschrittlichen Europa- und Bündnispolitik die Phantasie ihrer Bürger anzuregen versuchten, fehlte doch die große charismatische Kraft, die nicht einfach ordnet, alte Wege ebnet und neue bahnt, das Leben liberalisiert und die wiedererweckte Energie sich selbst überläßt, sondern Ziele setzt, die den Menschen über sich und seine Interessen hinausführen. So hatte Hegel gegen »die abstrakte Weltverbesserei des revolutionären Verstandes«[3] die Macht der Geschichte gesetzt – eine traditionalistisch-legalistische Reintegration. Ob ein Philosophengeist wie er ausgereicht hätte, die niedergeschlagene Mentalität nach 1945 zu beleben, muß allerdings bezweifelt werden. Der Fall war so tief und der Aufprall so hart, daß es eines Religionsstifters bedurft hätte, um die Menschen aus dem Materialismus herauszuziehen, in dem sie sich wiederfanden.

Auch soziologische Gründe und Ursachen, die im menschlichen Stoff und seinem Verschleiß beruhen, verhinderten den Aufflug. Die Europäer hatten viel mitgemacht, die Deutschen aber vor dem Krieg bereits eine Revolution, die gegen die Artikulation und die Vielfalt der Gesellschaft, gegen das Eigenrecht und den Eigenstand der Gruppen, Berufe und Institutionen gerichtet war. Man war gleicher geworden, die einst bunte und – bei aller Überständigkeit – traditionell belebte und bewegte Landschaft dehnte sich platt und grau vor dem Auge. Unaufhaltsam sanken nach dem Kriege diejenigen Schichten weiter ab, die einem Gemeinwesen nach der geschichtlichen Erfahrung Struktur und Stabilität zu geben vermögen, darunter auch solche, die, wie die Bauern, vom nationalsozialistischen Regime eine listige Förderung erfahren hatten. Landwirtschaft, Handwerk und kleine Gewerbetreibende gerieten in eine hinter mancherlei Subventionen verborgene Krise ihres Berufs und ihres Selbstverständnisses, während dynamische Gruppen, die mit rascher und rücksichtsloser Intelligenz die günstige Stunde des Wiederaufbaus zu nutzen wußten, als Manager, Geschäftsleute und freiberuflich Tätige die Risiko-Prämie, die das System aussetzte, einstrichen, ohne sich im Gemeinwesen politisch zu engagieren.

Ortlieb hat recht mit der Feststellung, daß die Sozial- und Wirtschaftsordnung nach dem Krieg besonders in der Bundesrepublik Deutschland den egoistischen Typus in einer auffälligen Weise begünstigte, während der altruistische Typus ebenso auffällig benachteiligt wurde. Das Beispiel der Konsum- und Einkommenseliten wirkte nach unten nicht disziplinierend, sondern vulgarisierend. Es entstand eine Atmosphäre des praktischen, genauer, des praktizierten Materialismus, der mit der Not die Bescheidenheit beseitigte und mit der Begehrlichkeit den Opportunismus förderte. Alle Werte, zu denen man sich verbal bekannte, floateten. Die festen Paritäten gingen verloren, in die Begriffe schlich sich die Inflation der Bedeutungen. Die allgemeine Transzendenzlosigkeit gerierte sich mit angeblicher Tapferkeit als ein fader, geschichtsloser Liberalismus [4]. Was Donoso

Cortés über den Bourgeois gesagt hatte, über die clasa discutidora, die nicht kämpfe, sondern rede, schien einmal mehr zuzutreffen. Hatte nicht auch F. J. Stahl, der preußische Staatsphilosoph in der Nachfolge Hegels, gemeint, der Haß gegen Königtum und Aristokratie treibe den liberalen Bourgeois nach links, die Angst um seinen durch radikale Demokratie und Sozialismus bedrohten Besitz wieder nach rechts zu einem mächtigen Königtum, so daß er zwischen seinen beiden Feinden hin- und herschwanke?

In einer solchen Atmosphäre konnte wohl Rekonvaleszenz erwartet werden, nicht aber Reintegration, sinnhafter geistiger Aufschwung. Alle Lösungen wurden im beherrschenden Gesellschaftsprozeß gesucht. Alfred Weber diagnostizierte in den Fünfziger Jahren den Bewußtseinsstand der westlichen Völker so, »daß sie, grob und allgemein gesprochen, in ihrer großen Menge an Magie und Mythologie im alten Sinne nicht mehr glauben können, wie sie sich keiner neuen Intellektuellenmetaphysik und wohl keiner neuen Offenbarungsreligion mehr beugen werden[5].« Was die Intellektuellenmetaphysik betrifft, sollte sich die Prognose nicht bewahrheiten; doch erfaßte Weber den Geist der Zeit, in der er schrieb, genau.

Bevor es zu den Revolten kam, aus denen wieder der alte Hungerschrei nach Sinn ertönte, flachte sich das soziologische Profil – wir haben in erster Linie die Bundesrepublik im Auge – noch mehr ab. Unter den nivellierenden Tendenzen des Wirtschaftswachstums von unten und der Umverteilung von oben entstand eine Arbeitnehmer-Gesellschaft, die sich durch das Niveau des sozialen Anspruchs von allen bisherigen Gesellschaften unterschied. Das friedliche Genießen und Sprießen, von dem sich die Politiker lange hatten täuschen lassen, wich mit steigendem Lebensstandard einer plebejischen Aggressivität. Das soziale Verhalten, der Umgang miteinander, die Neidgefühle und der selbst in den Mercedes einsteigende Klassenkampf ließen die Hoffnung immer geringer werden, daß der Gesellschaftsprozeß aus sich heraus die Formel für alle Lösungen kreieren könne.

Dazu kam schließlich noch die deutsche Dynamik und Methodik, die zuerst den friedlichen Wettkampf des Aufbaus und schließlich den unfriedlichen Wettkampf um die neue Verteilung belebte. Der revolutionäre Elan der nationalsozialistischen Zeit schien in der Jugend wieder zu erwachen. Nur daß die Augen nicht mehr so hoffnungsfroh blitzten, sondern mürrische und vom Leben offenbar tief enttäuschte Gesichter die Protestzüge verdüsterten. Auch die Jugend, den Geist der älteren Generationen gar nicht verleugnend, suchte die Reintegration des Menschen nicht in der Transzendenz, sondern entschieden und ausschließlich im Gesellschaftsprozeß. Hatte in den Jahren vorher ein Individualismus des Eigennutzes und der Vereinzelung des Menschen den Übergang in den kollektivistischen Aggregatzustand mit ungewollter Sorgfalt vorbereiten helfen, so knüpfte der extremistische Geist in der studentischen Jugend vermeintlich marxistisch an die große Gleichschaltungs- und Gleichheitsrevolution der Nationalsozialisten an. Die Bilder gleichen sich, nur im Zeitbedingten unterscheidet sich der eine Radikalismus vom anderen, die Unduldsamkeit ist eine alte Bekannte und doch ist das nicht alles. Entscheidend ist wieder der religiöse Ernst bei der Arbeit am Diesseits.

Wir können zusammenfassen, denn wir haben nun genügend Gründe aufgezählt, warum die Fallgeschwindigkeit der großen Geschichtskatastrophen in der ersten Hälfte des Jahrhunderts nicht zu einer entscheidenden Wende in Richtung Aszendenz, zum Aufstieg in die lichteren Sphären der Sinndeutung genutzt wurde. Der Gesellschaftsprozeß hält kaum eine Lösung und überhaupt keine Erlösung bereit. Seine wesentlichen Elemente sind Eigennutz und Eigeninteresse, Leistungs-, Beherrschungs- und Produktionswille, ein handfester Ökonomismus individualistischer oder kollektivistischer Art. Diese Elemente aber transzendieren sich nicht selbst. Sie wachsen immer weiter, anstatt über sich hinauszuführen. Sie sind wichtig, wie jedermann weiß und in Mandevilles »Bienenfabel, oder der Nutzen der Privatlaster für das öffentliche Wohl« nachlesen kann, aber für die Sinnhaftigkeit des Lebens von geringer Bedeutung. Sie treiben den Menschen an, sind gelegentlich sein Spaß, meistens aber seine Not. Der Gesellschaftsprozeß kann gefährlich werden, wenn eine Ideologie ihn zu heiligen beginnt und im dialektischen oder nichtdialektischen Materialismus, in den Produktionsverhältnissen und in den Klassenlagen die substantiellen, wertschaffenden und sinnstiftenden Kräfte der Geschichte erblickt. Tatsächlich aber ist er ebenso wichtig und unwichtig wie der Körper des Menschen. Man muß ihn in Ordnung halten und beherrschen.

Daß er eine Realität zweiter Ordnung ist, macht die kämpferische Behauptung dieses Buches aus. Der Gesellschaftsprozeß kann bei Belastung und bei Mißerfolgen weinerliche Töne von sich geben. Er neigt dazu, seine Larmoyanz wichtig zu nehmen. Sozialreformer klagen, wenn ihre Sozialreformen keinen Frieden schaffen. Wissen sie nicht, daß gute Verteilung, die nicht neuen Neid an die Stelle des alten setzen will, einer höheren Legitimation bedarf? Der Bürger ist bereit, für sein Land, für einen Menschheitszweck, für ein Gemeinschaftswerk Opfer zu bringen. Für einen anderen Bürger arbeitet er jedoch selbst gegen Entgelt immer widerwilliger. In diesem Sinne steckt in der Forderung nach Mitbestimmung vielleicht die List, dem Bürger auf dem Wege der Selbstinduktion den Eindruck zu vermitteln, er sei sein eigener Arbeitgeber und werke mithin für sich selbst. Die sozialpolitische Selbstaufzehrung des Gemeinwesens wird auf jeden Fall die Folge sein. Steht die Sozialpolitik nicht unter einem höheren Gesetz, und sei es nur dem der brüderlichen Solidarität, so wird die Verteilung nicht eine Folge der Einsicht, sondern des unaufhörlichen Kampfes sein, in dem sich die jeweils neue Klasse der alten Privilegien bemächtigt. Die irdische Gerechtigkeit, nur aus dem Anspruch der Gleichheit gedacht, schafft nicht einmal Ruhe, sondern die Qual der gegenseitigen Beobachtung, ein soziales Voyeurtum mit peinlichen Beurkundungen der Unterschiede, Abgabezwang unter dem Gebot des Neids. Das Glück, das daraus entstehen mag, ist eine Religion der Heuchelei. Das Ergebnis bezeichnet Arnold Gehlen als ideologisch verklärte Sackgassenexistenz.

Das Fenster des Astronauten

Ist die Richtungsdynamik, die in der Deszendenz der Sinndeutungen zum Ausdruck kommt, wirklich nicht umkehrbar? Wer es dennoch versuchte, so sagten wir, sei ein Held, ein Todgeweihter. Denn das Triebsystem nicht als den Unterbau anzuerkennen, aus dem alles gedacht und gemacht wird, setzt den Zerstörungswillen der Revolte und die Zielkraft der Revolution voraus; einen Menschen also, der entweder sehr verzweifelt oder voll bei Kräften ist. Er könnte dem Kulturmenschen Tolstojs gleichen, der nie »lebensgesättigt« ist und dem daher die Sinnauskünfte des platten Materialismus, sei er theoretisch oder praktisch, nicht genügen. Er muß unter der Intensität und Vergröberung der Ersatzformen des Heilswissens im 19. und 20. Jahrhundert leiden können. Seine Leidensfähigkeit muß sich auf das Gefühl des Geworfenseins, der metaphysischen »Arbeitslosigkeit« beziehen. Um den Stachel der Existenz nicht zu verlieren, darf er auch nicht der Versuchung verfallen, das Humanitätsideal des 17. und 18. Jahrhunderts zu restaurieren. Den Menschen zum abstrakten Vernunftwesen zu erklären, ist eine rationalistische Platitüde. Vernünftige Leute empfehlen besonders den Deutschen, sich lieber ihr zuzuwenden als dem ungleich gefährlicheren, weil dynamischen, romantischen Ideal[6]. Aber im Grunde ist die eine Einseitigkeit nicht besser als die andere.

Statt dessen sollte der Mensch offen bleiben oder sich dem Risiko wieder öffnen, wenn er schon in den Weihrauch einer ideologischen Heilslehre eingehüllt ist. Darin liegt eine Chance, die nicht mehr ist als eine Voraussetzung. Sie haben wir im Auge, wenn wir Erlösung entschieden gegen die Mündigkeit setzen, sofern diese ein Ausdruck für die subjektivistische Selbstgenügsamkeit des Menschen sein soll. Der Blick in den Abgrund ist besser. Denn wir befinden uns in der Rolle des Astronauten. Der Schwebezustand ist die Wirklichkeit, dem Absturz zu entgehen nur eine Möglichkeit. Ob die Deutschen gute Astronauten wären? Vielleicht fehlt ihnen der letzte konkrete Wille zur Rückkehr. Aber sie suchen Wege; ihre Geschichte, ihre Kriegszüge, der tiefe methodische Ansatz ihrer Revolten zeugt für ihr schweifendes, oft von jedem Bedenken befreites Wesen. Hegels Satz, wer mit dem Weltgeist identisch sei, tue immer das Richtige, kann nur einer großen Disposition entstammen. Sie kommt auch in den neuesten Hungerrevolten und ihren kollektivistischen Endlösungsversuchen wieder zum Ausdruck. Die Suche nach dem verborgenen Diesseits, das Helmut Pleßner als einen Ersatz für die Entzauberung der christlichen Religion bezeichnet, beschäftigt den metaphysischen Deutschen nachhaltig, sie hält ihn in Unruhe. Der Deutsche gleicht einem Astronauten, der eine besondere Begabung besitzt, sich von der Erde zu entfernen. Und der es besonders schwer hat, das schmale Fenster im Weltraum zu treffen, durch das einzig Rückkehr möglich ist.

Bleiben wir im Bild des Astronauten, das ja nicht nur für die Deutschen gilt. Die Geschichte der Entfremdung mit ihrem Sinn- und Selbstverlust gleicht der Entfernung von der behausten Erde. Das Drama der Reintegration, des Auffindens der Sinnantwort entspräche dann dem Versuch, das kleine Fenster der Rückkehr zu finden. Wir gehen von der Annahme Max Webers aus, der von einem »schwer unterdrückbaren Bedürfnis des Intellektualismus nach dem Besitz überwirklicher Werte« spricht. Wir bedenken aber auch die Kräfte, die ihn in der »exorbitalen« Lage des Gesellschaftsprozesses, seiner materialistischen Deutungskategorien und deren Heiligung halten. Zwei Momente scheinen ihn festzuhalten, eine niederziehende Gravitationskraft und eine Flügelschwäche des Geistes. »Massenanziehung« bewirkt der Irrglaube, daß der Mensch sich mit den gesellschaftlichen Institutionen grundsätzlich wandele, was natürlich die ideale Vorstellung beflügelt, man könne durch grundlegende gesellschaftliche Veränderungen das Gattungswesen in sich selbst verwirklichen. Damit tritt der moderne Subjektivismus in die Politik ein: Simulation der Rückkehr in der Astronautenkapsel. Zu Ersatzhandlungen führt aber auch das, was wir seit der Erkenntniskrise der kantianischen Philosophie als Schwäche des Geistes empfanden: Der Verdacht gegen den Wert, gegen die Auskunftskraft des Bewußtseins im ganzen, gegen die Kategoriallogik, also gegen die Muster, in denen wir denken: der Relativismus des Weltraumblicks.

Angesichts dieser Umstände haben wir bereits im einleitenden Kapitel gesagt, daß die Reintegration des Menschen von großen Risiken umgeben sei. Es besteht keine Garantie dafür, das »Fenster« zu finden. Dennoch sind wir nicht machtlos. Unsicher, zweifelhaft ist das Gelingen der Operation, das Treffen des Durchlasses. Sicher, außer jedem Zweifel ist hingegen das Ziel der Reintegration: Die Ganzheit und Identität des Menschen und die Konditionen, die unbedingt erhalten werden müssen, damit Identität möglich bleibt. Deshalb werden wir uns abschließend mit drei Themen beschäftigen: Mit der

Person des Menschen, mit der Ordnung, in der die Person unbeeinträchtigt leben und sich entfalten kann und schließlich mit der Entscheidung, auf der jede Rückkehr aus der Enge des Gesellschaftsprozesses in die umgreifende Sinndeutung beruht.

Über die Natur des Menschen

Monistische Menschenbilder und Weltanschauungskritik

Die materialistischen und vitalistischen Weltbilder und die von ihnen abgeleiteten politischen Systeme beruhen auf einer dramatischen Reduktion der Menschennatur. Wir haben sie unter dem Gesichtspunkt der Deszendenz der Sinndeutungen dargestellt. Der Connaturalität der Erkenntnis, über die der griechische Philosoph Plotin nachgedacht hat, entspricht es, daß die politischen und sozialen Lösungen einer Zeit stets aus dem Geist der herrschenden Lebensmächte, Wissensformen und Werte entworfen werden. So ist nach Ansicht kompetenter Beobachter[1] das Bildungs- und Erlösungswissen in der bürgerlichen Periode der westlichen Kultur hinter das auf praktische Veränderung der Welt ausgerichtete Leistungswissen zurückgetreten. Mit der Ideologisierung dieser Wissensform war der Gesellschaftsprozeß jedoch nicht mehr einfach praktische Transzendenz, sondern ein Ort des Heils und der Erlösung geworden.

Diese Verwandlung erklärt sich jedoch nicht aus sich selbst. Die Ideologisierung und Sakralisierung von Partien des Menschenbildes wäre nicht denkbar, wenn in die gerade dominierende Lebensmacht und ihre Wissensform, also in die Wirtschaft und das Leistungswissen, um beim Beispiel zu bleiben, nicht das religiöse Grundbedürfnis des Menschen einfallen würde, das stets danach trachtet, eine Krone zu vergeben und ein Reich. Es geht dabei um mehr, als das natürliche Primatstreben der Lebensmächte erahnen läßt. Daß alle Gruppen, fasziniert von ihrem Sonderbedürfnis, stets ihre Teilaufgabe zum Ganzen machen, bedeutet eine Schwäche der historischen Vernunft und die Tragik des geschichtlichen Daseins[2]. Dieses Macht- und

Einflußstreben ist zweifellos einer der wichtigsten Gründe für Unfrieden und Krieg. Vor der radikalen Natur des Heilsbedürfnisses jedoch tritt jedes denkbare andere Streben in den Hintergrund.

Dem Heilsbedürfnis sind wir bei unserer Betrachtung immer wieder begegnet. Aus ihm stammt die ständig bohrende Frage nach dem Sinn, und der Antrieb, Sinnzusammenhänge herzustellen. Wie ein blinder Maler bedient es sich wahllos jeder Farbe. Es gleicht einem brennenden Hunger. Wenn die Entfremdung vom Sinn fortgeschritten ist und das Zeitalter in diesem Zustand zu »verbürgerlichen«, zur Ruhe zu kommen droht, entsteht aus dem Hunger die Revolte. Wir zitierten bereits Max Scheler mit seiner Auffassung, daß der Mensch bewußt oder unbewußt, durch eigene Erwerbung oder Überlieferung, stets notwendig eine metaphysische Idee besitze. »Er hat nur die Wahl, sich eine gute und vernünftige, oder eine schlechte oder vernunftwidrige Idee vom Absoluten zu bilden [3].« Der Nationalsozialismus mit seiner biologistischen Einheitsschwärmerei und der Kommunismus mit seinem materialistischen Gegenstück waren solche vernunftwidrigen Ideen zum Absoluten. Und der kollektivistische Sozialismus, mit dem wir es heute zu tun haben, der um den Stalinismus verkürzte und von der sowjetrussischenw Nachhol-Ideologie abgehobene Neo-Marxismus in den westlichen Industriegesellschaften, ist die dritte vernunftwidrige Idee in diesem Jahrhundert.

Der Totalanspruch, mit dem das Heilsinteresse auftritt, seine aggressive Ausschließlichkeit, die Verzweiflung in der Folge der Auskunftslosigkeit und die zerstörerischen Formen des Mißbrauchs legen den Gedanken nahe, daß man zwischen unendlichen und endlichen Interessen unterscheiden muß, daß es Bedürfnisse gibt, auf die der Mensch unter keinen Umständen verzichten kann, während andere als weniger wichtig zu betrachten sind. Daraus folgt die Frage, ob die Bedürfnisziele Werte darstellen, die in einer entsprechenden Ordnung zueinander stehen. In der heutigen Hochzeit des Relativismus, in der einerseits von zahlreichen einander widersprechenden und damit den Absolutheitsanspruch eines einzigen Wertesystems schon widerlegenden Werten die Rede ist und andererseits eine jede Wertordnung geleugnet wird, indem man sie zum Epiphänomen eines solitär wirkenden Einheitsgrundes macht, etwa des materiellen oder des vitalen – in einer solchen Zeit muß die Frage nach einer materialen Wertethik gestellt werden. Wenn sich überdies herausstellen sollte, daß ein der Werte- und Bedürfnisordnung entsprechender Kosmos der Wissensformen nachgewiesen werden kann, wären wir einer Definition der wahren Menschennatur sicher nähergekommen. Von diesem festen Punkt aus würden sich dann alle monistischen Weltbilder, Geschichts- und Gesellschaftsbilder aus den Angeln heben lassen.

Die weltanschauungskritische Arbeit wurde im 19. Jahrhundert von den Philosophen Schlegel, Schleiermacher, Günther und Görres[4] begonnen. Mit ihnen trat die neuzeitliche Philosophie in die anthropologische Phase ein. In der Auseinandersetzung mit den Aufklärungskosmologien wandte man sich der Frage nach der inneren Gewißheit des Menschen über sich selbst, sein Wesen, seine Natur und seine Aufgabe zu. Wir erwähnten Kants Postulate des Richtergottes, der Freiheit und Unsterblichkeit, die als Gewißheiten an die Stelle der für begrenzt gehaltenen Erkenntnisfähigkeit der reinen Vernunft traten. Dem anthropozentrischen Ansatz des Denkens entsprach fuglos die nächste These, daß die Weltanschauung von der Menschenanschauung abhängig sei und daß sich daraus die Möglichkeit einer mechanisch-korporistischen und naturistischen, einer animistischen und spiritistischen Deutung des Weltganzen ergebe. Nicolai Hartmann, Max Scheler und Alois Dempf haben nach Dilthey und Troeltsch den Relativismus der monistischen Weltbilder dargestellt.

Dennoch haben sich teils zu ihrer Zeit, teils nach ihrer Zeit die monistischen Verzerrungen des Menschenbildes durchgesetzt, machtvoll inspiriert von den Einseitigkeiten des Deutschen Idealismus und des Positivismus im 19. Jahrhundert. Wir haben bei unserer Darlegung der Deszendenz der Sinndeutungen gesehen, wie die Geschichts- und die Naturwissenschaft, wie der gewaltige Druck der großen Menschenzahl, die herrischen Gebote der Lebensorganisation und Massenproduktion, wie die Mehrheitsentscheidung als politisches Richtungskriterium und die eklektizistische Überflutung des Wissens mit historischen und systematischen Daten und Erkenntnissen aus allen Lebensbereichen die alten ordnenden Wert- und Denkstrukturen eindrückte und sie zerstörte. In der Unordnung des Seienden aber, im Stimmengewirr der Deutungen obsiegt stets die einfachste und schärfste Kategorie. Es siegt die Macht und nicht der Mensch, die Gewalt, nicht das Recht, die Ideologie und nicht die Idee.

Die Ideologie-Kritik als Waffe

Im konkreten Fall des 20. Jahrhunderts siegte das ideologisierte Leistungswissen: die Diktatur der Produktionsgesetzlichkeit und die Diktatur der Rassevitalität. Ihre Revolutionen fegten mit den Relikten der alten Ordnungen auch den philosophischen Ansatz zur Ganzheitsbetrachtung der Menschennatur hinweg, der sogar als die gefährlichste aller Häresien indiziert und bis in den letzten Gedanken hinein verfolgt wurde. Dies macht ihn und seine scharfe Waffe, die Ideologie- und Weltanschauungskritik, heute so interessant und wichtig: nicht allein der philosophische Gehalt, nicht nur der Reiz der Erkenntnis, der ja auch in der Zeit der Verfolgungen erhalten blieb, sondern das politische Defensiv- und Offensivpotential, das in ihm schlummert. Wir wissen, daß der Angriff des nächsten Totalitarismus, den wir im kollektivistischen Sozialismus heraufkommen sehen, sich nach den partiellen oder gänzlichen Mißerfolgen des Nationalsozialismus und Bolschewismus eindeutig gegen das noch gültige bewußte und unbewußte Denkprogramm des Menschen richten wird. Die Fortschritte in der Kybernetik und Biologie, auch in der Chirurgie und Psychologie weisen den Weg. Früher meinte man, die Revolutionen gingen über das Wasserwerk und die Kaserne. Heute ist man klüger. Man besetzt ohne viel Lärm die Schlüsselpositionen der Medien, der Pädagogik und der Medizin.

Die Methode des Angriffs bestimmt die Methode der Verteidigung und des Gegenangriffs: ohne intellektuelle Bewaffnung ist der Mensch gegen die Stoßtrupps der Veränderung, die in sein Gehirn einzudringen suchen, um ihn durch Umprogrammierung in ihrem Sinne denken und sprechen zu lassen, wehrlos. Wenn Historie und Altphilologie, Philosophiegeschichte und die wichtigsten Ideenrichtungen der systematischen Philosophie, wenn, auf einer anderen Stufe, Hochsprache und Rechtschreibung nicht mehr unterrichtet, geübt und geprüft werden, verändert sich, von der Programmbasis des Denkens her, das Menschenbild. Das Kind, der Studierende, der um Fortbildung Bemühte, der interessierte Lesende werden vom historischen Bildungsprogramm abgehängt wie Waggons von der Lokomotive, stehen hilflos herum und werden schließlich, ohne daß sie sich wehren könnten, in eine ganz andere Richtung »abgefahren«. Die Sturmtruppe des kollektivistischen Sozialismus, die heute eine endzeitliche Gleichheit der Privilegienlosigkeit, Machtlosigkeit und Vermögenslosigkeit anstrebt, hat sich bereits großer Teile der medialen und pädagogischen Programme bemächtigt. Sie weiß, daß es nicht mehr auf Chancengleichheit ankommt, sondern darauf, der heiligen Egalité durch vorprogrammierte Denkgleichheit zur Dauer zu verhelfen. Wie einst bei Hegel soll an dieser Stelle der Entwicklung des Menschengeschlechtes alle Dialektik enden. Am Ende rollt nur noch, wie eine Parodie auf Nietzsches ewige Wiederkehr, das Rädchen der permanenten Revolution. Sozialistische Revolution ist Kulturrevolution. Die Antwort auf sie liegt im Gebrauch der geistigen Freiheit. Die Bibliothek geht in die Katakombe.

Sie ist allerdings nur ein vorsorglich zu bereitender Ort des Rückzuges, nicht eine Oase weltabgewandter Bequemlichkeit. Zunächst tobt der Kampf noch offen, und er muß laut geführt werden, damit einer der taktischen Züge des kollektivistischen Sozialismus, nämlich den Lärm der nationalsozialistischen und bolschewistischen Revolutionen zu vermeiden, durchkreuzt werden kann. Besser wäre es noch, wenn die kollektivistischen Menschenverwandler zu repressiven Maßnahmen der Gewalt gezwungen werden könnten. Die eigene Position müßte in diesem Fall allgemein erkennbar und plausibel motiviert sein. Bei der Eigenart der Auseinandersetzung ist das nicht leicht. Denn im Vordergrund steht ja nicht der Raub des Eigentums, das Druckverbot für Thomas v. Aquin oder eine Gesetzgebung über das absolute Erziehungsmonopol der »Gesellschaft«; im Vordergrund steht die Erzeugung eines schlechten Gewissens im Zusammenhang mit dem Besitz von Vermögen, die mit Hilfe neuer Begriffsinhalte anerzogene Verständnislosigkeit gegenüber der alten Philosophie und die Verbreitung des Gefühls, den Anforderungen der Pädagogik und ihrer Techniken nicht mehr gewachsen zu sein.

Wir schildern eine Gefahr, nicht eine Realität – dies sei ausdrücklich vermerkt. Doch hat es in diesem Jahrhundert bereits eine Fülle von Realitäten gegeben, die man sich gar nicht vorstellen konnte, bevor sie nicht Wirklichkeit geworden waren. Wir wollen diese Erfahrung in uns aufnehmen und beherzigen. Angesichts der Absichtserklärungen, die wir von der Seite des kollektivistischen Sozialismus seit Jahren vernehmen, kann man mit dem Aufbau der Abwehr gar nicht schnell und entschieden genug beginnen. Es geht dabei um Methoden, wie die geistige Umprogrammierung der Gesellschaft ganz oder teilweise verhindert werden könnte. Der Kampf mag partisanenhafte Züge annehmen, darin liegt vielleicht sogar sein Reiz. Wichtiger ist jedoch, bei der Nüchternheit der Kanonisierung, Kodifizierung und die Weitergabe erleichternden Formulierung des religiösen und philosophischen Bildungswissens die Emotion ganz eng an den Gehalt der Aussage und die Pflicht zur Verbreitung zu ketten. Mit der romantizistischen Atmosphäre der Konspiration verträgt sich die Verteidigung der personalen Ganzheit nicht.

Der Kosmos der Wissensformen

Vor diesem Hintergrund wird deutlich, welch unschätzbaren Wert die Schulung in der philosophischen Anthropologie besitzt. Der weltanschauliche Monismus, der von sozialistischer Seite heute nicht nur vertreten, sondern betrieben wird, gerät in eine schwierige Position, wenn er mit der phänomenologisch einleuchtenden Vollständigkeit der Menschennatur konfrontiert wird. Man hat Vorteile, wenn man dem Gegner den Vorwurf des Relativismus machen kann. Die Reduktion des sozialistischen Standpunktes auf die materielle Interessenlage einer Funktionärsschicht gelingt aus der Höhe der Weltanschauungskritik besonders leicht. Verglichen mit der Enge ideologischer Monismen wirkt die Aufschichtung der Menschennatur in die ontologischen Bestandteile des Körperlichen, Leiblichen, Seelischen und Geistigen nicht nur wahrheitstreu, sondern, um modernere Wünschbarkeiten anzusprechen, großzügig, chancenhaft, pluralistisch, ja, im Ansatz liberal. Denn in dem ontologischen Reichtum des Menschen beruht die Legitimation der entsprechenden Wissensformen und die Freiheit ihrer Publikation. Der Mensch kann seinen Lebenszweck nicht erreichen, wenn ihm die umfassende Äußerung seines vollständigen subjektiven Habitus verwehrt werden sollte. Er besteht in den vier hauptsächlichen Wissensformen des Heilswissens, des Bildungswissens, des Herrschafts- und Rechtswissens sowie des Leistungswissens. Zu ihrer optimalen Ausprägung bedürfen sie des freien Transfers im jeweiligen System der Kommunikation.

Wir haben uns in einem früheren Kapitel bereits mit den Wissensformen beschäftigt, wobei wir feststellten, daß dem Leistungswissen und seiner Ausrichtung auf die Beherrschung der praktischen Transzendenz im bürgerlichen Zeitalter zweifellos eine fast diktatorische Autorität verliehen worden ist, während das Heilswissen zurückgesetzt und verkümmert wirkt. Wie schmerzhaft leer sein Platz tatsächlich ist, kündigt das unaufhörlich pulsierende Heils- und Erlösungsbedürfnis an. Die ausführlichste und beste Beschreibung der Wissensformen im einzelnen hat Max Scheler in seinem Werk »Die Wissensformen und die Gesellschaft« gegeben. Danach dienen Leistungs- und Herrschaftswissen unserer möglichen technischen Macht über Natur, Gesellschaft und Geschichte. Es handelt sich um das Wissen der positiven Fachwissenschaften, die unsere gesamte westliche Zivilisation tragen. Das höchste Ziel dieses Wissens besteht, wie Scheler sagt, darin, Gesetze aufzufinden, »die Gesetze . . . des raumzeitlichen Kontaktes der in bestimmte Klassen geordneten uns umringenden Erscheinungen – die Gesetze ihres zufälligen Jetzt-Hier-Soseins[5].« Solche Gesetze suchten wir um unserer Herrschaft über die Welt und über uns selbst willen. Nur das, was gesetzmäßig wiederkehre, lasse sich ja vorhersagen; und nur, was sich vorhersagen lasse, lasse sich beherrschen.

Das Leistungs- und Herrschaftswissen bezieht sich also auf die Natur- und Lebensbasis der Existenz, auf Staat und Wirtschaft, auf die Nützlichkeits- und Vitalitätswerte der menschlichen Gesellschaft. In monistischer Gestalt tritt es als Ökonomismus und Etatismus auf.

Während bei Macht und Leistung das begierde- und triebhafte Verhalten nicht ausgeschlossen werden kann, sondern wesenhaft zum Unterbau gehört, zeichnet sich das Wesens- und Bildungswissen durch ein, wie Scheler sagt, liebendes, die Urphänomene und Ideen der Welt aufsuchendes Verhalten aus. Als Einsicht in das Wesen überschreitet dieses Wissen die Realität der nur erfahrenen Dinge. Die Erkenntnisse besitzen allgemeine Gültigkeit, sie gelten für das Seiende, wie es an sich selbst und in sich selbst ist. Scharf unterscheidet der Philosoph in diesem Zusammenhang zwischen Verstandesschlüssen und Vernunfterkenntnis. »Erst wenn der Intellekt in den Dienst der Vernunft tritt, d. h. in den Dienst der Anwendung vorher vollzogener apriorischer Wesenserkenntnisse auf die zufälligen Tatsachen der Erfahrung; in den Dienst ferner oberster Einsichten in die Beziehungen der objektiven Wertordnung, d. h. in den Dienst der Weisheit und eines sittlichen Ideals, wird er etwas spezifisch Menschliches[6].«

Das Bildungswissen dient der vollen Entfaltung der Person, das Wesenswissen soll dazu beitragen, die Realität zu vergeistigen. Die Institutionen der Bildung müssen daher frei sein von ideologischer Indoktrination, die stets nur Macht will. Die sensiblen Persönlichkeitswerte bedürfen zu ihrer Entfaltung rechtlich gesicherter Freiheiten. Eine Frage der Selbstkontrolle ist es, die Einseitigkeit des rationalistischen Monismus bei der Welt- und Menschenbetrachtung zu vermeiden. Denn der Rationalismus pflegt den Geist in der Realität zum Scheitern zu bringen, anstatt diese zu vergeistigen. Er verfehlt den Kern der Erkenntnis: die Wesenserkenntnis.

Die letzte Wissensform, das metaphysische oder Heilswissen, gliedert Scheler in die Metaphysik der Grenzprobleme – zum Beispiel die Fragen, was Materie und was Leben sei –, die philosophische Anthropologie mit ihrer Frage nach dem Menschen und die Metaphysik des Absoluten, die Frage nach Gott. Hierher gehört auch die Frage nach dem Sinn, die der Mensch aus existentieller Notwendigkeit stellt. Ausgangspunkt ist die Suche nach dem Verbleib des in der Form des Ich zusammengefaßten Selbst angesichts der Unumgänglichkeit des Todes, und die Suche nach der sinnhaften Bedeutung des Lebens, die aus den

Gegenständen und Werdenszielen der anderen Wissensformen nicht einleuchtet, nicht einmal aus der Liebe, da ihrem Bewußtsein keine Ewigkeit zukommt. Es geht also nicht nur um den teleologischen Sinn der Herkunft und Hinkunft des Lebens, sondern auch und eigentlich um den metaphysischen Sinn, den Zusammenfall von Sinn und Sein und um die Teilhabe des Menschen an dieser göttlichen Identität. Religiös und philosophisch wird diese Teilhabe durchaus verschieden, aber immer gleich zielgerichtet vorgestellt: einmal als eine gegebene Seinsfügung, die allerdings verspielt werden kann, was die Ewigkeit zwar nicht löscht, aber den Anteil an der Seligkeit zu mindern vermag; das anderemal als eine Seins-Werdung, die von der Nicht-Gegenständlichkeit Gottes ausgeht und Gott im Menschen »werden« läßt. So urteilt zum Beispiel Scheler emphatisch: »In seinem Menschsein, das ein Sein der Entscheidungen ist, trägt der Mensch die höhere Würde eines Mitstreiters, ja Mitwirkers Gottes, der die Fahne der Gottheit, die Fahne der erst mit dem Weltprozeß sich verwirklichenden ›Deitas‹, allen Dingen vorzutragen hat im Wettersturm der Welt[7].«

Der Monismus dieser Wissensform, die spiritualistische Welt- und Menschenauffassung, hat in der Geschichte des Abendlandes den klerikalistischen Herrschaftsanspruch legitimiert, ein Primatstreben, das zu schweren Auseinandersetzungen führte, in deren Verlauf sich der Staat zur neutralen Schiedsinstanz erhob und somit weltanschaulich neutralisierte. Die Ableitung politischer und sozialer Forderungen aus dem Heilswissen bleibt bis in unsere Zeit problematisch, wenn nicht sinnzerstörend.

Die Ordnung der Bedürfnisse

Den verschiedenen Wissensformen, die wir aufgezählt haben, entsprechen jeweils Werte. Wir erwähnten die Nützlichkeitswerte und die Vitalitätswerte, die Persönlichkeitswerte und last not least die religiösen Werte. Als anzustrebende Ziele werden sie am deutlichsten wahrnehmbar in den bereits erwähnten Bedürfnissen, einer Grundbefindlichkeit, die mit einer unmittelbar erlebten Unruhe in der Gegenwart einhergeht. Der status quo wird als Mangel erlebt, und die Grundbefindlichkeit drängt über ihn hinaus. Alle Antriebserlebnisse, so sagte der Psychologe Philipp Lersch, sind durchtönt von einem Noch-nicht, über das hinwegzukommen ist, und eben dieses Hinwegkommenwollen macht den eigentlichen dynamischen Charakter dieser Erlebnisse aus[8]. Jedes Antriebserlebnis ist also Vorgriff auf die Zukunft, gleichzeitig aber auch ein Hinwollen zu einem Ziel. Triebe und Strebungen sind, so gesehen, immer Wertgerichtetheiten. Nach Lerschs Einteilung, die mit dem Aufbau der Menschennatur korrespondiert, können wir unterscheiden: Antriebserlebnisse des lebendigen Daseins, zu denen Tätigkeitsdrang, Genußstreben, Libido, Erlebnisdrang gehören; Antriebserlebnisse des individuellen Selbstseins wie Selbsterhaltungstrieb, Egoismus, Selbstlosigkeit, Wille zur Macht, Geltungsdrang, Eigenwertstreben; und Antriebserlebnisse des Über-sich-hinaus-seins.

Bei diesem dritten Antriebserlebnis, in dessen Vollzug der Mensch sich in einer besonderen, nicht aggressiven, sondern teilhabenden Weise transzendiert, wollen wir einen Augenblick verweilen. Es geht dem Menschen jetzt nicht mehr um Bedeutungswerte, um Werte der Daseinserhaltung und Daseinssicherung, der Dienlichkeit und Nützlichkeit, der Macht und der Geltung. »Vielmehr wird der Mensch in den Strebungen des Über-sich-hinaus-seins recht eigentlich gerufen und zwar von etwas, das jenseits des individuellen Selbstes liegt[9].« So komme es denn auch, daß die Antriebserlebnisse des Über-sich-hinaus-seins zur biologisch-kreatürlichen und sozietären Thematik des individuellen Selbstseins in einem gewissen Gegensatz stehen. In die Richtung außer- und überindividueller Sinnwerte weisen die Strebungen der mitmenschlichen Teilhabe, des Füreinanderseins wie der Liebe und mitmenschlichen Gesinnung, des Schaffensdrangs, des Interesses, der liebenden Teilhabe an einer Sache, der verpflichtenden und schließlich der enthebenden Teilhabe, wie sie uns im Kunsttrieb, im metaphysischen Bedürfnis und im religiösen Suchen begegnet.

Mit dem Heils- und Erlösungsbedürfnis haben wir uns bereits beschäftigt. Wichtig ist in diesem Zusammenhang noch der Hinweis, daß dieses Antriebserlebnis genauso wie die Strebungen des lebendigen Daseins und des individuellen Selbstseins zu den ursprünglichen und originären Regungen des Menschen gehören. Dies wird, wie Lersch betont, »auch nicht durch die Tatsache widerlegt, daß so viele Menschen es sich daran genügen lassen, lediglich für die Belange des lebendigen Daseins und die des individuellen Selbstseins zu leben«. Solche Menschen hat es zu allen Zeiten gegeben. Aber die Geschichte zeigt, daß der Mensch über sich hinaus zu fragen, zu suchen und zu schaffen bestrebt ist. »Seit je ist dies in der Menschheit wirksam gewesen. Es hat seine Verwirklichung gefunden in den Schöpfungen der Kultur, die uns überliefert sind als Gebilde des Rechts und der Gemeinschaft, als die Werke der Dichtung, der Musik und der bildenden Kunst und als die weltanschaulichen Formen von Philosophie und Religion. Sie alle zeigen, daß im Menschen ein Ungenügen lebendig ist, das über die Belange des lebendigen Daseins und des individuellen Selbstseins hinausgreift[10].«

Die Rangordnung der Werte

Damit ist die Frage nach der Wertrangordnung aufgeworfen. Wir zitierten in einem früheren Kapitel Sören Kierkegaard, der vom »Unendlichen Interesse des Menschen an seiner Seele« sprach. 2200 Jahre vorher hatte Platon im Gastmahl Diotima zu Sokrates sagen lassen: »Es lieben die Menschen über alles die Unsterblichkeit.« In seinem Werk »Der Formalismus in der Ethik und die materiale Wertethik« untersucht Max Scheler die Rangbeziehungen zwischen den Wertmodalitäten[11]. Am unteren Saum der Rangordnung steht die Wertreihe des Angenehmen und Unangenehmen, der das sinnliche Fühlen mit den Modi Genießen und Erleiden und die Empfindungsgefühle: sinnliche Lust und Schmerz entsprechen. Die Relativität dessen, was als angenehm und unangenehm empfunden wird, erstreckt sich nicht auf den Unterschied der Werte selbst; der Unterschied ist ebenso absolut, wie ohne Zweifel das Angenehme stets dem Unangenehmen vorgezogen wird. Es gibt auch keine »Entwicklung« dieser Werte, keine historische Relativierung.

Die zweite Wertmodalität sind die Werte des vitalen Fühlens. Die Sachwerte erstrecken sich zwischen dem Edlen und Gemeinen, dem Guten und Schlechten. Ihre Funktion liegt in der

Sphäre des Wohles und der Wohlfahrt. Als Zustände gehören dazu alle Modi des Lebensgefühls wie Krankheits- und Gesundheitsgefühl, sich freuen und sich betrüben sowie Mut und Angst, Rachegefühl und Zorn. Die vitalen Werte sind eine vollständig selbständige Wertmodalität, sie können weder auf Werte des Angenehmen und Nützlichen, noch auf geistige Werte zurückgeführt werden. Scheler begründet das mit dem Hinweis, daß »Leben« eine echte Wesenheit sei, nicht ein »empirischer Gattungsbegriff«, der nur die »gemeinsamen Merkmale« aller irdischen Organismen in eins faßt.

Wieder eine andere modale Einheit ist der Wertbereich der geistigen Werte. Über ihren Eigenstand sagt Scheler: »Sie tragen schon in der Art ihrer Gegebenheit eine eigentümliche Abgelöstheit und Unabhängigkeit gegenüber der gesamten Leib- und Umweltsphäre in sich und geben sich als Einheit auch darin kund, daß die klare Evidenz besteht, Lebenswerte für sie opfern zu ›sollen‹[12].« Die Akte und Funktionen, in denen sie erfaßt werden, sind Funktionen des geistigen Fühlens und Akte des geistigen Vorziehens, des Liebens und Hassens, die sich von den gleichnamigen vitalen Funktionen und Akten sowohl phänomenologisch wie auch durch ihre Eigengesetzmäßigkeit abheben.

Scheler unterscheidet: Die Werte Schön und Häßlich einschließlich der ästhetischen Werte; Werte des Rechts und des Unrechts – Grundlage für die Idee der objektiven Rechtsordnung; Werte der reinen Wahrheitserkenntnis, wie sie die Philosophie zu realisieren sucht. Zu den geistigen Werten im weiteren Sinne zählen die Kulturwerte – wie Kunstschätze und wissenschaftliche Institutionen. Zur Zuständlichkeit gehören Gefühle wie geistige Freude und Trauer, die ohne Vermittlung der Leibsphäre, der z. B. Wohlsein und Unwohlsein zuzuordnen sind, in Erscheinung treten. Sie variieren, wie Scheler hervorhebt, auch unabhängig vom Wechsel der Zustände der vitalen Gefühlssphäre. Schließlich sind Gefallen und Mißfallen, Vergeltungsstreben und geistige Sympathie – sie kommt in der Freundschaft zum Ausdruck – typische Antworten aus der geistigen Wertsphäre.

Scheler schließt die Rangfolge ab mit der Wertmodalität des Heiligen und Unheiligen. »Wiederum ist diese Wertmodalität ganz unabhängig von dem, was zu verschiedenen Zeiten und bei verschiedenen Völkern an Dingen, Kräften, realen Personen, Institutionen usw. als ›heilig‹ gegolten hat[13].« Als Zustände erwähnt Scheler die Gefühle der Seligkeit und Verzweiflung, die vom Glück und Unglück ganz unabhängig da sind und auch unabhängig von ihm bleiben und in denen die »Nähe« und »Ferne« vom Heiligen zum Ausdruck kommt. In diese Kategorie gehören zweifellos auch die Gefühle der Spannungskrise im Bewußtsein des Sinndefizits, die wir als Zustände der Entfremdung von Sinn und Selbst kennengelernt haben. Geistige Freude und Trauer, die in diesem Zusammenhang auftreten können, deuten auf die fließende Grenze zu den geistigen Werten hin. Tatsächlich hat es neben der religiösen immer auch philosophische Antworten auf die teleologische und die metaphysische Sinnfrage gegeben. Spezifische Antworten auf die Werte des Heiligen und Unheiligen sind Glaube und Unglaube, Ehrfurcht und Anbetung. Scheler glaubt, daß wir die Werte des Heiligen in einer bestimmten Art von Liebe erfassen, zu deren Wesen es aber gehöre, auf Personen ausgerichtet zu sein – gleichgültig, um welchen Inhalt es geht. »Der Selbstwert in der Sphäre der Werte ›heilig‹ ist daher wesensgesetzmäßig ein ›Personwert‹[14].«

Die Eigenständigkeit der verschiedenen Wertmodalitäten, der Wertsache, der Funktion und des korrespondierenden Gefühlszustandes, sind ein Zeichen für die Vielfalt der Menschennatur. Der Pluralismus kann nicht auf den Monismus einer einzigen Wertgruppe – etwa auf vitale Werte – reduziert werden, von wo aus betrachtet dann alle anderen Wertarten Folgeerscheinungen oder gar Projektionen einer bestimmten Interessenlage wären. Das Wertesystem ist also, wie wir mit Blick auf die philosophische Anthropologie überhaupt sagten, im Verhältnis zu den Einseitigkeiten und ihrer Ideologisierung durchaus liberal, was aber nicht mit relativistisch verwechselt werden darf. Die Liberalität löst nämlich nicht die Rangordnung auf, der hierarchische Züge anhaften. So sagt Scheler: »Die Werte des Edlen und Gemeinen sind eine höhere Wertreihe als die des Angenehmen und Unangenehmen; die geistigen Werte eine höhere Wertreihe als die vitalen Werte, die Werte des Heiligen eine höhere Wertreihe als die geistigen Werte[15].«

Bei der Behandlung der Wissensformen fragt Scheler, ob es

zwischen den drei obersten Werdenszielen, denen das Wissen diene, eine »objektive Rangordnung« gebe. Er antwortet: »Ich meine, eine sehr klare und einleuchtende: vom Beherrschungswissen, das der praktischen Veränderung der Welt und den möglichen Leistungen dient, durch die wir sie ändern können, geht die Wegrichtung des Zieles zum ›Bildungswissen‹, durch das wir das Sein und Sosein der geistigen Person in uns zu einem Mikrokosmos erweitern und entfalten, indem wir an der Totalität der Welt . . . in der Weise unserer einmaligen Individualität Teilhabe zu gewinnen suchen. Und vom Bildungswissen geht die weitere Wegrichtung zum ›Erlösungswissen‹, d. h. zu dem Wissen, in dem unser Personkern an dem obersten Sein und Grund selbst Teilhabe zu gewinnen sucht, respektive ihm solche Teil-Habe durch den obersten Grund selbst zuteil wird; oder auch: in dem der oberste Grund der Dinge, insofern als er sich selbst und die Welt in uns und durch uns weiß, selbst zu seinem unzeithaften Werdensziel gelangt . . .: zu irgendeiner Art der Einigung mit sich selbst, zur Erlösung von einer in ihm gelegenen ›Spannung‹ und ›Urgegensätzlichkeit‹ [16].«

Die Ordnung der Lebensmächte

Nach der Struktur der Bedürfnisse, Wissensformen und Werte ist es nicht schwierig, den Reichtum der Lebensmächte zu beschreiben. Sie stehen auf dem Hintergrund der materiellen, organischen, psychischen und geistigen Seinsschichten, in die sich die Menschennatur auffächert. Als Religion und Wissenschaft, Recht und Wirtschaftsordnung treten sie in den Institutionen der Glaubensgemeinschaften, Schulen, Akademien und Forschungsinstitute, im Staat und in der Wirtschaft auf und bilden Geschichte. Der Geist der Zeit, die historische Vernunft, ist nur im dialektischen Gegeneinander der Lebensmächte und ihrer gesellschaftlichen Gruppen zu verstehen. In der historischen Erfahrung erweist sich der Kampf der Lebensmächte um den Primat als die Regel, der Ausgleich als die Ausnahme. In diesem höheren Sinne ist die uns bekannte Geschichte Machtkampf. Auf die Gegenwart blickend, sagt der Kultursoziologe Alois Dempf: »Unsere philosophische Periode ist aus den Religionsparteiungen der Reformation hervorgewachen und hat seit ihrer ersten Frucht, dem Absolutismus des souveränen Nationalstaates, die verhängnisvolle Neigung zur absolutistischen Konfessionalisierung aller ihrer Geschichtsbilder beibehalten ... Wir bezahlten unseren stürmischen Fortschritt durch die radikalste Differenzierung der Kultur mit ihrer radikalsten Desintegrierung und dem schärfsten Kampf der Absolutismen konfessioneller, etatistischer, ökonomistischer, ja selbst philosophischer und methodologischer Art[17].«

Daß hinter dem Primatstreben der Lebensmächte das Interesse der Gruppen steht, sagten wir bereits. Dies erklärt aber nicht viel, vor allem nicht den Hang zur Legitimitätstheorie, wie sie uns in den theokratischen Ideologien, in der Reichsideologie und in der Fortschrittslehre begegnet ist und als etatistische, materialistische und biologistische Geschichtsphilosophie bis in unsere Tage begleitet. Hier dokumentiert sich nicht nur ein folgenschwerer Hang zur Einseitigkeit, sondern ebenso eindrücklich der Umstand, daß die Lebensmächte nicht nur einfach herrschen, sondern möglichst anspruchsvoll gerechtfertigt erscheinen wollen. Sie tun dies seit jeher mit dem Mittel kategorialer Grenzüberschreitung.

Was damit gemeint ist, wollen wir an einigen Beispielen erläutern: Die Pythagoreer machten im 6. Jahrhundert v. Chr. die Entdeckung, daß die Zahl das Prinzip der Dinge sei. Sie blieben aber nicht bei der Dingwelt stehen, sondern übertrugen ihre Entdeckung auf die ganze reale Welt. Alles sollte in Zahlverhältnissen bestehen, auch das menschlich-seelische Sein, einschließlich der Tugend und der Gesetze des Staates. Aus der Entdeckung der mathematischen Kategorien im Kosmos wurde so ein universaler Mathematizismus.

Die Kategorienübertragung wirkte bis in den Positivismus des 19. Jahrhunderts nach, der meinte, nur das sei wirklich, was meßbar sei. Demgegenüber liegt bei der Grenzüberschreitung des Materialismus der Nachdruck nicht auf der Berechenbarkeit, sondern auf den Substraten der Dingsphäre und ihrer Mechanik, also auf Kategorien wie Materie, Kraft, Bewegung, Energie. Auch hinter dem Materialismus steht eine berechtigte Theorie des materiellen Seins. Ein »Materialismus« wird daraus erst durch die Grenzüberschreitung, also dann, wenn man organisches und seelisches Leben oder gar Phänomene des Denkens und Wollens mit Kategorien dieser Art bewältigen will. Die Konsequenz, die Einengung der Welt, der Verlust an »Liberalität«, wie wir sagten, tritt auch beim Biologismus, beim Psychologismus und Rationalismus, bei der besonders kretinhaften Kategorialdiktatur des Intellektualismus, beim Voluntarismus und Pragmatismus auf, um wenigstens die wichtigsten Muskelkrämpfe in den Ganglien zu nennen.

Nicolai Hartmann, von dem der plastische Begriff der Grenzüberschreitung stammt, unterscheidet zwischen Grenzüberschreitungen »nach unten« und solchen »nach oben[18].« Im ersten Fall werden die höheren Kategorien auf niedere Seinsschichten übertragen, im zweiten Falle die niederen Kategorien auf höhere Seinsschichten. Die Theorie der Materie wurde erst fehlerhaft, als sie ihre Kategorien »nach oben«, auf die seelische und geistige Welt übertrug. Die Grenzüberschreitung liegt aber nicht im Wesen der Prinzipien, sondern in der Konsequenz eines vorschnellen weltanschaulichen Einheitsbedürfnisses. Ein Kern echter Einsicht liegt also stets zugrunde, und nur die Expansionstendenz des spekulativen Denkens macht aus der Einsicht einen Irrtum. Aus der Aufdeckung des Irrtums ergibt sich nach den Worten Hartmanns »das Erfordernis der unbedingten Wahrung aller und jeder kategorialen Eigenart, einerlei um welches Seinsgebiet es sich handeln mag. Ein jedes Sondergebiet des Seienden hat eben seine eigenen, nur ihm zukommenden Kategorien, die in keiner Weise durch anderweitige Kategorien ersetzt werden können und auch ihrerseits niemals ohne weiteres auf andere Seinsgebiete übertragbar sind. Sie können sich wohl weit in die Gebiete strukturell höheren Seins hineinerstrecken, aber sie können dort nicht die eigentlich zentralen und für das höhere Concretum charakteristischen Kategorien sein. Sie verschwinden dann vielmehr als untergeordnete (bloß mit-bedingende) Momente in der höheren und reicheren Struktur derjenigen Kategorien, die das Spezifische dieser Gebiete ausmachen[19].«

Diesen Rat hat Max Weber beherzigt, als er zu seinem trefflichen Hieb gegen den Marxismus ausholte. Denn mit ihm hat sich Weber, den Ernst Nolte »einen Repräsentanten der Hitler entgegengesetzten Grundmöglichkeit der deutschen Politik[20]«

nannte, in erster Linie auseinandergesetzt, nicht mit Formen des Faschismus, der sich zu seiner Zeit in Deutschland noch nicht durchgesetzt hatte. Die Kenner des Werkes von Max Weber sind sich heute darüber klar, daß der Kultursoziologe das Denken von Marx nicht einfach verworfen, sondern seine kategorialen Grenzüberschreitungen aufgedeckt hat. Dabei beflügelte ihn nicht der Wille des Politikers zum Ausgleich zwischen den Lebensmächten – politischen Ambitionen entsagte der Philosoph –, sondern der Forscherdrang des Historikers. Der Sozialismus ist für Weber ein Bestandteil der bürgerlichen Gesellschaft, die nicht durch eine utopische Projektion reaktionärer Gefühle »überwunden« werden kann. Klassenkampf, Expropriation und Entfremdung in der Arbeitsteilung werden weder geleugnet noch unterschätzt. Webers nüchterner Sinn erkennt in der Rationalisierung und möglichen Zentralisierung des gesamten Lebens viel beständigere Gefahren als Marx, dem der Ausweg in eine alles verwandelnde Revolution des Proletariats wie ein konstantinisches Feldzeichen vorschwebt. Dem bürgerlichen Theoretiker hingegen verbietet sich jede Eschatologie. Seine Kategorie bleibt die Rationalität.

Tatsächlich tauchen bei Marx und im Marxismus immer wieder Gefühlszustände auf, die Max Scheler den Wertmodalitäten des Heiligen und Unheiligen zugeordnet hat: Anklänge an Seligkeit und Verzweiflung. Aus dem »verborgenen Diesseits« der marxistischen Philosophie tritt die ideologische Heilslehre hervor, ein radikales Auskunftsmittel, das auf kategorialen Grenzüberschreitungen beruht. Charakterologisch betrachtet war Marx ein homo religiosus, sein kompetentester Kritiker Weber ein Homo Sapiens[21]. Umso bedeutsamer ist es, daß Weber die bestimmende Macht religiöser Kräfte im Geschichtsprozeß erkannte und in ihrer genuinen, nicht auf die Kategorien anderer Lebensmächte reduzierbaren Existenz und Wirkung beschrieb. Sein großes religionssoziologisches Werk, das sich spannend und immer wieder wie ein Novum liest, verfolgt keinen anderen Zweck. Über die protestantische Ethik und den Geist des Kapitalismus haben wir ausführlich referiert. Doch hütete sich Weber sorgsam davor, Grenzüberschreitungen des Heilswissens in andere kategoriale Bereiche dort, wo sie empirisch festzustellen sind, zum »Weltgesetz« zu erheben.

Wie wir gesehen haben, war Marx davon ausgegangen, daß die zum Milieu gewordene Produktion eine Auslesefunktion gegenüber dem Individuum wahrnehme und darüber bestimme, was der Mensch künftighin noch sein und denken könne[22]. Dieser Prozeß spiegle sich in Religion, Recht und anderen Formen der Kultur. Sie seien Überbauten und hätten als solche die Funktion einer intellektuellen Vogtei, nämlich die jeweilige Herrschaftssituation innerhalb des Gesellschaftsprozesses im Bewußtsein der Privilegierten zu rechtfertigen und im Bewußtsein der Unterprivilegierten zu sanktionieren. Gegen die faszinierende Einfachheit dieses Bildes setzte Weber aus der historischen Empirie die These, daß die Abhängigkeit des Individuums vom Produktionsprozeß nicht die Regel sei, sondern eine Erscheinung, die sich in der Erfahrung oft genug umkehre. Individuen übten ihrerseits immer wieder eine Auslesefunktion gegenüber dem Milieu aus. In den asiatischen und den westlichen Kulturen hätten Religion und Philosophie durch Inspiration oder durch das Blockieren von Verhaltensweisen regulierend in die gesellschaftlichen Abläufe eingegriffen. Die transzendente Legitimation des Kapitalbesitzes in der calvinistischen Prädestinationslehre ist nur das nächstliegende von zahlreichen Beispielen[23].

Auf die Lebensmächte und ihre Beziehung gemünzt resultiert daraus zunächst einmal, daß die kausalen Beziehungen zwischen der materiell-vitalen Sphäre und der geistig-religiösen Sphäre differenziert hin- und herspielen. Das System ist offen, gleichsam liberalisiert und die kategoriale Grenzüberschreitung von usurpatorischem Anspruch befreit. Die materialistische Geschichtskonstruktion wurde nicht durch eine spiritualistische ersetzt, wohl aber der Monismus durch einen Pluralismus der Kausalitäten. Resümierend schreibt Eduard Baumgarten, die systematische Religionssoziologie Max Webers enthalte »eine Lehre vom Menschen als einem Wesen, das sich, äußerlich handelnd, immer zugleich auch Werkzeuge der inneren Balance, der inneren Orientierungen, der Selbsttröstung, der Selbstanspornung und Emporreckung zu Hochzielen schafft – innere Werkzeuge, die ihm schließlich zu festem geistigen Milieu gerinnen[24].«

Die Abgewogenheit, die zu Max Webers hervorstechenden

Charaktermerkmalen gezählt haben mochte, kommt im Kommentar zum utopischen Zukunftsbild des Marxismus zum Ausdruck. Eine Vergesellschaftung der Produktionsmittel, so meint er dazu, werde nicht im Vermögen des Proletariats liegen, sondern nur durch eine Diktatur der Beamten, durch eine Zentral-Planungsbehörde möglich sein. Der Klassenkampf zwar werde dann beendet sein, doch werde sich seine Dynamik als innerer Kampf im Rahmen der Planungsdisziplin austoben. Es werde dann eben überall so sein wie in der Kaserne, im Kloster und in der Fabrik. In einem solchen System, das sah Weber prophetisch voraus, werde sich die Entfremdung vollenden.

Der Aufbau der realen Welt

Die Idee der Schichtung, die der philosophischen Anthropologie zugrundeliegt und den Kosmos der Bedürfnisse und Lebensmächte ebenso durchzieht wie die Ordnung der Wissensformen, der Werte und Kategorien der Weltanschauungskritik, gehört zu den ältesten philosophischen Vorstellungen überhaupt. Sie wandert durch die Geistesgeschichte. In Platons Lehre von den drei Seelenteilen – Lust und Unlust; Strebungen des Eifers und des Mutes; Vernunft – taucht sie auf, wird von Aristoteles übernommen und kehrt in der mittelalterlichen und neuzeitlichen Philosophie des Westens immer wieder. Bei Aristoteles finden wir bereits die komplette Stufenordnung: über die Materie erhebt sich der physische Körper, über diesem der organische Körper. Darauf ruht das »beseelte Lebewesen«, auf diesem wiederum das »politische Lebewesen«, der Mensch. Der Mensch aber ist der Tugend fähig und kann darüber hinaus den Gipfel des rein geistigen und schauenden Lebens erreichen.

Nicolai Hartmann setzt sich mit den antiken Philosophen und dann mit Leibniz, Schelling und Fichte nur dort kritisch auseinander, wo der monistische Kontinuitätsgedanke den pluralen Schichtungsgedanken überwuchert. Das Einheitsbedürfnis überwiege in den spekulativen Systemen das Bestreben, so klagt er, der Mannigfaltigkeit gerecht zu werden. Dafür unterscheidet er selbst die einzelnen Schichten scharf voneinander durch eine genaue Untersuchung der Einschnitte in der Abstufung. So liegt zwischen den Bereichen der organischen Natur und des Seelischen, die im Menschen dicht aneinandergrenzen, ein »Hiatus der Seinsstruktur[25].« Denn das Organische, einschließlich des subtilen Systems seiner Prozesse ist noch ein räumliches und materielles Gefüge; die seelischen Vorgänge und Inhalte dagegen sind etwas ausgesprochen Unräumliches und Immaterielles, »und diesem Gegensatz entspricht die Andersheit der Gegebenheit: die dinglich-äußere Gegebenheit des räumlich Lokalisierten und die innere Selbstgegebenheit der seelischen Akte«.

Hartmann räumt ein, daß die Einheit des einen Menschenwesens es schwer mache, die Heterogenität der beiden erwähnten Seinsarten zu behaupten. Das große Rätsel sei gerade, daß der Schnitt mitten durch den Menschen hindurchgehe, ohne ihn zu zerschneiden. Daraus folgt für ihn: »Die Schichtdistanz zwischen Organischem und Seelischem bedeutet eben nicht Geschiedenheit, sondern gerade Verschiedenheit in der Verbundenheit; aber freilich eine radikale, in der kategorialen Struktur selbst verwurzelte Verschiedenheit[26].« Ein ähnlicher Einschnitt liegt zwischen der leblosen und der organisch-lebendigen Natur. Der Einschnitt bleibt trotz aller kosmischen Entwicklungstheorien erhalten, denn ein Hervortreten des Lebendigen aus dem Anorganischen aufzuweisen, ist bis jetzt nicht gelungen. Und schließlich gibt es einen ontologischen Unterschied zwischen dem geistigen Sein und den seelischen Akten. Wichtig ist, daß Hartmann dem geistigen Sein dank des Kriteriums der Zeitlichkeit ein reales Sein zuschreibt, das es von den ideellen Werten und Normen unterscheidet. Sprache, Sitte, Wissen und Recht seinen aber etwas grundsätzlich anderes als die seelischen Akte, die als Bewußtseinsakte eine Voraussetzung des geistigen Lebens darstellten. Dieses Vorausgesetztsein hebe die Grenzscheide nicht auf.

Mit diesen Unterscheidungen gewinnt der Schichtaufbau der Welt, der sich im Menschen in einer einzigartigen Nähe und Bedingungsfügung wiederholt, eine klar artikulierte Gestalt. Die anorganische Materie, das organische Leben, die Seele und der Geist werden in ihrem Aufbau und ihrer Gliederung als die Einheit der realen Welt erfaßt. Aber die Einheit, die sie hat, hebt Hartmann hervor, ist nicht Einheit der Gleichförmigkeit, sondern Einheit der Überlagerung und Überhöhung von sehr verschieden geformten Mannigfaltigkeiten. »Und diese wiederum sind so zueinander gestellt, daß die dem Typus nach niederen und gröberen auch die tragend zugrundeliegenden sind, die höheren aber, auf ihnen aufruhend, sich über ihnen erheben[27].« Die organische Natur setzt die Verhältnisse und Gesetzlichkeiten des physisch Materiellen voraus. Ebenso bedingt ist seelisches Sein und Bewußtsein durch den tragenden Organismus. Und ebenso bleiben die großen geschichtlichen Erscheinungen des Geisteslebens an das Seelenleben der Individuen gebunden, die seine jeweiligen Träger sind. Von Schicht zu Schicht finden wir das Verhältnis der Bedingtheit von unten her und doch zugleich die Selbständigkeit des Aufruhenden in seiner Eigengeformtheit und Eigengesetzlichkeit.

Der Wert der Geistperson

Mit der anthropologischen Skizze, die wir jetzt noch einmal rekapitulieren, verfolgen wir zwei Ziele. Einmal soll damit die Grundbedingung für eine Reintegration des Menschen, für ein Transzendieren der quälend-unzulänglichen materialistischen und vitalistischen Deutungskategorien dieses Jahrhunderts aufgezeigt werden. Zum anderen soll die Betrachtung der ganzen Menschennatur den Sinn für die Gefahr schärfen, die der kollektivistische Sozialismus und sein totalitärer Geltungsanspruch bedeuten, sofern man die kategoriale Vielfalt des menschlichen Lebens, Denkens und Handelns als unverzichtbaren Wert empfindet. Die Weltanschauungskritik öffnet dem Menschen ein Waffenarsenal, in dem er seinen Geist armieren kann. Er muß sich im Kampfe üben, im offenen und im verdeckten, einzeln und in der Gruppe. Sein Widerstand hat eine historische Dimension. Deshalb muß die Klarheit weniger Gedanken an die Stelle verwirrender und widersprüchlicher Interessen-Vielfalt treten. Es gibt nur noch ein Interesse: den Reichtum und die Offenheit, die Chancenhaftigkeit und sinnhafte Einheit des Menschen gegen die existenzverkürzenden Ideologien der Egalité zu verteidigen.

Im Mittelpunkt unseres Interesses steht die menschliche Person. Die Plastizität ihrer Natur, die Unfertigkeit und Vollendbarkeit liegen in diesem Begriff. Ihr Schichtaufbau und die Selbständigkeit der einzelnen Schichten weist sie als eine Ganzheit in der Vielheit aus. Wie der Psychologe Lersch ausführt, sind personaler Oberbau und die Triebe und Strebungen des »endothymen« Grundes, also die Ichfunktion des Denkens und Wollens einerseits und das eshafte, in die stationäre Gestimmtheit eingebettete Geschehen der Antriebserlebnisse und der Gefühlsregungen andererseits im Entwurf der menschlichen Person ganzheitlich aufeinander zugeordnet. Realisiert wird diese Zuordnung im personalen Selbst. Es ist der Ort der Person-Werdung. Die Triebe und Strebungen tragen Fülle und Bestimmtheit bei, die Ichfunktionen des Wollens und Denkens Kriterien der Entscheidung, Ordnung des inneren Ablaufs und Handlungsrichtung. Die Entscheidungen fallen vor allem zwischen den Gegensätzlichkeiten in den Trieben und Strebungen, vor allem zwischen individuellem Selbstsein und Über-sich-hinaus-sein. Im Wesen der Auseinandersetzung liegt beschlossen, daß die Integration zur Mitte des personalen Selbst und zur Einheit der Person hin nicht von vornherein gegeben, sondern dem einzelnen Menschen recht eigentlich aufgegeben ist. Gleichzeitig zeigt das Entscheidungsschema jedoch die konstitutive Bedeutung der pädagogischen und medialen Programmierung der formalen Trieb- und Strebungsdynamik auf. Dieser Teil der personalen Struktur ist weniger leicht zu prägen als die Entscheidungsfunktionen des Ich, doch eignet ihm dafür »historische« Dauer.

Die Chancenhaftigkeit, Reichhaltigkeit, Offenheit und Plastizität der Person, ihre »Zusammenkunft« im Selbst wurde erst in der Auseinandersetzung mit der idealistischen und der mechanistischen »Grenzüberschreitung« der Philosophie wiederentdeckt. Bei Hegel wurde der einzelne Mensch, wie wir uns erinnern, zum bloßen Entfaltungsmoment der absoluten Idee verflüchtigt und so die Fülle des Existierenden in einen notwendigen Begriffszusammenhang umgedeutet. Gegenüber dieser Despotie des Allgemeinen setzte sich die Eigenständigkeit und Unableitbarkeit des konkreten Einzelmenschen durch. Kant und Nietzsche erkannten aus gänzlich verschiedenen Perspektiven den Selbstwert des Seins der Person. Demgegenüber erklärt das

Ethos der sozialistischen und kommunistischen Strömungen den Personwert als derivativ, als abhängig von dem, was die Person in einer unpersönlichen Gemeinschaft oder im unpersönlichen historischen Prozeß der Gesellschaftsentwicklung leistet.

Es ist wichtig, rigoros und ohne jede Konzession die Personenwerte über jeden nur denkbaren Sachwert zu stellen. Die Ethik hat am Wertpersonalismus festzuhalten, für den der allerletzte Sinn und Wert von Gemeinschaft und Geschichte darin liegt, daß sie Bedingungen dafür darstellen, daß sich in und an ihnen wertvollste Personaleinheiten enthüllen und frei auswirken können. In dem bloßen Sein und Wirken der Personen und der »Gesamtpersonen« oder Kollektivpersonen wie Familie, Volk, Nation, Glaubensgemeinschaft findet für den Wertpersonalismus alle Gemeinschaft und Geschichte also ihr Ziel.

Bei der Feststellung, daß der Personwert die höchste Wertstufe darstellt, kann es aber nicht bleiben. Denn wie Max Scheler richtig sagt, ist der Mensch im selben Maße, als er reine Person ist, ein individuelles und darum von jedem anderen unterschieden einmaliges Sein und analog sein Wert ein individueller einmaliger Wert. In diesem Zusammenhang entwickelt Scheler eine interessante und wohl brisante Überlegung zum Problem der Gleichheit. Er widerspricht der Meinung, daß Menschen und Menschenwerte umso mehr als »gleich« angesehen werden müßten, je mehr sich ihr Sein der absoluten Seinsstufe als Vernunftwesen nähert und je mehr sie nach Werten der höchsten Rangstufen (Heil und geistige Werte) verglichen werden. Das Gegenteil treffe zu. Während es eine »Demokratie auf Erden«, auf der Stufe relativer und niedriger Werte gebe, sei andererseits eine »Aristokratie im Himmel« anzunehmen. Scheler sieht die Differenzierung im Aufstieg zu den absoluten Seinswerten und den werthöheren Fähigkeiten größer werden, er hält das sogar für wünschenswert und bestreitet – allerdings nur in diesem Sinne – die »Gleichheit der Seelen vor Gott«. Nach »oben«, nach den Werten und dem höheren Sein hin tritt die Freiheit in der Ausprägung der Ungleichheit auf.

Diese »Wertsteigerung« der Person begründet ihre gesellschaftliche Schutzbedürftigkeit und ihren Rang. Die individuelle Geistperson ist allem Staat und aller bloßen Personalität als Staatsbürger überlegen. Ihr letztes Heil ist vom Staat und vom

Gesellschaftsprozeß insgesamt völlig unabhängig. »Als Glied eines überall individuellen und in sich ungleichen wie ungleichwertigen Reiches freier geistiger Personen ist die Person mithin in jedem Betracht staats- und wir können auch sagen rechtsüberlegen. Darum kann der Staat (im äußersten Ausmaße) wohl das Opfer des Lebens der Person fordern (z. B. im Kriege), niemals das Opfer der Person überhaupt (ihres Heiles und Gewissens), oder auch nur einer schrankenlosen ›Hingabe‹ der Person an ihn[28].«

Das ändert freilich nichts daran, daß es im Wesen einer endlichen Person liegt, Glied einer Sozialeinheit zu sein. Es geht also nicht um das Leugnen des sozialen Wesens, sondern um den Seinswert des Wertträgers und die Würde der Freiheit. Jede endliche Person ist gleichzeitig Einzelperson und Glied einer Gesamtperson. Gesellschaft und Lebensgemeinschaft als Wesensformen sozialer Einheit sind dabei der Idee einer solidarischen Bindung »von individuellen, selbständigen, geistigen Einzelpersonen in eine Vielheit von ebensolchen Gesamtpersonen« unterstellt. Eben diese Solidarhaftung hat der individualistische Ökonomismus nach dem Kriege verfehlt. Dem nicht weniger materialistischen kollektivistischen Sozialismus muß sie indessen als ein gefährlich freizügiger Fluchtweg erscheinen, über den der Mensch vor der Gleichschaltung in die Unberührbarkeit transzendenter Anschauung und Werte entkommen könnte.

Die Niederlage der Konservativen

Das Fenster zum Absoluten ist schwer zu finden. Es gibt kein Rezept für die Reintegration des Menschen, für seine Erlösung aus der metaphysischen Entfremdung und dem Selbstverlust an die autoritären Machtorganisationen und utopischen »Sonderangebote« des Gesellschaftsprozesses. Aber das Dümpeln in der Transzendenzlosigkeit ist noch nicht staatliches Gesetz und noch nicht repressive Gesellschaftsgewalt. Solange die Person potentiell intakt, das heißt bei aller Verzerrung ihrer Tektonik relativ unberührt bleibt, ist die Chance offen. Doch vollzieht sich in der kollektiven und institutionellen Sphäre bereits ein Prozeß der Umprogrammierung des Denkens, Wertens und Fühlens, der einen universalen, in alle Bereiche des Individuums übergreifenden Geltungsanspruch erhebt.

Durchaus zielgerichtet argumentiert zum Beispiel die Neue Linke seit Mitte der sechziger Jahre. Sie gibt Antworten, die hinter dem Ende des liberalistischen Harmonieglaubens liegen. Eine Übereinstimmung von Einzel- und Gesamtinteressen, wie man sie in der liberalen Epoche der Nachkriegszeit noch anstrebte, wird nicht für möglich, man könnte manchmal meinen, auch nicht mehr für wünschenswert gehalten. Das ganze System, auf dem dieser Glaube ruhte, soll abgeschafft werden – samt der systemimmanenten individuellen Freiheit und den Freiheitsrechten, der repräsentativer Demokratie und dem Schutz der gesellschaftlichen Freiheit von der Demokratisierung im vertikalen Schnitt. Sozialstaat vor Rechtsstaat, heißt eine seit langem vorbereitete Parole.

Angesichts der Gefahr, daß vor der noch intakten Person die verfaßte Freiheit als zweite Voraussetzung für eine Reintegration des Menschen beseitigt werden könnte, haben sich seit Beginn der sechziger Jahre und der damals zu Ende gehenden Adenauer-Ära Stimmen zu Wort gemeldet, denen es darum ging, gleichsam von oben, durch eine gelenkte Staats- und Gesellschaftsreform den schon erkennbaren nachteiligen Konsequenzen des individualistischen Ökonomismus zuvorzukommen. Schlüsselbegriff war, wie schon einmal erwähnt, Rüdiger Altmanns Formulierung von der »Formierten Gesellschaft«, die der damalige Wirtschaftsminister und spätere Bundeskanzler Erhard aufgriff und durch ein »deutsches Gemeinschaftswerk« zur Finanzierung fälliger Sozialinvestitionen mit Leben erfüllen wollte. Es blieb jedoch leider bei den Plänen, weil der Gefälligkeitsdruck, der wie eine riesige Hypothek aus vergangenen Zeiten auf dem Reformpolitiker Erhard lastete, jede Umverteilung des Staatshaushaltes und jede Reform der Steuergesetzgebung ausschloß. Nicht der reformerische Wille fehlte, wohl aber die reformerische Energie. Deshalb konnte es geschehen, daß sich die Linke, die traditionell eigentlich ein emphatisches Verhältnis zu den ökonomisch-technokratischen Fortschrittsideologien unterhält und im kommunistischen Bereich deshalb so konsequent die Produktivitätssteigerung fetischisiert, der säumigen »konservativen« Seite das Reform-Thema wegnahm und mit ihm davonzog.

Begünstigt wurde sie von der Jugendrevolte, die Mitte der sechziger Jahre gegen die existierende Gesellschaft losbrach, um ihrem Anpassungsdruck und -tempo zu entgehen. Wir haben diese Bewegung realitätsflüchtig und reaktionär in der Zielrichtung genannt. Leistungsverweigerung, sittliche Libertinage, Kommunenbildung und Stadtflucht, Meditationskulte, Rauschgift und physische Gewaltanwendung gegen Symbolfiguren des »Systems« traten in diesem Zusammenhang auf. Man wollte die repressive Gesellschaft entweder liberal aufweichen oder zur »faschistischen« Gewaltantwort zwingen, um sie zu »entlarven«. Darüber hinaus gab es nur verworrene Vorstellungen. Unverkennbar enthielten eine Reihe von romantizistischen Verweigerungs- und Fluchtriten Gedankenelemente aus der konservativen Tradition. Erstaunlicherweise tauchen diese, sublimiert und gleichsam resozialisiert nach einiger Zeit in der Regierungsprogrammatik der von links durchwanderten sozialdemokratischen Partei auf. Warum? Weil der Zeitgeist und seine Mode in ihre Richtung wies.

Im einzelnen zu erwähnen ist zunächst der rechtspolitische Liberalismus, der stets die Funktion hat, Strukturen des existierenden positiven Rechts aufzuweichen oder als Leitfossilien eines »überlebten« Zeitalters abzuwerten. Er wurde zu einer vorsichtigen Anpassungsreform umgemodelt, wie sie ein um gemächlichen Fortschritt bemühter Konservatismus nicht anders konzipieren würde. Die Skepsis gegenüber dem Wirtschaftswachstum, die von der Linken mit humanistischem Tremolo verbreitet wird, entspricht dem alten konservativen Bemühen, das Stahlgebäude der industriellen Wirtschaft nicht übermächtig werden zu lassen. Man spricht von partiellem Produktionsverzicht, Einschränkung der Werbung und einer Temperierung der Leistungsatmosphäre. In einer Regierungserklärung steht der Satz, daß der Mensch nicht vom Brot allein lebe[29]. Am auffallendsten wird die konservative Wendung jedoch beim Umweltschutz und dem oszellierenden Begriff der Lebensqualität, hinter dem sich eine anthropologische Intention von großer Tragweite verbergen kann. Bei Lebensqualität und Umweltschutz tritt ähnlich wie beim Wort Frieden ein katagorischer Imperativ hervor. Offenbar soll daraus künftig die Rechtfertigung für einen scharfen sozialen Drill abgeleitet werden. Alle drei

Worte können sich als Synonyme eines neuen Diktaturbegriffs erweisen. Der Zusammenhang mit der Umprogrammierung des Bewußtseins ist unverkennbar.

Die konservative Seite hat demgegenüber, von intelligenten Situationsanalysen abgesehen, nicht viel zu bieten. Ihr wurde das Wort aus dem Munde genommen. Lange Jahre hatten Konservative von Entideologisierung, Entpolitisierung, Sachzwängen und von Kristallisation des gesellschaftlichen Zustandes gesprochen. Arnold Gehlen bezeichnete die Welt schon als »posthistoire«. Man hielt die Gegenwart für perpetuierbar, begann sich mit der »Industrie-Kultur« zu befreunden und entschied sich, die alten Reserven gegen Kapitalismus und Industriesystem als reaktionären Ballast über Bord werfend, für das technokratische System, das die Linke gerade opportunistisch hinter sich gelassen hatte. Genüßlich zitiert Greiffenhagen in seinem Buch »Das Dilemma des Konservatismus in Deutschland« Armin Mohler als Kronzeugen des rechten Technokratismus: »Die Linke hat so mit den Konservativen die Rollen getauscht. Sie, die sich so lange im avantgardistischen Glanze sonnte, hat nun die Rolle der Maschinenstürmer und damit der ›Nachzügler der Weltgeschichte‹ übernommen. Die Konservativen aber hat ihr Widerstand gegen mutwilliges Zerstören unversehens auf die Seite der Industriegesellschaft gedrängt, der sie so lange mißtrauisch gegenübergestanden waren. Die Bedeutung dieses Vorganges ist noch gar nicht ins allgemeine Bewußtsein gerückt, und nicht einmal in das der Konservativen selbst[30].« Nicht zu leugnen: mit dem technokratischen Bekenntnis dringt eine flotte Marschweise aus der alten Trompete. Der Konservatismus hat sich zweifellos von Burk, de Maistre und den anderen Vätern getrennt. Zu befürchten ist jedoch, daß er sich mit der Entdeckung des neuen Pathos auch von der gewiß undankbaren Pflicht gelöst hat, die Substanz des Menschen, wie wir sie beschrieben haben, zu schützen. Der Technokratismus ist ein Kopfsprung rückwärts in die Auskunftslosigkeit des materialistischen Ökonomismus, allwo das Schiff der Zeit in der Flaute der Geistlosigkeit treibt.

Unsere Schlußfolgerung ist kurz und problembeladen. Der Schwerpunkt der konservativen Argumentation ist von den sogenannten Konservativen weggewandert. Insofern erweisen sich die Konservativen, die zum Teil, wie wir sahen, alten linken Geist mit neuen rechten Worten vertreten, als die eigentliche clasa discutidora, als die Fürsprecher der Reaktion, der unbeirrbaren Werthaltung und der praktischen Transzendenz in einem – eine fürwahr bunte Gesellschaft. Politisch ohne Vertretung und ernstzunehmende eigene Ambition, wohl auch fasziniert und geängstigt von dem exorzistischen Gebrüll aus medialpädagogischen Institutionen, überlassen sie der Linken ihre Begriffe. Diese verwandelt dann die Inhalte ins Gegenteil – unter Beibehaltung des phonetischen Klangs. Zentrale Vorstellungen wie Umweltschutz und Lebensqualität werden immer mehr mit systemfeindlichen Bedeutungen aufgeladen. Die Worte Frieden und Demokratie, Emanzipation und Mitbestimmung haben längst ihre frühere Verbindung mit liberalen Inhaltsvorstellungen verloren, was dem allergrößten Teil des Publikums ebenso entgangen sein dürfte wie die Hinwendung des Konservatismus zur Technokratie. Die Worte sind Charaktermasken. Sie zeigen etwas vor, um etwas anderes umso leichter verbergen zu können. Das Eigentliche ist die Gleichschaltung; aber der Zuschauer erblickt ein menschliches Gesicht. Die Umprogrammierung des Geistes ist im Gange, während das Publikum noch über Minenspiele diskutiert. Die Gesellschaft büßt rasch an Vielfalt ein. Der Staat, den Forsthoff an seine Pflicht als Wahrer des Rechts und der gesellschaftlichen Freiheit ermahnt [31], weicht zurück. Damit ist die Sphäre der Person dem Zugriff ausgeliefert. Gibt es noch einen Gegenhalt?

Am Ufer des Rubikon

Der Mann mit dem Buch - ein Portrait

Am Ufer des Rubikon, so sagten wir, steht nicht ein Caesar in Waffen, sondern ein Mann mit einem Buch. Wir sprachen auch, vielleicht um einen Grad zu dunkel gestimmt, von der Bibliothek in der Katakombe. Der Fall der Bilder deutet darauf hin, daß die Auseinandersetzung um das geistige Programm des Menschen geht und mit Mitteln des Geistes ausgefochten werden muß. Dafür gilt es sich zu rüsten. Was kommt, ist schwieriger und gefährlicher als ein Waffengang. Die Wunden werden tiefer sein. Wir leben in einem Zeitalter des Glaubens. An den Symbolen, den Fahnenwäldern, den Protestprozessionen, an der Heiligung und Verbrennung von Texten, an der Verkündung von Heilslehren ist das abzusehen. Die Entfremdung, die gewachsene Entfernung vom erlösenden Sinn wird so schmerzlich empfunden, daß immer wieder, in Schüben, eine große Ungeduld, eine große Verzweiflung die Menschen erfaßt und ihr bestes Streben und Trachten, das unendliche Interesse am Heil, auf die Mühlen ideologischer Gesundbetung leitet.

Wir hören die Frage Immanuel Kants: »Alles geht in einem Fluß an uns vorbei, und der wandelbare Geschmack und die verschiedenen Gestalten der Menschen machen das ganze Spiel ungewiß und trüglich. Wo finde ich feste Punkte der Natur, die der Mensch niemals verrücken kann und wo ich Merkzeichen geben kann, an welches Ufer er sich zu halten hat[1]?« Wie oft wird diese Frage wiederholt! Die Verwirrung ist groß. Aber erkennen wir wirklich nur Gründe zum Verzagen? Ist es nicht so, daß die vielen Menschen, die mit Kant nach dem »festen Punkt der Natur« fragen, aufmerksam Ausschau halten nach denjenigen, die eine sichere Antwort, eine sinnhafte Auskunft zu geben haben? Sie fragen nicht nur, sondern sie sind so weit, daß sie Experimente wagen würden. Denn die unendlich banale Gestalt der kollektivistischen Heilslehre, dieses letzten Abziehbildes vom Schreckensbogen des Jahrhunderts, weckt nicht nur Widerwillen, der ein recht privates Gefühl sein kann, sondern Widerstand.

Wenn der kollektivistische Sozialismus als Bettler nach Sinn erkannt worden ist, wenn die Armut offen zutage liegt und jeder die Wunde im Gesicht sehen kann, kommt die Stunde der Minderheit, die keine der großen Disziplinen vergessen hat – weder die römische noch die christliche. Den Magnetismus des Gesellschaftsprozesses zu neutralisieren und das Fenster der Transzendenz zu erreichen, ist eine Entscheidung der Geistperson. Niemand kann sie daran hindern, sich selbst zu programmieren. Wie lange solche Programme weitergegeben werden können, wann man die Publizierung verhindern wird, ist allerdings ungewiß. Der einmal geweckte Widerstand und die Entlarvung zwingen den Kollektivismus zu Aktionen, die seiner Natur entsprechend drastisch ausfallen werden. Schon heute ist derjenige, der den Demokratisierungen und Emanzipierungen widerspricht, nicht ein Diskussionspartner, sondern ein Feind. Aber war Demokratie, sofern der Rechtsstaat nicht moderierend einwirkte, nicht schon immer das Gegenteil von Diskussion?

Der Widerstand der Minderheit gilt der Legitimität des gesellschaftlichen Machtanspruchs überhaupt, nicht nur der einen oder anderen Maßnahme. Aber der Mann mit dem Buch erschöpft sich nicht in heißem Dezisionismus. Da ihn die Entfremdung, da ihn der Sinn- und Selbstverlust nicht zu packen vermochte, bietet er im Gegenteil die Auskunft der Transzendenz an. Sie nimmt der Entscheidung die Verzweiflung. Die Antwort kann eine religiöse oder eine philosophische sein, sie weist jedenfalls über die niederen Deutungskategorien des Jahrhunderts hinaus. Das entbindet vom Gehorsam, aber nicht von der Erde. Der Mann mit dem Buch ist militant, wie eben jeder, der sich entschieden hat und nun daran geht, seinen Entschluß auszuführen. Er will überzeugen, er ist ein Missionar ohne fanatischen Ton. Innerweltliche Askese ist ihm selbstverständlich, er hat keine Zeit zu verlieren. Der Studienbereich ist groß, man braucht den Fleiß der Revolutionäre, um ihn zu bewältigen. Der Geist einer

Sache steckt in den Details. Das Verborgene im Diesseits birgt den Sinn. Ihn zu entdecken, gleicht der Entzifferung einer Geheimschrift. Man muß den Schlüssel verteilen.

Viel Gelegenheit zum Feiern bietet sich nicht, der Gegner ist wachsam. Auf die Festlichkeit des Kerzenlichts hat er es besonders abgesehen; denn er selbst ist unerleuchtet und umdüstert. Schon die Mißgelauntheit seiner Revolten wäre eine Konterrevolution wert. Man sollte sich im Widerstand vor Vereinzelung ebenso hüten wie vor dem zu großen Kreis. Die überschaubare Gruppe ist die beste soziale Form. Christus sagte, wenn drei in meinem Namen versammelt sind, bin ich mitten unter ihnen. Daraus erwächst Gemeindesolidarität. Man trifft sich zum Studium, zum Austausch von Erfahrungen und Zeichen. Dabei sollte der einzelne von den anderen mit der gleichen Unerbittlichkeit vernommen werden, die der Gegner an den Tag legt. Man sollte aber auch an die offensive Möglichkeit denken und im Training so fragen, wie man selbst den Gegner fragen wird. Denn dessen Reaktionen sind das Entscheidende. Bei Auftritten im Betrieb, in der Schule, in der privaten Gesellschaft steht man meistens allein. Das will ausgehalten sein. Es empfiehlt sich, die Vernehmungstaktiken der totalitären Systeme genau zu studieren. Sie souverän überstehen, verschafft eine Chance, Sympathien zu sammeln. Sympathien gleichen den Ringen, die der Steinwurf ins Wasser erzeugt.

Da die radikalen Linken geschwätzig sind, haben sie eine ganze Bibliothek von Revolutionsliteratur verlegt und vertrieben[2]. Die Schriften sind von größter Wichtigkeit. Meist genügt es schon, Clausewitz zu studieren, doch vermittelt Mao Tse-tung aus der Praxis des revolutionären Widerstandes und Angriffs zusätzliche Erkenntnise. Bei beiden spielen das Volk und der Kontakt zu ihm eine überragende Rolle. Weisheit liegt in der Regel, Funktionäre in Volkskommunen und zur Handarbeit zu schicken. Zu Zeiten der Hochkultur steckte man auch im Westen arrogante Priester ins Kloster zur mönchischen Arbeit. Heute verschanzen sich die Revolutionäre in den Türmen der Medien und Bildungszentralen. Sie neigen dazu, die einfachen Menschen zu beschimpfen, für dumm und für servil zu erklären. Das dient vielleicht der Selbsterhöhung, nicht aber dem Kontakt. Die Schwierigkeiten der Intellektuellen-Revolte mit der Basis sind bekannt.

Man meidet das Volk, denn man spricht seine Sprache nicht. Man versteht nicht und wird nicht verstanden. Daher ist es so wichtig, sich streng »klassenlos« zu verhalten und zu bewegen, die Sprache aller Volksschichten verstehen und sprechen zu lernen.

Der Mann mit dem Buch taucht überall auf, er ist bescheiden und zurückhaltend. Zuhören zu können und der belehrenden Rede zu entsagen, bringt ihm Vorteile ein. So wenig sich seine Entscheidung im Dezisionismus erschöpft, so wenig überwuchert der Widerstand sein eigentliches Ziel. Er wird stets im Auge behalten, daß er die Geistperson in sich trägt und daß es um deren Freiheit auf der Erde geht. Seine Offenheit und seine Solidarität mit den Vielen, die nach dem »festen Punkt der Natur« fragen, entspringen nicht der Nachgiebigkeit, sondern dem, was wir christliche Disziplin nannten. Sie ist gleichbedeutend mit der Sensibilität, die neue Erlösungsbedürftigkeit der Zeit zu spüren. Die klagenden und anklagenden Laute aus dem Gesellschaftsprozeß, das larmoyante Getöse und Getue müssen richtig gedeutet werden. Vor raschem Mitleid ist zu warnen, aber auch vor Zynismus. Reformen müssen sein; sie bringen über eine Runde. Aber wenn die Eigentumsverhältnisse geändert sind, zeigt sich, daß dieses das Problem nicht war. Wir leben mit der Sowjetunion doch auf einem Kontinent. Warum stellen wir uns blind?

Die Geschichtskatastrophen des 20. Jahrhunderts sind mit gesellschaftspolitischen Deutungskategorien nicht zu erklären und nicht zu bekämpfen. Solange sie dennoch die Lehren und die Politik, die Theorie und die Praxis beherrschen, können die Schrecken wiederkehren. Wir wissen, daß diesmal die Geistperson bedroht ist, die Zitadelle des Menschen. Das legitimiert die römische Disziplin, die wir ebenfalls erwähnten: die Festigung der Institutionen, der Ordnung und des Rechts. Der Mann mit dem Buch gehört zu einer Elite. Jede Elite hat mönchische Regeln und zerfällt, sobald die Eitelkeit Einlaß findet. Beherrschend ist das Gefühl der inneren Sicherheit, beherrschend ist die Gewißheit. Der Auftrag ist für diese Welt, aber nicht von ihr. Darin liegt eine Freiheitsgarantie. Sie gibt den Mut zur rücksichtslosen Ehrlichkeit in der Gruppe. Der Mißerfolg ist keine peinliche Information, sondern ein Lehrstück. Die Geschichte nichts Endgültiges, sondern Prüfung. Deshalb gibt es auch keine endgültigen Urteile über sie. Die Meßeinheit der Schuld ist nicht bekannt. Wieviel Sehnsucht nach Sinn und Erlösung bewegte die Sichelwagen, die Divisionen und Leibstandarten, die Zentralkomitees, die Demagogen und die Gaukler – alle die Niedermacher und die Gleichmacher?

Sind sie alle Zöllner? Man merkt, diese Frage weist schon über die Vorwände und Ausflüchte, über die Feindschaften und Racheschwüre, über die bis zur Unkenntlichkeit nahegerückten Täglichkeiten, über den heißen Hauch ihres Atems hinaus. Der Mann mit dem Buch hat zwischen Wirklichkeit und Wahrheit zu unterscheiden gelernt, zwischen Realia und Nominalia. Er kennt die Musik seiner Zeit, die Gedichte und die Sehnsüchte. Er wendet sich nicht ab, denn die Sinfonien und die Schreie haben etwas zu bedeuten. Der Mann mit dem Buch durchwandert die Trauer und die Heiterkeit, durchquert die Ströme der Flucht und der Emphase unberührt, doch angerührt. Er durchschaut das Treiben. Er weiß, daß er sich zwischen Abbildern bewegt, in den Reproduktionen der zivilisatorischen und medialen Welt. Jeder Ton, jedes Bild deutet auf ein einziges zentrales Motiv. Die Reproduktionen der unbeantworteten Frage nach dem Sinn verlangen ständig Reproduktionen der Auskunft. Sie überragen wie ein Feldzeichen das Ufer. Der Rubikon wird überschritten.

Anmerkungen

Vorwort: Die Entscheidung

1 Zum Gleichheitsbegriff:
Alexis de Tocqueville, Über die Demokratie in Amerika, in: Das Zeitalter der Gleichheit. Stuttgart 1954.
Helmut Schoeck, Der Neid. Eine Theorie der Gesellschaft. Freiburg und München 1966.

2 Diese These versucht Arnold J. Toynbee in seinem Werk: A Study of History zu belegen. Gute deutsche Übersetzung: Der Gang der Weltgeschichte. Aufstieg und Verfall der Kulturen. Stuttgart 1949.

Entfremdung, eine Existenzfrage

1 Armin Mohler, Konservativ 1969, in: Formeln deutscher Politik. Sechs Praktiker und Theoretiker stellen sich. Hrsg. v. H. J. Schoeps und Chr. Dannemann. München und Esslingen 1969.
Jean-Jacques Servan-Schreiber, Die amerikanische Herausforderung. Hamburg 1969.

2 Der Begriff des »unbewegten Bewegenden«, das Aristoteles als »reinste Aktualität« begreift, stammt aus den Metaphysischen Schriften. Sehr gute Darstellung nach wie vor: W. Jaeger, Aristoteles. Grundlegung einer Geschichte seiner Entwicklung. Berlin 1923.

3 Vgl. S. 51: Formen der Spannungskrise.

4 Bahnbrechend die Forschung von Jakob v. Uexküll. Uexküll-Kriszat, Streifzüge durch die Umwelten von Tieren und Menschen. Frankfurt (Main) 1970.

5 Eine »Philosophie der Institutionen« nennt Arnold Gehlen sein Buch: Urmensch und Spätkultur. Frankfurt (Main) 1964.

Das Ziel liegt jenseits des Gesellschaftsprozesses – Stationen des Gedankenganges

1 s. S. 139: Zwischen Individualismus und Kollektivismus.

2 s. S. 92: Marx: Spiegelungen aus dem Produktionsprozeß.
tionsprozeß.

3 s. S. 205: Der Aufbau der realen Welt.

4 Das Bild stammt von Kuehnelt-Leddihn, Criticon Nr. 14, 1972.

5 Philipp Lersch, Aufbau der Person. München 1954. S. 143 ff.

6 Diesen Begriff prägte Heinz-Dietrich Ortlieb in: Die verantwortungslos Gesellschaft oder wie man die Demokratie verspielt. München 1971.

7 Max Scheler, Die Wissensformen und die Gesellschaft. München 1960.

8 Martin Greiffenhagen, Das Dilemma des Konservatismus in Deutschland. München 1971. S. 122 ff.

9 Alois Dempf, Theoretische Anthropologie. München 1950. S. 218.

10 Charles Péguy, Wir stehen alle an der Front. Einsiedeln 1953.

Wort und Wesen der Entfremdung

1 Karl Marx, Der Historische Materialismus. Die Frühschriften. Leipzig 1932. S. 255
2 Hans Freyer, Theorie des gegenwärtigen Zeitalters. Stuttgart 1955. S. 89
3 Immanuel Kant, Kritik der reinen Vernunft, bes. Transzendentale Elementarlehre, Zweite Abteilung: Die transzendentale Dialektik. Leipzig 1944. S. 380 ff.
4 Helmuth Pleßner, Die verspätete Nation. Stuttgart 1969. S. 107
5 H. Pleßner ebenda.
6 H. Pleßner a.a.O. S. 93
7 Immanuel Kant, Kritik der praktischen Vernunft, bes. Zweites Buch: Dialektik der reinen praktischen Vernunft. Leipzig 1944. S. 149 ff.
8 Ernst Nolte, Der Faschismus in seiner Epoche, bes. Der Begriff der Transzendenz. München 1963. S. 515 ff.
9 Helmut Gehrke in: Karl Steinbuch u. a. Die humane Gesellschaft – Jenseits von Kapitalismus und Kommunismus. Hrsg. von Klaus Lubkoll und Kurt Naumann. Stuttgart 1972. S. 137 ff.

Heilsbedürfnis und Sinndefizit

1 Der Ausdruck stammt von Ernst Nolte, a.a.O. S. 545
2 s. S. 215: Am Ufer des Rubikon.
3 Max Scheler, Philosophische Weltanschauung. München 1954. S. 64
4 Max Scheler, a.a.O. S. 42
5 Max Scheler, a.a.O. S. 6
6 Max Scheler, a.a.O. S. 7
7 s. S. 195: Die Ordnung der Bedürfnisse.
8 Max Scheler, a.a.O. S. 103.
9 Max Scheler, a.a.O. S. 14

Die Kraft der christlichen Stiftung

1 s. 2. Kapitel: Anm. 8.
2 Helmuth Pleßner, a.a.O. S. 152
3 Ernst Nolte, a.a.O. S. 541
4 Ernst Nolte, a.a.O. S. 542
5 Ernst Troeltsch, Aufsätze zur Geistesgeschichte und Religionssoziologie, in: Gesamte Schriften. Tübingen 1912–25.
6 Max Weber, Die protestantische Ethik und der Geist des Kapitalismus, in: Die protestantische Ethik. München und Hamburg 1969.
7 Alfred Weber, Abschied von der bisherigen Geschichte. Hamburg 1946. Arnold Toynbee, A Study of History. London 1935 ff.
8 Paul Valery beschreibt den Europäer in: Die Krise des Geistes, Wiesbaden 1956, S. 34 f., so: »Dieser Europäer ist eine Art Ungeheuer. Er besitzt ein überladenes, allzu gepflegtes Gedächtnis, einen maßlosen Ehrgeiz, eine Gier nach Wissen und unbegrenztem Reichtum. Da er

meistens einer Nation angehört, die zu ihrer Stunde mehr oder minder die Welt beherrscht hat und noch heute von ihrem Cäsar, Karl V. oder Napoleon träumt, so schlummert in ihm ein Stolz, eine Hoffnung und eine Sehnsucht, die immer von neuem erwachen können. Da er einer Zeit, einem Kontinent angehört, die schon so viele wunderbare Erfindungen und glückliche Taten gesehen haben, gibt es für ihn weder eine wissenschaftliche Eroberung noch eine Unternehmung, die er nicht träumen könnte. Er lebt in großartigen Erinnerungen und maßlosen Hoffnungen befangen, und wenn es ihn einmal ankommt, in Pessimismus zu verfallen, so denkt er sich zum Trotz, daß ja der Pessimismus einige erstklassige Werke geschaffen hat. Anstatt ins geistige Nichts zu versinken, schafft er aus seiner Verzweiflung noch ein Lied. Ja, mitunter schöpft er einen furchtbaren und harten Willen aus ihr, ein paradoxes, auf Menschen- und Lebensverachtung aufgebautes Motiv zum Handeln.«

9 André Malraux, Das imaginäre Museum. Baden-Baden 1949.

10 Max Weber, Asketischer Protestantismus und kapitalistischer Geist, in: Die protestantische Ethik und der Geist des Kapitalismus. Die folgenden Zitate stammen aus: Max Weber, Soziologie – weltgeschichtliche Analysen – Politik. Stuttgart 1968 S. 357 ff., 364, 379 f.

11 Ernst-Wolfgang Böckenförde, Die Entstehung des Staates als Vorgang der Säkularisation, in: Säkularisation und Utopie. Ebracher Studien. Stuttgart 1967. S. 75 ff.

12 Max Weber, Gesammelte Aufsätz zur Religionssoziologie, bes. Einleitung in die Wirtschaftsethik der Weltreligionen. Tübingen 1963. S. 237 ff.

13 Max Weber, a.a.O. S. 264

14 Max Weber, a.a.O. Vorbemerkungen zur Religionssoziologie. S. 343

15 Friedrich Meinecke, Die Idee der Staatsraison. München 1924. S. 270 ff.

16 Leo Tolstojs Werk zitiert und würdigt Max Weber in: Wissenschaft als Beruf, Gesammelte Aufsätze zur Wissenschaftslehre. Tübingen 1968. S. 594

Der Weg in die Revolte

1 Ernst Troeltsch, Der Historismus und seine Probleme. Berlin 1924.

2 Max Scheler, a.a.O. S. 69

3 Max Scheler, a.a.O. S. 100

4 Helmuth Pleßner, a.a.O. S. 100

5 Christian Graf v. Krockow, Der fehlende Konservatismus – eine Gegenbilanz, in: Grebig/Greiffenhagen/v. Krockow/Müller: Konservatismus – Eine deutsche Bilanz. München 1971. S. 116

6 Egon Friedell, Kulturgeschichte der Neuzeit. München 1969.

7 Max Scheler, a.a.O. S. 34

8 Ernst Forsthoff, Der Staat der Industriegesellschaft. Dargestellt am Beispiel der Bundesrepublik Deutschland. München 1971.

9 Friedrich Meinecke, Die deutsche Katastrophe. Betrachtungen und Erinnerungen. Wiesbaden 1946. S. 184

10 Johannes Hirschberger, Geschichte der Philosophie. Freiburg 1952. 2. Band, S. 387
11 Franz Schnabel, Deutsche Geschichte im 19. Jahrhundert. Freiburg 1949. 2. Band, S. 17
12 Franz Schnabel, a.a.O. 4. Band, S. 494
13 Georg Wilhelm Friedrich Hegel, Philosophie der Weltgeschichte, in: Werke, hrsg. von G. Lasson. Leipzig 1923 u. 1944. S. 38
14 Hegel, Vorrede zur Philosophie des Rechts. a.a.O. S. 14
15 Hegel, zitiert bei Überweg, Geschichte der Philosophie. Tübingen 1951. S. 96
16 Der Begriff stammt von Helmuth Pleßner, a.a.O.
17 Friedrich Meinecke, Die deutsche Katastrophe. Betrachtungen und Erinnerungen. Wiesbaden 1946. S. 84
18 Hegel, Vorrede zur Philosophie des Rechts, in: Werke 7. Band. Frankfurt 1970. S. 34
19 Hegel, a.a.O. S. 116
20 Karl Marx/Friedrich Engels. Historisch-kritische Gesamtausgabe. Werke, Schriften, Briefe. MEGA Berlin 1927 ff. Hrsg. von D. Rjazanov, seit 1931 von V. Adoratskij. Band 3, S. 427
21 Ernst Nolte, a.a.O. S. 522
22 Friedrich Schiller, Sämtliche Werke. Hrsg. von E. von Hellen. Stuttgart und Berlin 1904 ff. Band 12, S. 19
23 Karl Marx, Die deutsche Ideologie. Berlin 1932. S. 22 f.
24 Karl Marx, MEGA a.a.O. Band 3, S. 592 ff.
25 Karl Marx, Der Historische Materialismus. Frühschriften. Leipzig 1932. S. 263
26 Karl Marx, a.a.O. S. 255
27 Karl Max, a.a.O. S. 310
28 Karl Marx, Nationalökonomie und Philosophie. Hrsg. von Erich Thier. Köln/Berlin 1950. S. 150
29 Karl Marx, MEGA a.a.O. Band 3, S. 85
30 Karl Marx, a.a.O. S. 111
31 Karl Marx, a.a.O. S. 83
32 Karl Marx, a.a.O. S. 129
33 Heinrich Popitz, Der entfremdete Mensch. Basel 1953. S. 159
34 Karl Marx, MEGA a.a.O. Band 3, S. 620
35 Karl Marx, MEGA a.a.O. Band 3, S. 621
36 Hegel, Vorlesungen über die Geschichte der Philosophie, in: Ausgabe durch einen Verein der Freunde des Verewigten. Hrsg. von K. L. Michelet. Berlin 1833. Band 15, S. 684
37 Karl Marx, MEGA a.a.O. Band 5, S. 25, 60, 63
38 Karl Marx, a.a.O. S. 21
39 Karl Marx, Nationalökonomie und Philosophie. a.a.O. S. 215
40 Friedrich Nietzsche, Ecce Homo, in: Sämtliche Werke, 12 Bände mit Registerband. Stuttgart 1965. Band 74, S. 87
41 Friedrich Nietzsche, Genealogie der Moral. A.a.O. Band 1, S. 11
42 Ernst Nolte, a.a.O. S. 535

43 Sören Kierkegaard, Tagebücher, in: Anhang zu Gesammelte Werke. Düsseldorf 1954–69. 1. Band, S. 231
44 Alfred Weber, a.a.O. S. 225
45 Nikolai Gogol, Tote Seelen. München 1971. S. 125
46 Valentin Gitermann, Geschichte Rußlands. Hamburg 1949. 3. Band, S. 342
47 Jossif Wissarionowitsch Stalin, Zu den Fragen des Leninismus. Berlin 1951. S. 145
48 Ernst Nolte, a.a.O. S. 543
49 Friedrich Nietzsche, Jenseits von Gut und Böse. A.a.O. Band 76, S. 122
50 Alfred Weber, a.a.O. S. 219
51 Hermann Rauschning, Gespräche mit Hitler. Zürich 1940.
52 E.-W. Böckenförde, s. Kapitel 5, Anm. 11.
53 Ernst Nolte, a.a.O. S. 507
54 Ernst Nolte, a.a.O. S. 544
55 Fritz Fischer, Griff nach der Weltmacht. Die Kriegszielpolitik des kaiserlichen Deutschland 1914–18. Düsseldorf 1964.
56 Ralf Dahrendorf, Gesellschaft und Demokratie in Deutschland. München 1965.
57 Alfred Weber, a.a.O. S. 229
58 Alfred Weber, a.a.O. S. 224
59 Ralf Dahrendorf, a.a.O. S. 432
60 Ralf Dahrendorf, a.a.O. S. 434
61 Ralf Dahrendorf, a.a.O. S. 436
62 Ralf Dahrendorf, a.a.O. S. 444 f.
63 Helmut Schelsky, FAZ vom 20. 1. 1973.

Zwischen Individualismus und Kollektivismus

1 Hans-Peter Schwarz, Das außenpolitische Konzept Konrad Adenauers, in: Adenauer-Studien I, hrsg. von R. Morsey und K. Repgen. Veröffentlichungen der Kommission für Zeitgeschichte bei der katholischen Akademie in Bayern. Mainz 1971. S. 71–108
2 Franz Schnabel, Deutsche Geschichte im 19. Jahrhundert. Freiburg 1949. 2. Band, S. 10 ff.
3 s. 2. Kapitel: Anm. 6.
4 Diese Formulierung stammt von Heinz-Dietrich Ortlieb, s. S. 219: Anm. 6.
5 S. Anm. 4.
6 s. 6. Kapitel
7 Hans-Henning Zencke, Formierte Gesellschaft – Vision und Wirklichkeit. In: Ludwig Erhard, Beiträge zu seiner politischen Biographie, Festschrift zum 75. Geburtstag. Berlin 1971. S. 273
8 Hermann Lübbe, Hochschulreform und Gegenaufklärung. Freiburg 1972. S. 63
9 Vergl. S. 92, Marx: Spiegelungen aus dem Produktionsprozeß.
10 Hans Freyer, a.a.O. S. 224
11 Arnold Gehlen, Der Mensch. Frankfurt (Main) 1971. S. 79, 165

12 Hermann Lübbe, a.a.O. S. 64
13 Vgl. S. 92, Marx: Spiegelungen aus dem Produktionsprozeß.
14 Hermann Lübbe, a.a.O. S. 75
15 Platon, Der Staat, 7. Buch. Sämtliche Werke. Heidelberg 1952.
16 Hermann Lübbe, a.a.O. S. 73
17 Herodot, 9. Buch, zitiert bei: Arnold Gehlen, Von der Unruhe des Denkens, in: Mut zur Verantwortung. Eine Dokumentation zur Konrad-Adenauer-Preisverleihung 1971. Hrsg. Deutschland-Stiftung e. V. Breitbrunn/Chiemsee 1971.
18 Vgl. S. 119, Der Nationalsozialismus: Die Totalisierung des Lebensprozesses.
19 Hans Buchheim, Bemerkungen zu den theoretischen Grundlagen der neun Thesen, in: Thesen gegen den Mißbrauch der Demokratie. Hrsg. von Hans Buchheim und Felix Raabe. Stuttgart 1972. S. 163
20 Ernst Forsthoff, a.aO. Ulrich Scheuner, Staatszielbestimmungen, in: Festschrift für Ernst Forsthoff zum 70. Geburtstag. München 1972.
21 Der Begriff stammt von Rüdiger Altmann. Privatdruck des Seewald Verlags, Stuttgart 1965.
22 Christian Graf von Krockow warnt a.a.O. vor der »Bewaffnung« des Staates und der beherrschenden Parteien mit Mitteln des Bildungswesens.

Die verhinderte Rückkehr

1 Hans Magnus Enzensberger und Karl Markus Michel, Kursbuch 30. Der Sozialismus als Staatsmacht: Ein Dilemma und fünf Berichte. Berlin 1973.
Roy Medwedjew, Sowjet-Bürger in Opposition. Plädoyer für eine sozialistische Demokratie. Hamburg 1973.
2 Alfred Weber, a.a.O. S. 406
3 Helmuth Pleßner, a.a.O.
4 Carl Schmitt, Donoso Cortés. Vier Aufsätze in gesamt europäischer Interpretation. Köln 1950. S. 80 ff.
5 Alfred Weber, a.a.O. S. 415
6 Vgl. S. 48, Der zu kleine Gott.

Über die Natur des Menschen

1 Besonders Max Scheler, Alois Dempf und Ernst Nolte.
2 Alios Dempf, a.a.O. S. 39
3 Max Scheler, a.a.O. S. 6
4 s. Bibliographische Notizen
5 Max Scheler, a.a.O. S. 7
6 Max Scheler, a.a.O. S. 11
7 Max Scheler, a.a.O. S. 15
8 Philipp Lersch, a.a.O. S. 93 ff.
9 Philipp Lersch, a.a.O. S. 144
10 Philipp Lersch, a.a.O. S. 170

11 Max Scheler, Der Formalismus in der Ethik und die materiale Wertethik, in: Gesammelte Werke Band 2. Bern 1954. S. 125–130
12 Max Scheler, a.a.O. S. 127
13 Max Scheler, a.a.O. S. 129
14 Max Scheler, ebenda
15 Max Scheler, a.a.O. S. 130
16 Max Scheler, Philosophische Weltanschauung. A. a.O. S. 42
17 Alois Dempf, a.a.O. S. 50
18 Nicolai Hartmann, Der Aufbau der realen Welt. Meisenheim am Glan 1949. S. 89
19 Nicolai Hartmann, a.a.O. S. 92
20 Ernst Nolte, a.a.O. S. 536
21 Begriff nach der Scheler'schen Definition: Die fünf Grundtypen der Selbstauffassung des Menschen, in: Philosophische Weltanschauung, a.a.O. S. 65 ff.
22 Vgl. S. 92, Marx: Spiegelungen aus dem Produktionsprozeß.
23 Vgl. 5. Kapitel, Anm. 6.
24 Eduard Baumgarten in: Max Weber, Soziologie – Weltgeschichtliche Analysen – Politik. Stuttgart 1968. S. XXXIV
25 Nicolai Hartmann, a.a.O. S. 195
26 Nicolai Hartmann, a.a.O. S. 196
27 Nicolai Hartmann, a.a.O. S. 198
28 Max Scheler, Der Formalismus in der Ethik und die materiale Wertethik. A.a.O. S. 516.
29 Regierungserklärung von Bundeskanzler Willy Brandt am 18. Januar 1973 im Deutschen Bundestag. Bulletin Nr. 6. Bonn 1973.
30 Martin Greiffenhagen, a.a.O. S. 342 Anm. 98.
31 Ernst Forsthoff, a.a.O.

Am Ufer des Rubikon

1 Zit. in: Hermann Nohl, Einleitung in die Philosophie.
2 Vergleiche bibliographische Notizen. Autoren: Clausewitz, Grimm, Helms, Mao Tse-Tung, Schmitt, Tommissen.

Bibliographische Notizen

Enthalten sind nur solche Bücher, die in den Anmerkungen nicht genannt wurden.

Altmann, Rüdiger: Späte Nachricht vom Staat. Politische Essays. Stuttgart 1968. Darin u. a. die Aufsätze: Die Formierte Gesellschaft, S. 27 ff.; Späte Nachricht vom Staat, S. 47 ff.

Arendt, Hannah: Elemente und Ursprünge totaler Herrschaft. Frankfurt (Main) 1955.

Baader, Franz von: Über den Begriff der Zeit (1818). Über den Zwiespalt des religiösen Glaubens und Wissens als die geistige Wurzel des Verfalls der religiösen und politischen Societät in unserer wie in jeder Zeit. Hrsg. von Carl Linfert. 2. Auflage. Darmstadt 1958. (Libelli Bd. 18).

Barth, Hans: Wahrheit und Ideologie. 2. Auflage. Zürich/Stuttgart 1961.

Bracher, Karl Dietrich: Die deutsche Diktatur. Entstehung, Struktur, Folgen des Nationalsozialismus. Köln/Berlin 1969.

Buchheim, Karl: Geschichte der christlichen Parteien in Deutschland. München 1953.

Camus, Albert: Der Mensch in der Revolte. Hamburg 1958.

Clausewitz, Carl von: Vom Kriege, 16. Auflage. Bonn 1952.

Cortés, Donoso: Der Staat Gottes. Eine katholische Geschichtsphilosophie. Hrsg. von Ludwig Fischer. Karlsruhe 1933.

Derselbe: Kulturpolitik. Hrsg. von Josef Hermann Hess. Basel 1945.

Dahrendorf, Ralf: Homo sociologicus. Ein Versuch zur Geschichte, Bedeutung und Kritik der Kategorie der sozialen Rolle. 3. Auflage. Köln/Opladen 1961.

Dempf, Alois: Sacrum Imperium. Geschichts- und Staatsphilosophie des Mittelalters und der politischen Renaissance. 2. Auflage. Darmstadt 1954.

Forsthoff, Ernst: Technisch bedingte Strukturwandlungen des modernen Staates. In: Politik im technischen Zeitalter. Stellungnahmen zur geschichtlichen Situation, hrsg. von Hans Freyer, Johannes Chr. Papalekas, Georg Weippert. Düsseldorf 1965.

Derselbe: Zur heutigen Situation einer Verfassungslehre. In: Epirrhosis. Festgabe für Carl Schmitt, hrsg. von Hans Barion u. a. Berlin 1968, I. Teilband.

Freund, Michael: Georges Sorel. Der revolutionäre Konservativismus. Frankfurt (Main) 1932.

Freyer, Hans: Die Bewertung der Wirtschaft im philosophischen Denken des 19. Jahrhunderts. Leipzig 1921, Neudruck Hildesheim 1966.

Gehlen, Arnold: Sozialpsychologische Probleme in der industriellen Gesellschaft. Schriftenreihe der Akademie Speyer 2. Tübingen 1949.

Derselbe: Urmensch und Spätkultur. 2. Auflage. Frankfurt (Main) 1964.

Derselbe: Moral und Hypermoral. Eine pluralistische Ethik. Frankfurt (Main) 1969.

Görres, Joseph: Politische Schriften (1817–1822). Hrsg. von Günther Wohlers. Köln 1929. (Gesammelte Schriften, Bd. 13). Darin die Aufsätze: Deutschland und die Revolution (1819); Europa und die Revolution (1821).

Greiffenhagen, Martin: Demokratie und Technokratie. In: Texte zur Technokratiediskussion, hrsg. von Claus Koch und Dieter Senghaas. Frankfurt (Main) 1970.

Grimm, Tilemann: Mao Tse-tung in Selbstzeugnissen und Dokumenten. Reinbek 1968.

Grosser, Dieter: Grundlagen und Struktur der Staatslehre Friedrich Julius Stahls. Staat und Politik, Band 3. Köln/Opladen 1963.

Guardini, Romano: Das Ende der Neuzeit, Würzburg 1951.

Helms, Hans G.: Die Ideologie der anonymen Gesellschaft. Köln 1966.

Huber, Ernst Rudolf: Deutsche Verfassungsgeschichte seit 1789. 4 Bände. Stuttgart/Berlin/Köln/Mainz 1957–1969.

Jaspers, Karl: Die geistige Situation der Zeit (1931). Berlin 1947.

Derselbe: Der philosophische Glaube. München 1948.

Jünger, Ernst: In Stahlgewittern. Hannover 1920.

Derselbe: Der Waldgang. Frankfurt (Main) 1952.

Derselbe: Rivarol. Frankfurt (Main) 1962.

Krockow, Christian Graf von: Die Entscheidung. Eine Untersuchung über Ernst Jünger, Carl Schmitt, Martin Heidegger. Stuttgart 1958.

Krüger, Gerhard: Leibniz als Friedensstifter. Wiesbaden 1947 (Freies Deutsches Hochstift Frankfurt (Main), Reihe der Vorträge und Schriften, Band 9).

Kuhn, Hans Wolfgang: Der Apokalyptiker und die Politik. Studien zur Staatsphilosophie des Novalis. Freiburg i. Br. 1961.

Kuhn, Helmut: Jugend im Aufstand. Zur revolutionären Bewegung unserer Zeit. München 1970.

Kuehnelt-Leddihn, Erik Maria Ritter von: Freiheit oder Gleichheit. Die Schicksalsfrage des Abendlandes. Salzburg 1953.

Lippmann, Walter: Philosophia Publica. Vom Geist des guten Staatswesens. München 1957.

Löwith, Karl: Weltgeschichte und Heilsgeschehen. Die theologischen Voraussetzungen der Geschichtsphilosophie. Stuttgart 1953.

Derselbe: Heidegger: Denker in dürftiger Zeit. Frankfurt (Main) 1953.

Derselbe: Der Okkasionelle Dezisionismus von Carl Schmitt. In: Gesammelte Abhandlungen. Zur Kritik der geschichtlichen Existenz. Stuttgart 1960.

Derselbe: Von Hegel zu Nietzsche. Der revolutionäre Bruch im Denken des neunzehnten Jahrhunderts. 5. Auflage. Stuttgart 1964.

Lukács, Georg: Die Zerstörung der Vernunft. Der Weg des Irrationalismus von Schelling bis Hitler. Berlin 1955.

Mao Tse-tung: Theorie des Guerillakrieges oder Strategie der Dritten Welt. (deutsch von Gerda v. Uslar). Reinbek 1966.

Martin, Alfred von: Der heroische Nihilismus und seine Überwindung. Krefeld 1958.
Martini, Winfried: Die Lebenserwartung der Bundesrepublik. Köln 1960.
Meinecke, Friedrich: Werke. Hrsg. von Hans Herzfeld, Carl Hinrichs, Walther Hofer. Bände 1–8, München 1957–1969.
Mitscherlich, Alexander: Auf dem Weg zur vaterlosen Gesellschaft. Ideen zur Sozialpsychologie. München 1963.
Mohler, Armin: Was die Deutschen fürchten. Angst vor der Politik. Angst vor der Geschichte. Angst vor der Macht. 2. Auflage. Stuttgart 1966.
Derselbe: Vergangenheitsbewältigung. Von der Läuterung zur Manipulation. Stuttgart 1968.

Pleßner, Helmuth: Macht und menschliche Natur. Versuch zur Anthropologie der geschichtlichen Weltansicht. Fachschriften zur Politik und staatsbürgerlichen Erziehung. Berlin 1931.
Derselbe: Das Problem der Öffentlichkeit und die Idee der Entfremdung. Eine Rede. Göttingen 1960 (Göttinger Universitätsreden 28).

Rathenau, Walther: Zur Kritik der Zeit. Berlin 1912.
Röpke, Wilhelm: Civitas Humana. Grundfragen der Gesellschafts- und Wirtschaftsreform. 3. Auflage Erlenbach/Zürich 1949.
»Rotbuch 8« Ernesto Che Guevara, Guerilla – Theorie und Methode. Sämtliche Schriften zur Guerillamethode, zur revolutionären Strategie und zur Figur des Guerilleros. Berlin 1968. Dort findet sich der Text unter dem Titel »Krieg in Stadtgebieten« auf den S. 50 f.
Schmitt, Carl: Politische Romantik. 2. Auflage. München/Leipzig 1925.
Derselbe: Verfassungslehre. Berlin 1928, 3. Auflage 1957.
Derselbe: Donoso Cortés in gesamteuropäischer Interpretation. Vier Aufsätze. Köln 1950.
Derselbe: Theorie des Partisanen, Berlin 1963.
Derselbe: Clausewitz als politischer Denker. Bemerkungen und Hinweise. In: der Staat Band VI, 4. Auflage. Berlin 1967.
Schnabel, Franz: Deutsche Geschichte im 19. Jahrhundert. 4 Bände. Freiburg i. Br. 1949–1959.
Schneider, Reinhold: Verhüllter Tag, Köln 1954.
Schrenck-Notzing, Caspar Freiherr von: Die neue Linke in Deutschland und ihre Herkunft. Stuttgart 1968.
Sedlmayr, Hans: Verlust der Mitte. Die bildende Kunst des 19. und 20. Jahrhunderts als Symptom und Symbol der Zeit. Frankfurt (Main) 1959.
Sombart, Werner: Der Bourgeois. Zur Geistesgeschichte des modernen Wirtschaftsmenschen. München/Leipzig 1913.
Spengler, Oswald: Jahre der Entscheidung. Deutschland und die weltgeschichtliche Entwicklung. Teil I. München 1933.
Derselbe: Der Untergang des Abendlandes. Umrisse einer Morphologie der Weltgeschichte. (1920/22). Hrsg. von Hildegard Kornhardt. München 1950.
Srbik, Heinrich Ritter von: Metternich. Der Staatsmann und der Mensch. 2 Bände, 3. Auflage. München 1957.

Stahl, Friedrich Julius: Die Revolution und die constitutionelle Monarchie. Berlin 1848.
Steinbuch, Karl: Falsch Programmiert. Stuttgart 1968.
Steinbüchel, Theodor: Zerfall des christlichen Ethos im 19. Jahrhundert. Frankfurt (Main) 1951.

Tocqueville, Alexis de: Über die Demokratie in Amerika. Hrsg. von J. P. Mayer u. a. 2 Bände. Stuttgart 1959 und 1962.
Tommissen, Piet: Über Carl Schmitts »Theorie des Partisanen«. In Epirrhosis. Festgabe für Carl Schmitt. Band 2. Berlin 1968.
Toynbee, Arnold J.: Die Welt und der Westen. Stuttgart 1953.
Troeltsch, Ernst: Gesammelte Schriften. Bände 1–4. Tübingen 1912–1925.

Arthur F. Utz
Ethik und Politik

Aktuelle Grundfragen der Gesellschafts-, Wirtschafts- und Rechtsphilosophie

Herausgegeben von Heinrich B. Streithofen

Zentralstelle für die philosophische Information und Dokumentation: »Utz geht weit über den Rahmen der katholischen Ethik hinaus und wendet sich aktuellen politischen und ökonomischen Fragen zu. Spürbar ist dabei das Bemühen, aus dem engen Dogma katholischer Moralphilosophie herauszukommen und die Wirksamkeit und Effektivität zum Beispiel der Moralnormen zu erhöhen.«
Neuer Bücherdienst: »Die hier angesammelten Aufsätze des Sozialphilosophen setzen sich in methodisch sorgfältiger Darstellung mit Wertfragen in der Gesellschaft auseinander. Sie zielen auf den Aufweis allgemeiner Werte und auf die Ermittlung einer konkret bis ins Detail gehenden Methode, jedoch nicht auf letztgültige Entscheidungen.«

Hugo Fischer
Vernunft und Zivilisation: die Antipolitik

Die Tat: »Hier spricht ein profunder Kenner der Philosophie aller Epochen ... Mit vielen überraschenden Einzelheiten aus der Kultur- und Kunstgeschichte führt uns Fischer, Philosoph und in allen Natur- und Geisteswissenschaften bewandert, durch die Stationen dieses Weges.«
Rheinische Post: »Fischers Werk gelingt in Klarheit eine überzeugende Verteilung der in der Geschichte wirksamen Kräfte auf Vernunft (und Unvernunft!) einerseits und die auch immer wirksamen gefühlsmäßigen, emotionalen und oft zerstörenden Motive im Geschichtsverlauf andererseits.«